西方传统 经典与解释
Classici et commentarii

HERMES

U0369780

HERMES

在古希腊神话中，赫耳墨斯是宙斯和迈亚的儿子，奥林波斯神们的信使，道路与边界之神，睡眠与梦想之神，死者的向导，演说者、商人、小偷、旅者和牧人的保护神……

西方传统 经典与解释

Classici et commentarii

HERMES

塔西佗集

刘小枫●主编

塔西佗的教诲
——与自由在罗马的衰落

Tacitus' Teaching
and the Deline of Liberty at Rome

[美]里克(James Chart Leake)●著

肖涧●译

华东师范大学出版社

华东师范大学出版社六点分社　策划

古典教育基金·正则资助项目

出版说明

　　能与古希腊的希罗多德、修昔底德、色诺芬比肩的拉丁语纪事作家,不是撒路斯特,也非李维,而是塔西佗(Pilip Cornelius Tacitus,约公元 55-约 117 年),尽管今人不知道他具体生于何时、死于何时,出生地在哪里。可以确定的是,塔西佗年轻时曾学习法律,受过修辞术训练,有良好的文学修养——出任罗马帝国不列颠总督的阿古利可拉招塔西佗为女婿,古典学家据此推测,塔西佗出生于望族。

　　从事写作之前,塔西佗已有过丰富的政治经历,尽管今人所知甚少。塔西佗从军团官、市吏之类低级官职做起,大约三十出头时(公元 88 年)已升任司法官,这意味着他此前已做过财务官,因为在多弥提安王朝(公元 81—96 年),晋升司法官必先经任财务官。尼禄王朝期间(公元 96—98 年),塔西佗曾任候补执政官,据十九世纪末发现的一个铭文,塔西佗晚年还出任过罗马帝国驻亚细亚总督(公元 113—116 年)。

　　塔西佗说过,在多弥提安王朝写纪事会掉脑袋。可见他早就想写纪事作品,但不敢下笔。如今,我们能看到的塔西佗作品仅五种——短制三种、大书两种。讨论演说术衰落的《关于演说家的对话》(*Dialogus de oratoribus*)是塔西佗现存最早的短制,西塞罗文风的影响很明显,与塔西佗后来的文风大为不同,十九世纪初,古典学家看到小普林尼在给塔西佗的一封信中影射过此作,才确信这一短制出自塔西佗之手。第二篇短制《论阿古利可拉的生活和品行》(*De vita et moribus Iulii Agricolae*,旧译《阿古利可拉传》)是塔西佗为岳父写的小传——阿古利可拉曾作为海军元帅统领四个罗马军团争战大不列颠。这篇短制发表的当年(公元 98 年),塔西陀还完成了《论日耳曼人的起源和居所》(*De origine et situ Germanorum*,旧译《日耳曼尼志》),记述日耳曼各部落的政治、经济和习俗。这两篇短制虽然采用了纪事笔法,肯定不是如今意义上的史书,更非如今所谓的人类学研究,因为塔西陀让罗马帝国的读者看到的更多是阿古利可拉这个人和日耳曼这个民族的道德品质,而非不列颠人或日尔曼人被征服的历史。毋宁说,塔西佗以寓意笔法告诫罗马人:罗马帝国如今表面上强盛,实际上败絮其中,因为,屡禁不衰的腐败已彻底腐蚀了帝国领导阶层的品质。可以说,塔西佗早年的三种短制主题不同、文体有别,写作用心却始终如一,他要告诉罗马人:塑造国家乃至历史的根本力量在于具有高贵品质的男子气概,如果腐败侵蚀了国家的男子气概,再好的经济繁荣景象也挽救不了帝国覆亡的结局。《关于演说家的对话》从政制变迁导致的领导阶层品质败坏问题出发来解释演说术的衰败,证明了他后来一以贯之的写作意图。

塔西佗是古典政治自由主义的思想典范之一。与现代的政治自由主义者不同,塔西佗并不相信"宪政"法力无边,他熟悉却并未呼唤雅典民主政治一类"普世观念"。塔西佗相信,要成就优良的政治,靠的不是民主政制,而是高贵精神与男子气概完美结合的优良政治才干——问题是,历史上的任何民族、任何国家遇到这样的人物实在太过偶然。与其恓惶于引进民主政体,不如以寓意笔法记叙所见政治风云,对帝国男子施行政治哲学教育。塔西佗的两部长篇纪事作品——《晚近纪事》(旧译《历史》)和《神圣的奥古斯都驾崩以来编年纪事》(旧译《编年史》),记叙了从提比略到多弥提安时期(公元 14—96 年)的早期罗马帝国史,但两书都不是如今所谓史书,而是政治哲学大书。如果我们仅仅从中翻检早期罗马帝国的史料,就完全辜负了塔西佗的良苦用心。

《晚近纪事》的原文书名 *Historiarum libri qui supersunt*(英译 *The Histories*)直译成汉语通常是《历史》,这样的书名让人误以为塔西佗写的是如今意义上的"通史"。其实,塔西佗立志记述帝国所经历的政治事件,不是出于如今所谓的"史学"目的,而是出于政治哲学的关切。塔西佗从自己亲身经历过的时代写起——也就是从公元 69(这年塔西佗大约 14 岁)到多弥提安遭谋杀的 96 年,因此,*Historiarum libri qui supersunt* 这个书名可译作《罗马帝国晚近纪事》(大约作于公元 104—109 年间)。写完这部分后,塔西佗再往前延伸,记叙从自己出生之前四十年的奥古斯都末年(公元 14 年)写到公元 68 年末,书名为 *Annalium ab excessu divi Augusti libri*[神圣的奥古斯都驾崩以来编年纪事],他自己简称《编年纪事》(*Annales*)——历史留下的遗憾是,直到塔西佗去世,此书都还没有杀青(最后部分大约成于公元 116—117 年),未及记述尼禄和图拉真王朝。塔西佗没有去找寻"史料"写罗马建国初期的共和史,而是记叙自己亲眼见到的历史或离自己的生活经历很近的历史,可见他与古希腊的纪事作家一样,目的不在于编史,而是探究政制变迁所隐含的重大政治哲学问题。现代的实证史学家们曾推测,塔西佗没有写奥古斯都时期,很可能是因为李维的作品已记叙了这个时段,后来发现,塔西佗打算完成《编年纪事》后就写奥古斯都时期,由于天不假年才没有实现——他甚至已经来不及修改《编年纪事》这部自己最成熟的作品的最后几卷。

　　塔西佗的两部纪事大书也是罗马文学中的瑰宝,文辞精练紧凑,言简意赅,富有诗情,感染力强,政治事件的描写既生动又深刻,古典语文学家尼采也赞不绝口。除《关于演说家的对话》外,塔西佗的其余四种作品早已有了中译,译品均堪称上乘,可惜都缺乏笺释和绎读,以至于学界迄今未能珍视这份罗马文学和古典政治哲学史中的瑰宝——我国近百年来的政制变迁经历也为我们留下了一大笔政治哲学思考财富,实证史学使得这笔财富仍然还是埋藏在地下的宝藏。重新译笺塔西佗作品,选译西方学界有见识的绎读,对于我们自己学会写作晚近纪事想必不无历史意义。

古典文明研究工作坊

西方经典笺释部丁组

2011 年 3 月

目　录

中译本说明

    本书作者里克 1971 年毕业于 Williams 大学，1974 年在耶鲁大学获哲学硕士后进波士顿大学攻读博士，研究罗马政治思想史，1979 年获政治学博士学位。毕业后，里克先后在 Kenyon 大学、芝加哥大学、Assumption 大学担任助教，继续研究罗马经典作家和文艺复兴时期的政治哲学。1983 年秋，正在研读维吉尔的里克不幸英年早逝，古典学界中昔日的师长、同事和学生无不深感惋惜。

    本书是里克的博士论文，1981 年荣获美国政治学协会（American Political Science Association）授予的"施特劳斯"奖（Leo Strauss Award），随即在著名学刊 *Interpretation* 分两期连载——感谢学刊主编吉尔丁教授慨然允诺我们翻译本书。

    最后，谨将此译本献给所有关切这一问题的朋友。

刘小枫

古典文明研究工作坊

2010 年元月

中译本前言

　　塔西佗之于罗马，正如修昔底德之于希腊。这位当之无愧的罗马第一史家，其姓氏 tacitus 在拉丁文中的含义却是"沉默的"。于是，在后世绞尽脑汁希望挖掘塔西佗生平资料的学者只能遭遇塔西佗无言的"沉默"。由于无论是塔西佗本人的作品还是罗马当时的其他史料对塔西佗的生平都言之寥寥，现代学者只能从中搜寻一些蛛丝马迹或是从他的密友小普林尼的书信中推断出一些情况。

　　塔西佗的全名目前只能确定后面两个部分，即 Cornelius Tacitus，至于第一个部分是普布里乌斯（Publilus）还是盖乌斯（Gaius），学界至今没有定论。他约于公元 56 或 57 年（尼禄即位初期）出生于山南高卢或纳尔波高卢，即今天的意大利北部或法国南部。他的家庭背景不详，但很可能是行省富裕的骑士家庭，与普林尼家族私交甚笃，因此塔西佗在早年就与小普林尼缔结了深厚的友谊。塔西佗年轻时曾在罗马学习修辞学，他与小普林尼可能都师从过修辞学泰斗昆体良。根据他自己的记载，他还跟随当时著名的演说家阿佩尔和塞孔都斯学习雄辩术。其文风洗练有力、端肃凝重，堪称罗马文坛翘楚，这当得益于其早年接受的严格的修辞训练。

塔西佗生活在罗马政坛风云变幻的帝制时期,一生经历了十位皇帝的统治——尼禄、内乱时期的伽尔巴、奥托、维尼乌斯;弗拉维王朝的三位皇帝(维斯帕先、提图斯、图密善)以及"五贤帝"中的前三位(涅尔瓦、图拉真与哈德良)。塔西佗最早出任公职是在维斯帕先时期,一开始担任低级官吏,后来任军团将领。公元77年,塔西佗与罗马显贵、执政官阿古里克拉之女成婚。至此之后塔西佗的仕途畅达,他于公元81年担任某个行省的财政官(quaestor),公元88年又擢升至行政官(praetor)。但这时罗马政权已被僭主式的人物图密善独揽,塔西佗只能在他实施的血腥暴政下痛苦而"沉默"地生活。公元96年,五贤帝之一的涅尔瓦即位之后,罗马的政治面貌焕然一新。塔西佗也在随后的一年出任执政官,达到其政治生涯的巅峰。大约十四、五年之后,塔西佗出任亚细亚行省的总督。晚年塔西佗将主要精力放在对自己最重要的作品《编年史》的修改上。《编年史》发表于公元116-117年期间,塔西佗可能在这个时期辞世,约哈德良皇帝在位的初年。

罗马帝制之下万马齐喑的社会现实以及频繁的政权更迭造成的血腥杀戮迫使塔西佗追寻古老的政治美德——审慎。尽管他在演说术方面的造诣极高(他在任执政官时期曾为罗马著名的将军鲁福斯作了葬礼演说,小普林尼盛赞鲁富斯的伟大必须配以塔西佗的演说才能相得益彰),他却没有选择成为像西塞罗那样的在公众面前直抒己见的演说家。塔西佗时代的罗马政治已经积重难返,一系列僭主式的统治者乖张暴戾、嗜杀成性;徒有其名的元老院完全丧失独立精神,成为向主子摇尾乞怜的奴隶。由此而来的是政治对人性毁灭性的影响,虔敬、忠诚、正直成了愚蠢的代名词,为了在这个昏乱的世界里平步青云或是苟延残喘,卑躬屈节、拍马溜须、出卖亲友成了最正常不过的事情。这是一个敌视任何美德的时代!在这样一个"歪曲悖谬"的时代,高尚的政治人物的任何现实政治活动都会受到阻碍。为了恢复人类对美德的记忆，为了再次向罗马人提供"政治优秀"（political excellence）的教育——在不能通过参与公众事务获得这种教育的时代，政治人物塔西佗开始撰写历史。在极端恐惧言论和文字的僭主统治之下，历史是相对安全的写作方式。诚如本书作者所言，十七世纪的《编年史》注疏者 Traiano Boccalini 已经敏锐地察觉到塔西佗的意图：

> 他声称对塔西佗而言，历史实际上是一种伪装，用以在敌视美德的时代通行无阻地传达一种关于政治和人性的学说……历史不过是某部作品的表面，倘若我们仔细研读这部作品，我们就会洞见最深刻的政治和道德问题。

塔西佗传世的作品共五部。其中最早的一部可能是《关于演说家的对话》，这部作品探讨演说术在帝制罗马衰落的原因，由于采用的是雄辩滔滔的西塞罗体，与塔西佗其他作品的风格有很大不同，因此不少学者认为它是伪作。直到后来发现小普林尼的一封书信中提到过此文，才证实它确乎出于塔西佗之手。塔西佗在公元 98 年涅尔瓦当政时期发表了两部作品——《阿古利可拉传》和《日尔曼尼亚志》。《阿古利可拉传》为后世树立了在僭主统治之下的高尚人格的光辉榜样——阿古利可拉在不列颠的文治武功以及后来在图密善统治之下如何智慧审慎地与之斡旋。《日尔曼尼亚志》可能是塔西佗早年宦游行省时对自己感兴趣的刚健质朴的日尔曼人的政治生活、社会风习的记录。它是最早一部全面记载日尔曼人的文献，是研究日尔曼历史、尤其是德国古代史不可或缺的珍贵资源。

《阿古利可拉传》和《日尔曼尼亚志》可以说是塔西佗的试笔之作。在他的写作风格日臻成熟的晚年，在政治范围较为宽松的涅尔瓦和图拉真时期,侥幸在图密善血腥统治之下九死一生的塔西佗开始反思纠结于心的重要问题:罗马优良的共和政体为何最终转变为僭政? 在他最伟大的两部历史作品——《历史》和《编年史》中,塔西佗试图探索这个问题。这两部作品合起来共三十卷,恰好是一部完整的公元一世纪的罗马帝国史。《历史》约成书于公元109 年,记叙了从公元 69 年迦尔巴当权至公元 96 年图密善之死的罗马三十年间的历史。塔西佗想在其中探讨以图密善为代表的弗拉维王朝的僭政统治是如何形成的? 在尼禄自杀之后罗马并没有按照人们的希望乘机恢复共和制,反而陷入一系列内乱之中,最后弗拉维王朝的几位皇帝再次重复了类似尤利安—克劳迪乌斯王朝的僭政统治。由此可见导致罗马政体败坏的根子不在尼禄,而必须再往前推。因此在《编年史》中,塔西佗追溯了自尼禄始、中间经过尤利安—克劳迪乌斯王朝的其他几位皇帝、上迄帝制创始人奥古斯都的罗马历史。读者可以在塔西佗含蓄内敛、不动声色的描述中感受他对罗马由共和沦为僭政的原因的全面分析。

与修昔底德一样,塔西佗并不是单纯地记录历史,而是借历史表达自己对政治、对人性以及对永恒的看法。因此西方的塔西佗研究者在历史、文学的角度之外,特别关注塔西佗作品的政治哲学维度。这一关注在文艺复兴时期达到顶峰,培根、马基雅维利纷纷成为塔西佗的伟大学生,他们惊叹塔西佗对政治事物的敏锐洞察力,同时极度推崇塔西佗为政治人物提供的关于政治审慎的训练——审慎是为高贵的目的选择有效和恰当的手段。法国和意大利的人文主义圈子在十六世纪兴起"塔西佗主义"运动。这场运动产生了大量文献,并成为当时欧洲政治思想的重要组成部分。值得一提的是,尽管塔西佗在文艺复兴时期通常被"马基雅维利化",他与马基雅维利的政治思想却有云泥之别。塔西佗的政治以美德和高尚之人的品格为基础。正如本书作者指出的那样:

虽然在关注有美德的政治行为这一点上他归属古典政治哲学,但他又在事实上强调审慎之人必须行为高洁的残酷和不良环境,因此和这一传统分离。我们相信,这是他不带幻想地拒绝撰写乌托邦文章和选择书写历史的重要原因。但是塔西佗并没有因此放弃节制或者以道德为目标的审慎。他在强调道德遭遇的困境和危险时坚持了道德。他用一种有限的方式预期了马基雅维利与古典政治哲学的断裂。他似乎在说,马基雅维利在这方面是正确的:在历史进程中以道德为目标的政治很少实现。但这一点却加强了他致力于品德和有能力的善的决心。塔西佗认为教育个人是对好人很少施行统治这一政治问题的最深刻的回应,在这一点上他赞同的不是马基雅维利而是柏拉图。

本书作者声称自己是"塔西佗主义"在当代唯一幸存的继承人,笔者认为他当之无愧。正如著名古代史家 Momigliano 所言:现代的塔西佗研究,"模糊了塔西佗的面目,并打上了二十世纪历史学家的烙印",他们只"科学"地关心塔西佗的史料从何而来、是否真实,无视塔西佗本人的意图,从而认为塔西佗没有"客观公允"地陈述史实或是"污蔑了早期帝王的品格"。接续自文艺复兴以来的"塔西佗主义"传统,本书作者坚信,塔西佗的禀赋高过他笔下的政治人物的禀赋。由于"用高人的眼光去理解矮人比用矮人的眼光理解高人更为稳妥。因为采取后一种做法必然会歪曲高人;而前一种做法则赋予矮人自由完整展示其所是",本书作者希望借助塔西佗提供的对历史人物的行为和思想的反思与阐释来理解他们。纵观全书,作者并不纠结于枝节问题,而是注重对塔西佗整体构思及教化意图的把握——这正是"客观中立"的现代史学研究有所欠缺之处。

　　在本书中,作者重点分析了塔西佗的两部作品《编年史》与《关于演说家的对话》。《编年史》在西方史学界的地位自然毋庸置疑,作者的讨论大致可以分为两个部分——提贝里乌斯时期与尼禄统治时期。前一部分主要考察僭政在罗马帝国形成的原因以及僭主的特征和性情,后一部分探讨极少数优秀的政治人物在僭政之下应如何作为。《关于演说家的对话》长期被塔西佗研究者所忽略,甚至因为与塔西佗其他作品中的史家风格相去甚远而被认为是伪作。本书作者却认识到这本风格独特的小书的重要性——它是塔西佗的《申辩篇》! 为自己倾注毕生心力的事业所做的有力辩护!

　　在《编年史》中,塔西佗一直以政治人物教师的身份出现。他教诲那些不幸生活在僭政之下的有德之人,要"有尊严地接受永恒的恶,同时培养审慎的性情,知道改善(倘若可能)的时期何时来临,并悄然为之努力"。但是,罗马帝国最优秀的政治人物塞涅卡、特拉塞亚等人的悲剧性结局不禁让读者掩卷沉思——在看不到希望的黑暗政治大环境下,政治行为是否总是高贵,并由于其自身的原因值得选择? 在《关于演说家的对话》中,政治人物塔西佗上升为哲人,探讨何为最好的生活方式问题。借演说家阿佩尔与诗人马特努斯的辩论,塔西佗向我们展示了两种生活方式——以演说家为代表的面向公众的政治生活和以诗人为代表的退隐到自身的沉思生活。

　　阿佩尔之流的演说家的政治生活是一种低级的或世俗的政治生活。他们的荣誉完全来自民众和掌权者(而不是最优秀的人)对自己的认可,他们的生活需要凭靠他人、他物,不可能达到完全的"自足",因此也不可能真正幸福。而真正的诗人/哲人,却能凭借体验与追问,在对永恒之物——诸神与自然的凝神关照中,超脱必然不完美的纯粹的人事,超越人之为人的限度——必朽。《对话》中的塔西佗以作为旁观者的非常低调的姿态,讲述了或许是他生命最重要的事件:"他介绍了卓越超群之人的品位以及自己开始对这类人的宽广视野有所认识。在这样的视野之下,政治人物更为流俗的追求虽然值得羡慕,却变得有些苍白"。

但是,正如本书作者所言,塔西佗"对终极宇宙问题的关注从不曾简单地取代他对人间问题的关注,也不曾取代他引领人走向高贵的教诲——拥抱政治同时又能对它最终的根基保持开放"。因此,早年研习演说术的塔西佗在诗人马特努斯的影响下放弃了普通政治人物作为进身之阶的演说术,转而以更整全的视角、更超迈的姿态进入政治——写作关注人类个体灵魂和整体命运的、具有永恒价值的历史。

译者
2009 年 11 月于中山大学

自　序

这篇论文是我研究生学习生涯的最后一搏。正因如此,它也是诸位师长在这些年来对我慷慨扶持的明证。

我的博士论文委员会成员热切勉励我研习塔西佗:他们帮助我开始,不过这只是他们给予我的最小帮助。因为,正是他们引领我走近那些首次让塔西佗意识到人可以成为什么样(what man can be)的古典思想家,尽管在塔西佗生活的时代,人的可能性受到一些局限。了解塔西佗在青年时代遇见的大师,对我自己稚嫩的思考大有裨益。也正是由于论文委员会成员的引领,我有幸与马基雅维利和孟德斯鸠——这些伟大罗马人的后世崇拜者相识。这两位作家的作品引发我研究罗马的渴望,并且,经由马基雅维利,我了解到"塔西佗主义"(il Tacitismo)——对塔西佗作品详尽注疏的16 世纪人文主义运动。我斗胆以自己的方式宣称,我是它最后幸存的继承人。

Fortin 神父是我论文委员会的主席。他自己可能没有察觉,他心灵中的温柔力量,是如此强烈地吸引和启迪了我的研究。通过他的努力,我才得以了解某些崇高的思想和一种几乎被遗忘的传统:"请您指示道路,请您开启那神圣、整全(之门)"(Doceas iter et sacra et omnia pandas.《埃涅阿斯纪》VI. 109）。David Lowenthal 教授也是委员会成员,这部作品的闪光点大多得益于他的悉心指导。我跟他学会阅读我们最伟大的英国诗人,这对于阅读塔西佗并非无所助益——或许正是因为塔西佗既是史家、又是诗人。在他讲授《论法的精神》的课堂上,以及通过他的悉心指导,我首次明白,正如塔西佗所言:"何种智慧最难?——行中道。"(quod est difficillimum ex sapientia, modum.《阿古利可拉传》4. 3)我无法表达我对 Christopher Bruell 教授的感激之情。他是我最严格意义上的"导师"(il mio maestro)。每一年,借助他之前教给我的知识,我都可以从他那里学到更多的东西。我认为能够授业于他是我一生中最幸运的事情。在他身上同样燃烧着激励苏格拉底最好弟子的那种对真理炽热的爱:

> 只有极少数人才办得到,
> 那是因为公正的朱庇特宠爱他们,
> 或是因为燃烧的美德将他们带入高空。(《埃涅阿斯纪》VI.
> 129—131)

对这三位师长,我想借维吉尔笔下遭遇海难的船员对他们高贵的恩人所说的话来表达自己的感情:

> 如果天神还眷顾正直的好人,
> 如果世上还存在正义,
> 那么天神和你自己的正义感,
> 将会给你带来你应得的报酬。
> 是什么样的幸福的世界产生你这样的人呢?
> 是什么样的父母生出你这样的人呢?

　　　　只要江河继续流入海洋，

　　　　只要云影继续掠过山谷，

　　　　只要苍天还滋养着群星，

　　　　不论我被召唤到什么国土上去，

　　　　你的荣耀、令名和赞美，都将永世长存。(《埃涅阿斯纪》I.
603—10)①

　　Donald Carlyle 教授也是委员会成员。他引导我进入苏联的
现代僭政问题，并乐意阅读这部手稿中关于古代僭政的部分。我
非常感激 Hazel Girvin 小姐，她在我还是孩子的时候就教我拉丁
文，并首次将我引入她所知晓并挚爱的伟大古典传统——"虔敬的
诗人，说的都是无愧于阿波罗的话"(Pia vates et Phoebo digna locuta;
《埃涅阿斯纪》VI. 662)。我同样希望感谢 Carnes Lord 教授，他以其
特有的周详思虑阅读这部手稿并提出建议，使我的论文大有改观。
Michael Cull 负责让我收到不少有用的书籍，如果不是他的好意，
我可能无法得到它们。波士顿大学 Bapst 图书馆的员工礼貌友善
同时相当足智多谋地回应我一直以来的骚扰。John Waggoner 细
致并热情地校对最后的打印稿。我在此向他们一并致谢。

　　除非另有说明，本文中《编年史》的引文全部根据 Erich Koes-
termann 最近修订的版本(Annals, Leipzig: Teubner, 1971)。出于清
楚和方便的考虑，本文仅用数字标识《编年史》，并采用以下形式：
《编年史》中的"卷"以大写的罗马数字标识，"章"和"节"以阿拉伯
数字标识(例如 VI. 51. 3 指《编年史》第六卷，第 51 章，第 3 节)。塔西伦
的其他作品也采用 Koestermann 版本：《历史》(Historiae, Leipzig:

---

①　[译注]此段中译文选自杨周翰先生译本。参维吉尔，《埃涅阿斯纪》，杨周翰译，译
　　林出版社 1999 年，页 22。

Teubner, 1969)和《小著作》(*Opuscula*, Leipzig: Teubner, 1970)。对这些作品的缩写如下:*Dial* 指《关于演说家的对话》(*Dialogus de Oratoibus*),*Agr.* 指《阿古利可拉传》(*Agricola*),*Hist.* 指《历史》(*Historiae*)。在《对话》和《阿古利可拉传》中使用两个阿拉伯数字来表示章和节;由于《历史》和《编年史》的划分方法相同,我们采取和《编年史》相同的方式,用罗马数字和阿拉伯数字来表示卷、章、节。仅有的差别是《历史》的引文前加缩写的 *Hist.*,而《编年史》的引文只用数字标识。我们常备的《编年史》注疏本是 Henry Furneaux 编,两卷本《塔西佗之编年史》(*The Annals of Tacitus*, Oxford: Clarendon, 1896)。从 Émile Jacob 出色的评论性、哲学性和阐释性注疏中,我们获益良多(Euvres de Tacite, Paris: Hachette, 1885),它对于阅读时而感到困难但又总是那么优美的拉丁文大有助益。Gerber 与 Greef 的两卷本《塔西佗词典》(*Lexicon Taciteum*, Leipzig: Teubner, 1877, 1903)使得对重要词汇的细究变得更为系统。

　　除非另有说明,本文中关于塔西佗作品或其他作品的非英文译文全由笔者自行译出。

引　言

维兰德：我同意，塔西佗的首要目的是惩诫僭主。但他声讨他们并不是为了他们的奴隶，奴隶起义带来的不过是又一次僭政的更迭；他声讨僭主是为了时代的正义、人类的正义，而后者应该历经足够的困苦和考验，从此之后，人类的理性应该寻求迄今为止只有人类的激情享有的统治地位。

拿破仑：所有哲学家都这么说，但我四处寻找理性的优越性却从未找到。

维兰德：陛下，塔西佗开始拥有众多读者的时间并不长。对他的渴望无疑是人类进步的表现，因为数个世纪以来，他一直被学院和宫廷拒之门外。时尚的奴隶（the slaves of taste）与专制的仆人对他同样感到惧怕。唯有当拉辛称他为"古代最伟大的画家"（le plus grand peintre de l'antiquité）之后，您的学府和我们的学府才开始觉得这一评价或许真实。陛下您说您在阅读塔西佗的时候，看到的只有暗杀、告密和丑闻；但是，陛下，这正是罗马帝国的真实写照，因为它由塔西佗笔下的那些怪物统治。李维的天才让他随罗马军团驰骋世界。塔西佗的天才几乎必须用在对罗马犯罪记录的研究上，因为他只能从那里发现罗马帝国的整部历史。甚至只有在犯罪记录中,史家们才能了解所有民族中那些不幸的时代——观点和原则彼此对立的君主和臣民在对方面前战战兢兢地生活。然后,轻微的借口就能导致审判,由百夫长和刽子手造成的死亡比由时间和自然造成的死亡更为常见。陛下,苏维托尼乌斯和狄翁(Dio Cassius)用缺乏活力的风格记述的罪行远远超过塔西佗,不过没有什么比塔西佗的笔更让人害怕。尽管如此,他的天才依然是不偏不倚,一如它的客观无情。无论何时,当他看到一缕善的微光,即便是在提贝里乌斯的残暴统治之下,他都会发掘它、捕捉它、在他大胆地赦免一切时展示它。甚至在愚笨的克劳迪乌斯身上他都能发现值得赞扬之处,而克劳迪乌斯此人确实天性低劣,并耽于放荡挥霍。塔西佗将那种不偏不倚——正义最重要的品质运用到最为对立的事物身上:共和国与帝国;公民与君主。通过他天才的印记,我们相信他只热爱共和国。通过他对布鲁图斯、卡西乌斯(Cassius)、科尔都斯(Cordus)的评价(这些话语自青年时代就植根在我们记忆中),我们可以确认这一点。但是当他提到这些帝王是如此快乐地调和之前认为不可调和之物——帝国与自由之时,我们感到统治术在他眼中成为大地上最美丽的发现。

　　　　　　　　　——诗人维兰德与皇帝拿破仑谈话录[1]

---

[1]　Raphael de Beaufort 译,《塔列郎回忆录》(*Memoir of the Prince de Talleyrand*, New York: Putnam's, 1891; reprint ed., AMS, 1973), I: 332—33。

为何阅读塔西佗

　　我们有时认为,由政治视角观之,社会所能遭受的最恶劣处境除内战而外莫过于丧失自由,臣服于君主专制。如果曾被教导在自由的国度中管理自身的那些人遭遇这样的处境,他们的命运则更为悲惨! 但是在某些时代,共和制度彻底崩溃,建立君主专制成为无政府状态之外的唯一选择。奥古斯都皇帝在罗马共和倾覆之后建立的帝制即属于这种情况。这一时期频繁地出现成为僭主的统治者。在这样的大环境下,明智地判断统治者及其臣民行为的标准将迥异于那些适用于更幸福政体的标准。① 判断僭主统治的

---

① 沃格林对施特劳斯在《论僭政》中所作论证的反对意见如下:"僭政"一词的古典概念非常狭隘,因为"它不涉及凯撒主义这一现象。当我们称某个特定政体'僭政'时,我们实际上暗示'宪政'是另一种可行的选择,而凯撒主义却是在共和秩序最终崩溃之后出现,因此凯撒主义或'后一宪法统治'不能被理解为僭政(在其古典意义上)的分支"。施特劳斯的回应是:"真正的凯撒主义不是僭政,对此毋庸讨论,但这并不意味着凯撒主义不能在古典政治哲学的基础上被理解的结论合理。凯撒主义仍然是君主专制的分支,亦如古典主义者的看法。如果在某个特定条件下"共和秩序"彻底崩溃,并且在可见的未来之内看不到它复兴的希望,我们就不能合理地谴责永恒专制统治的建立;因此建立这种政体全然不同于建立僭政。唯有谴责这种真正必须的永恒专制统治建立及运作的方式才是正义的;正如沃格林所强调的那样,有僭政的凯撒也有王政的凯撒。"(施特劳斯,《论僭政》[*On Tyranny*, revised and enlarged ed. New York: Free Press of Glencoe, 1963],页 190—91)

标准更为复杂。在这里，即便政体有可能正义，这种正义也是严苛的，被当作残酷的必然接受，因为这一政体的唯一替代选择是一个更坏的政体。在这种情况下，美德受到严重限制，因为希求通过自身的卓越寻求不朽荣誉之人成了君主的劲敌。美德和荣誉之间的联系因而必然被切断。塔西佗超越试图描述这类状态的所有作家，走得更远——他苦心孤诣地教导，如何在这样的环境下寻求最好的生活。他的准则是既不要悲观绝望或徒劳反抗，也不要奴颜婢膝，而是有尊严地接受永恒的恶，同时培养审慎的性情，知道改善（倘若可能）的时机何时来临，并悄然为之努力。① 有人或许会问，我们——自由民主制度下的公民为何应该对此感兴趣？

　　君主统治或僭主统治的各种危害和权谋在现代政治科学研究中几乎被遗忘，这或许是因为现代政治科学得以繁荣的土壤——自由民主制建立之时，明显带着永远摧毁这两种统治的意图。但是，我们不再确信，自由民主制度注定要在地球上的每一个角落胜利并且永远胜利。因此，如果我们要让自己熟悉政治现象的整个领域，我们有必要了解政治共同体臣服于个人意志所需的技艺，同时了解这种统治的危险。如果我们致力于自由民主的实践由此得到增强，这可能不是研究这类现象的偶然好处。

　　在转向塔西佗研究之前，我们可以简要地说明我们这种类型的政府的哲学创始人对于权力政治的评价。因为正是由于他们构想的胜利，政治野心作为一劳永逸得以解决的问题被忽略。但是他们却不曾忽略这个问题。实际上，这一问题正是他们建立自己宏伟建筑的坚实基础。孟德斯鸠曾在《论法的精神》著名篇章中写道："一切有权力的人都容易滥用权力，这是一条千古不变的经验。

---

① 参见塔西佗对列庇都斯（Manius Lepidus）的赞扬："是否可以追求一条在顽固抵抗和奴颜婢膝之间的中间路线，同时避免野心和危险？"（《编年史》IV. 20. 3）

他在受到限制之前绝不会停止。"①根据历史经验和自己的观察，孟德斯鸠知道应该在那些身居高位又不受外界限制的人身上期待什么。他怀疑内在限制的有效性，或者沉默地忽视它们，认为它们过于罕见因此不值得考虑或成为政治上的依靠。孟德斯鸠具有独创性地解决政治野心的方案是著名的权力分立。政府权力被划分为三个不同的职能部门并被完全独立地分配给不同的个人，以相互监督和制约，同时防止任何党派聚集权力。独夫统治滥用权力的情况不再可能也不再有必要。② 自由首先被理解为需要得到保障的安全。这样的制度在孟德斯鸠之后的西方世界遍地开花。它们皆以不信任统治者著称。广为流传的格言——"法治将代替人治"说明人们相信宪法的高超技巧可以防止统治阶层聚集权力并使其变得不再可能。③

　　新的政体把获取自由或捍卫人民的自然权利当作自己的目标。与此相应，一种民主的道德观念在它们内部生长起来。④ 在

---

① 孟德斯鸠，《论法的精神》XI. 4，载 Roger Caillois 编《孟德斯鸠全集》(*Euvres complètes*，Paris：Gallimard，1951)，页 395。[译注]本文中《论法的精神》中译文采用张雁深译本，商务印书馆 1959 年。

② 孟德斯鸠，前揭，"从对事物的支配来看，要防止滥用权力，就必须以权力制约权力。可以有这样一种政体，不强迫任何人去做法律所不强迫他做的事，也不阻止任何人去做法律所许可他做的事"，页 395。

③ 麦迪逊在《联邦党人文集》捍卫宪法的篇章中详细阐述了这一"新政治科学"原则："但是防止把某些权力逐渐集中于同一部门的最可靠办法，就是给予各部门执行者必要的法定手段和个人主动性，以抵制他人的侵犯。"(《联邦党人文集》第 51 章)对于这些学说的后续影响，参 Marshall："美国政府被强调称为法律的政府，而不是人的政府。如果法律不能提供良方保障既定的合法权利不受侵害，美国政府就不复能获得如此高的声誉。"(*Marbury v. Madison* I Cranch [1803])

④ 麦迪逊对于《权力法案》的言述同样适用于整个宪法体制："以那种严肃态度宣告的政治真理逐渐成为自由政府座右铭的特征，它们融入我们的民族情感中，消解由利益和激情带来的冲动。"(1788 年 10 月 17 日致杰斐逊的信，引自 Marvin Meyers，《建国者的心灵》[*The Mind of the Founder*，Indianapolis：Bobbs-Merill，1973]，页 207)

新的分配制度下,那些有野心的人、那些统治者们改道而行,他们
把自己当作人民的公仆,而不是根据自身权利要求权力的统治者。
获取权力的条件转而限制了绝大多数政治人物的野心。民众的意
志在民主的法律中得到表达,为了获得权力,政治人物不得不顺从
民众。因此,这一时代比以往任何时代都更强调法治。早期政府
必须彼此角逐的野心勃勃的权力之争被以人民的名义施行宪法权
力所取代。① 我们的目标是拥有"民有、民治、民享"的政府。创建
者所恐惧的个人野心在那些年代变得不可思议。最高法院的观
点——"政府内部自上而下的所有官员皆是法律的产物"被普遍当
作真理。② 一位国会议员最近评论道:"吾国的力量、稳定和长期
发展皆凭靠这一原则。"

　　现在或许可以提及,水门审讯至少让这个国家的所有人意识
到,政府的某位位高权重者有可能不把自己仅仅看作民主法律的
产物。尽管我们拥有宪法原则和两百年的民主实践,野心依然是
某类人身上潜伏的力量,无论它如何伪装。法治政府同样提供了
一套方案来杜绝毫不掩饰自己野心、追逐权力的人。弹劾程序于
1974 年首次启用,针对总统尼克松。因为"个人政治目的"而滥用
政府权力成为指控他的核心理由。我们的法律和道德体系最为敌

---

① "斯大林声称促使自己进入政界的动因是'公仆的理念',而罗马听众不会相信他
　　这套说辞。罗马政治家寻求权力、职位和声望。"根据 Levick 女士的观点,这一没
　　有穷尽的对比却是晚期共和国相当真实的思想。参 Barbara Levick,《政治家提贝
　　里乌斯》(*Tiberius the Politician*, London: Thames & Hudson, 1976),页 7。
② 1882 年最高法院表达了占主导地位的信条,它在很大程度上是对那些时代实践行
　　动的真实表达:"这个国家中的任何人都不能高高在上,超越法律的束缚。法律的
　　执行者不能在违反法律的同时免受惩罚。政府内部自上而下的所有官员皆是法律
　　的产物,必须遵守法律。法律是我们政治体系中最高的权力,而通过接受政府职位
　　参与其职能的每个人只是更为严苛地受制于这一最高权力,同时在执行它所赋予
　　的权威时受感到限制。"(*U.S. v. Lee*, 106 U.S. 196, 220 [1882], 引自 *House Judi-
　　ciary Committee Report* 93—1305, 1974 年 8 月 20 日 美国总统尼克松弹劾记录)

视个人野心。这种野心十分有害，它会削弱我们的民主信念。①

这位总统在受审前辞职。他的定罪看起来确实无误。但是尽管这种情况让人们想到可能会在政治人物身上存活的激情，却不会出现对前现代思想家观点大规模的回溯。这些思想家把激情以及它的各种技巧和计谋当作直接的研究对象。就我所知，在我们对于政治人物复杂天性的普遍忽视中，唯一的例外能在我们最富谋略的政治家林肯的早期演说辞中发现。不过，林肯的警告延续的依然是民主鼓吹者作品的思路。

林肯生动地将某类人等同于我们一直面对的威胁（虽然我们拥有道德和法律）。他声称这个世界的历史见证了拥有"野心和才干的人"总是一直存在，并且虽然受到宪法技艺的阻挠，依然会继续在我们中出现。"而且当出现的时候，他们会像自己的前辈那样，自然而然地寻求满足自身占主导地位的激情。"他否认这样的人会满足于在一个既定政府中担任官职："能够就此获得满足的人不会属于狮的家族或鹰的部落。"像亚历山大、凯撒和拿破仑这样注重追求声名的人寻求开创前无古人的业绩，他们不会仅仅满足于维持由他人建立的制度。林肯对最为强硬、索求最多的政治人物的激情特征的洞见类似于马基雅维利。他很清楚地知道，这样的激情一旦寻找到时机，将不会受宪法或道德的阻碍。他将向人民展示一种最高的政治挑战。林肯警告他的公民—听众，他们必须"相互团结，参与政府和法律，并且要智慧地成功挫败这类人的企图"。②

---

① "忠实地管理所有这些（执行）机构对于保障公民权利及维持公民对廉洁政府的信心至关重要。委员会明白无误、证据确凿地发现尼克松有意漠视这些机构的法律和法规，并竭力让它们服务于他个人的政治目的。"（美国总统尼克松弹劾记录，页177）

② 林肯，《我们政体的永恒》（the Perpetuation of Our Political Institutions），这是他1838年在Springfield青年学园的讲话，载Richard Current编，《林肯的政治思想》（*The Political Thought of Abraham Lincoln*，The American Heritage Series，Indianapolis：Bobbs-Merrill，1976），页18—19。

如果人民有充分准备迎接这一挑战,他们必须了解自己对手的天性,他追求声望的激情,以及他聚集权力和维持权力的手段。林肯只是隐晦地暗示了这些技艺。我们根据自身的性情惧怕政治野心,但我们是否能说自己已经恰当地理解了政治野心?我们认为,在塔西佗对"第一公民"提贝里乌斯统治的描述以及尤利安—克劳狄王朝其他僭主统治的描述中,没有人比他把那些激情刻画得更为生动。尽管我们不能说提贝里乌斯是"雄狮家族"的一员,但我们却能从他的天性和他的政策中了解到他有足够的野心、才干和智谋。而他的这些优点首先通过塔西佗无与伦比的头脑进行描述和阐释。

有人或许会问:如果因为僭政问题在自由民主制度下继续存在,我们想要了解现代社会的僭政,研究这部讨论僭政的古书有何用处?这一现象难道不曾发生根本性变化?我们相信,这种反驳有一定道理。总体而言,启蒙运动改变了我们时代的政治。现代哲学赋予晚近的僭主他们的先辈不曾拥有的技艺,因其发动了对自然的征服。更为根本的是,现代哲学通过激发对于改变人类条件前所未有的希望,改变了现代政治的一些类型。在雅各宾派试图在法国大革命期间建立他们版本的卢梭社会契约论的恐怖行径中,和在我们这个时代其他的血腥实践中——"一旦最后的恐怖内战消灭了私有财产,人们内心的邪恶即得以根除,完全的联合将会实现"①——这些乌托邦式的希望和某类现代僭政更为不受限制的残暴之间的直接联系十分明显。古典世界的哲学倾向于泯灭这些极端的希望。因此这必然是一个差异。

---

① Hippolyte Taine,《当代法国的起源》(*Les Origines de la France Contemporaine*, 6 vols., 12th ed. Paris: Hachette, 1892), 4: 69—11. 对勘当代著名哲学家柯拉柯夫斯基(Leszek Kolakowski)在其《斯大林主义的马克思根源》一文中的思考。见 Robert Tucker 编,《斯大林主义——历史阐释论文选》(*Stalinsim, Essays in Historical Interpretation*, New York: Norton, 1977), 页 296—97。

　　但是,我们不应该让这个差异阻碍我们看到古代僭政和现代僭政之间如此巨大的相似性。无论罗伯斯庇尔或斯大林如何制定自己的统治原则,他们曾施行统治,而他们的目的是不对任何人负责。如果我们希望评价一个政体,我们仍然需要从亚里士多德对好的政体——"以公民利益或共同的善为目的进行统治"和坏的政体——"那些不正当的、并且以统治者利益为目的进行统治"的区分开始。必须赋予现代意识形态政府一些限制,因为它们建立的基础是有些人真的相信自己献身的革命理念为好,而我们稍加审视即会发现他们的信念不过是建立在对人性的虚假希望之上。最后,判断一个政府的价值是非常复杂的事情。为了准确地作出判断,我们必须对人的天性有深刻的体察,同时具备区别它的真实需要和单纯欲望的能力。最好的政府研究者是能够最深刻理解人心的人。

　　正是基于这一点,我们声称僭政的现代研究者必须师法塔西佗。简而言之,塔西佗把这个问题当作问题研究。他清楚地把僭政看作一个问题,看作一个有缺陷的政体。他分析使僭政成为可能的政治缺陷或腐败,他研究专制权力在各种类型的人身上产生的效果,从最差的类型(成年尼禄)到最高的类型(塞涅卡)。他同时也不忘研究它对中等人性(提贝里乌斯)产生的效果。塔西佗并不局限于研究统治者,他也表明人们如何受到这一统治提供的各种诱惑和机会或好或坏的影响。他生动地刻画了那些拍马溜须、阿谀奉承者,同时又刻画了那些持不同政见者和殉难者。他说明在勇敢者的抵抗和柔顺者的默许中,政治上的无助(political helplessness)产生的效果。他分析政治恐惧的原因及其对政治人物和普通臣民生活的影响。这些都不是变化的事物。人的心灵成为所有这些影响的原因和对象。当政治共同体遭受不正当或破坏性的统治时,同样的情况在所有时代继续出现。比如斯大林主义的历史。

　　塔西佗记叙了提贝里乌斯统治的类似发展过程,提贝里乌斯也是在一位业已取得伟大声望的专制统治者之后继任。《编年史》的前面几章分析了奥古斯都在掌握罗马最高权力的过程中创立的功业。奥古斯都的权威来自他超越所有对手、决定性地结束长达一百年的罗马内战的毅力、谋略和冷酷无情。但奥古斯都不仅是战争时期残酷无情的敌手，更是和平年代卓越的政治家。通过慷慨地贿赂将士、民众及行省，他为内乱频仍的帝国带来和平。幸存下来的贵族接受教育并分享新秩序的荣耀。在毫不张扬的情况下，奥古斯都用温和的态度消解了他人对自己的抨击。他做出姿态，事事询问元老院。通过各种手段，他培养起民众对他伟大心灵（magnitudini, III. 56.2）的信任，并且在他的授意下顺利交接王权，从而维持了和平与他的权威。

提贝里乌斯继位的世界是笼罩着奥古斯都惊人成就光环的世界。他也曾镇压暴乱并征服罗马的敌人；但是他缺乏奥古斯都的品格，因而被普遍认为逊色不少；并且由于在登上帝位前骄横狂妄、残酷无情，引起众人的憎恨和恐惧（《编年史》1.4.3—4）。上述原因让他的统治方式与奥古斯都截然不同。奥古斯都深孚众望同时操纵民众，提贝里乌斯则被民众惧怕同时又惧怕民众。被奥古斯都授予荣誉、付予信任的贵族对他充满敬畏，提贝里乌斯则在他们面前颤抖（参《编年史》1.13），并出于恐惧求助于模糊的叛国法，无一例外地恐吓他们顺从自己的统治。虽然提贝里乌斯制造的恐惧局限在政治阶层，但它对政治的影响——伪善、拍马溜须、告密、卑躬屈节——与我们这个时代 的某些政策、主义导致的结果完全一样。

我们相信，读者只要阅读塔西佗，就能感受到他论述的中肯和视角的宏大。我们相信，塔西佗研究的宽广视野、僭主的各种类型、他们治下的佞臣与反对者，将有助于阐明生活在黑暗时代的人们的境遇，同时引导我们重新发现这个问题永恒的方方面面。

第一章　塔西佗的写作方式

1.　在敌视美德的僭政下写作的问题

在当今的西方世界存在着一种普遍认可的观点：历史应该是对过去事件客观或中立的记录。而在塔西佗的时代，优秀史家的想法则不然。罗马当时被一系列僭主统治，这些史家认为他们的公民义务是生动地保存高贵言行的典范，虽然他们的统治者不遗余力地想要所有政治人物都屈膝臣服、降格堕落，乃至泯灭对于好人和伟人的记忆。① 好的史家的紧迫任务是提供关于"政治优秀"

---

① 参科尔都斯在提贝里乌斯统治下接受审判时为评判自由（freedom of judgment）所做的辩护："有人说我赞扬了布鲁图斯和卡西乌斯，但他们的行为曾被许多人记述，人们在回想他们时无一不带着崇敬之情。李维——最为雄辩和忠诚之人，曾高度赞扬庞培，奥古斯都因此戏称他为'庞培的人'，但这丝毫不影响他们之间的友谊……他从未把卡西乌斯、布鲁图斯称为'刺客'或'犯上者'（这些称呼是现今加上去的），而是经常性地把他们称作雄杰。Asinius Pollio 的作品同样传颂关于他们的高贵记忆；Messala Corvinus 把 Cassius 作为自己的将军颂扬，而两人都富可敌国、荣耀满身。独裁者凯撒对西塞罗把卡图誉为天人的著作的回应是什么？——难道不是像面对法官那样回应演说家的言论。"(IV. 34) (political excellence)的教育——在不能通过参与公众事务获得这种教育的时代。① 相反,他们真诚坦率地谴责奴颜婢膝、阿谀奉承和各种罪行。权威人士对此感到甚为不悦:

> 你发现那些(大权在握的)人会认为(史书描述的)其他人的恶行针对他们,因为性质极其相似。甚至连荣誉和美德也会有敌人,因为它们用过于贴近的对比来谴责它们的敌人。(IV. 33.6)②

因此这些史家受到迫害,而他们的作品也因"包含对绝大多数杰出人物的记忆"被酷吏付之一炬。塔西佗认为这些迫害并非孤立的疯狂行为,而是有意为之、计划周详的政策的一部分,某些君主借助这一政策将与美德有关的所有事物从他们的宫廷和所有重要公共场所连根铲除。他谈到图密善(Domitian)治下对史家的某种典型迫害的意图:

> 毫无疑问,他们认为在熊熊烈焰中,罗马民众的声音、元老院具有男子气概的独立精神以及人类的良心将灰飞烟灭。而且既然智慧的教师被驱逐、所有的自由技艺只有在放逐中被实践,那么人们在任何地方都不会遇到高贵的事物。(《阿古利可拉传》2)

---

① 这时曾出现"对共和国的忽视,认为共和国是一种异质的事物"。(《历史》IV. 34)
② Emile Jacob 在他的注疏中这样解释这段话:"类比的对象似乎过于可厌地贴近。人们不会在古代的荣誉或美德面前感到羞愧难当,因为它属于人们没有义务效仿的时代,它们代表着理想。相反,近期的美德将对抗恶;这一谴责过于贴近,人们太容易理解。"(Emile Jacob, *Euvres de Tacite*, I: 313, n. 10)

由于一个时代的"良心"对"美德怀着敌意"(《阿古利可拉传》1.
4),历史因之具有特殊的重要性。塔西佗钦慕那些甘冒天下之大
不韪的人的勇气。他表露自己因传承他们的使命所遭受的残酷境
遇:他曾颂扬被提贝里乌斯杀害的史家科尔都斯,因其赞美布鲁图
斯并称卡西乌斯为"最后的罗马人"(《编年史》IV. 34. I)。科尔都斯
的著作被焚毁,但抄本却得以藏匿并在后来发表。

> 由于这一原因,我们可以讥笑、嘲弄那些人的愚蠢。他们
> 相信甚至后续时代的记忆也能被现在的政权所销毁。正相
> 反,当天才遭受酷刑时,他们的权威增长……(《编年史》IV. 35.
> 5—7)

但塔西佗却没有贸然在多米提阿统治下发表自己的作品。在
这一位疑心甚重的僭主的眼皮下,塔西佗极度小心地打理自己的
公共事业。① 他因此存活下来并遇到后来的好君主——涅尔瓦与
图拉真。对他而言,这首先意味着在相对安全的环境下写作的机
会,因为至少在这些帝王统治下,"可以按照愿望去想,按照心里想
的去说"(《历史》I. 1.4)。但是塔西佗谙熟帝王的品性——早期帝
王的迫害已揭示出这一点。他认为这种新的思想自由极其不稳
定。僭主将在某一天再次出现,迫害将重新来临。② 他认为那些
能够写作的时代不过是暂时的缓和,迫害优秀作家及其作品的时
代将会重新频繁地出现。他把这种缓和期称之为"罕见的福佑时

---

① 参本文第五章论有美德的人在僭主统治下的生活,其中阐述了塔西佗关于这一道
德困境的论点。

② 《历史》中的一个角色就尼禄之死询问一位元老的看法:"你认为尼禄是最后的僭主
吗?那些在提贝里乌斯和盖乌斯统治下幸存下来的人相信同样的事情,结果迎来
更加可恶、更为残酷的统治者。"(《历史》IV. 42.5—6)

代"(rara temporum felicitate,《历史》I. I. 4)。因此塔西佗继续怀着某种严肃的担心——如若这种担心不是为了他自己,也是为了他的作品。我们相应地期待在这些作品中看到秉笔直书与小心审慎的结合。在图拉真——美德之友统治的年代,秉笔直书是可行的,但是塔西佗希望自己的作品能够流传后世,而他怀疑它们是否能一直这么幸运。因此他对美德的赞扬以及他自己的政治学说均以含蓄内敛的方式表现出来。

至少有一位研究者——Traiano Boccalini、审慎的十七世纪《编年史》前六卷注疏者已经觉察到塔西佗对这种危险的回应。他声称,对塔西佗而言,历史实际上是一种伪装,用以在敌视美德的时代通行无阻地传达一种关于政治和人性的学说。在 Boccalini看来,历史不过是某部作品的表面,倘若仔细研读这部作品,我们就会洞见最深刻的政治和道德问题。塔西佗是柏拉图与亚里士多德当之无愧的继承人:

> 但是请考虑塔西佗在承担这项艰巨使命时的审慎:如果他曾希望公然探讨这些政治规则,他就不能让研读并沉思他作品的人感到如此巨大和崇高的喜悦。而且,他或许就驶入如椽巨笔早已千帆竞发的海洋,或者很难起航,特别是在塔西佗时代所处的季节。因此,他决心用刻意为之的技巧来隐藏他贵重的财富、用历史之匙将它封锁,把它称为《编年史》,如同把它藏匿在珠宝盒之中,使得那些没有经验的人很难开启这些掩藏最隐密、守备最森严的的事物……尽管一部作品刻意为之、精雕细琢,但是伴随着崇高的受益感和独特的愉悦感,孜孜不倦的心灵将发现塔西佗的珠玉……他将许多有价值的建议织进自己的历史中,因而人们会对他说……他是多

么深刻地洞察人性。①

在我们考察塔西佗关于自己写作意图的论述时，我们也会同时明瞭 Boccalini 认为他隐藏了什么思想。

2. 塔西佗的意图

在研究某位作家之前，有必要了解作者自己的写作意图。通过这种方式，我们知道应该在他的作品中期待什么，并允许他指引我们发现让自己最为受益的问题。与此相应，如果我们转向《历史》的开篇，我们会以为塔西佗意在编撰那些年代发生的恐怖事件的目录。"我正要写的这段历史，是充满了灾难的历史，在这里面有恐怖的战争、激烈的内讧，这些内讧即使没有大动干戈也是恐怖的"（《历史》I. 2.1）。政体对美德的敌意似乎尤为激发他的兴趣："城邦中的暴行更为恐怖：高贵、富有、荣誉要么被拒绝要么被谴责，美德无疑被摧毁"（《历史》I. 2.3）。但是，塔西佗不是一个纯粹的悲观主义者：他用开明的现实主义（open-minded realism）来理解美德，尽管它摇摇欲坠、极其稀有。"然而，在这个时代，道德并没有沦陷到连一点崇高的典范都见不到的地步"（《历史》I. 3.1）。我们在《编年史》中发现他对这一主题更为严肃的描述："我们收集残酷的命令、接连不断的指控、被出卖的友谊、清白无辜者的危险和毁灭，不顾这些题材单调雷同、惹人生厌"（IV. 33. 3）。根据我们第一眼的印象，塔西佗讨论的主题似乎是帝制对罗马道德的可怕影响以及稀

---

① Traiano Boccalini，《政治的平衡：对塔西佗〈编年史〉之评论》（*La Bilancia Politica: Osservazioni sopra gli Annai di Cornelio Tacito*，Venice，1674），页 iii。

有但壮烈的对帝制的反抗。[①] 他堪称"一世纪的索尔仁尼琴",认为自己的使命是"讲述每一件事情"。[②] 但他的鉴别力比索尔仁尼琴更胜一筹,因为他从一开始就关注"现实的积极美德",而他评价政体的标准是它对个体美德的态度及影响。

不过,这个公式还不足以说明塔西佗的政治倾向。他有能力和机会在品评帝王的品格及其喜好时复兴古老的秉笔直书的标准。他有可能书写较广范围内的罗马政治的历史,这种书写将近一个世纪未能成功或安全地进行:

> 但是老罗马人的成功和厄运已由杰出的作家记录下来,而讲述奥古斯都时代故事的天才也不乏其人,直到他们因为不断增长的阿谀奉承之声而噤口不言。当提贝里乌斯、盖乌斯、克劳迪乌斯和尼禄风光无限时,人们处于恐惧编造他们的事迹;在他们去世之后,人们又出于怨恨肆意歪曲他们。(《编年史》I. 1. 2)

小人(small men)手中的权力腐败堕落,而且权力尤其腐坏那些希望在这个世界人平步青云的其他小人。极少有人能够高贵地

---

① "……控告者所得到的报酬和他们所犯的罪行是同样令人憎根的东西:因为他们中间的某些人取得了祭司职位和执政官地位作为赃物,另一些人则取得了皇帝代理官的地位和宫廷中的潜在势力。他们到处为非作歹,引起了憎恨和恐怖。奴隶们受贿赂陷害他们的主人,自由人受贿赂陷害他们的保护人。那些没有仇人的人结果毁在自己朋友手里。(然而)母亲自愿随着儿子一起流放,妻子伴随着丈夫被放逐,亲族们表现了勇气,女婿们表现了坚定,奴隶们表现了甚至严刑拷问都不能动摇的忠诚;一些著名人物以刚毅不屈的精神迎接他们不可避免的死亡,他们在临死时的气概可以与古人的光辉死亡并列而无愧。(《历史》I. 2. 3—3. 1)

② Aleksandr I. Solzhenitsyn, *The Gulag Archipelago*,载 Thomas P. Whitney 译,《1918—1956:一场文学探索实验》(*1918—1956: An Experiment in Literary Investigation*, 2 vols., New York: Harper & Row, 1974),I: xi。

漠视通过迎合统治者而获得的成功。僭政对于历史写作有着潜在的不良影响。塔西佗解释这一点为他自己的事业提供了不容忽视的动机：

> 因此我想稍稍谈一下奥古斯都，特别是他当政的后期，然后再来谈提贝里乌斯及其继承者的当政时期。我下笔的时候既不会心怀愤懑，也不会意存偏袒，因为我实际上没有任何理由要受这些情绪的影响。(《编年史》I. 1.3)

塔西佗言明自己"远离"愤怒与褊狭的原因。这些原因对于史家的品质有最为深远的影响。那些书写历史但又出于恐惧与希望依附统治者的人不能对统治者及其朝臣的品质作出公正的评价。塔西佗并不仅仅在这里陈述自己的意图——丝毫不加歪曲地表现事实或对历史精确（historical accuracy）的现代观念来一番前现代的告白。他确实比较关注对品质的评价和判断，特别是政治领袖的品质。这一点已由我们所见塔西佗认为（首先在迫害中）岌岌可危的事物得到证实。不过，史家是品质评判者这一观点只在这一段中稍有暗示。我们不应对其全部含意隐匿不见感到惊讶。① 因为它也是历史最富争议的关注点，而出现在《编年史》开端的这一段落最为引人注目。我们之前曾说，我们发现塔西佗的写作态度是秉笔直书与小心审慎的混合。在未来僭主统治下可能遭祸的他对历史的最深切政治关注，在第一页中只是稍有暗示，而在这部作品内部却公然深刻地加以讨论。在卷 III 和卷 IV 中他更为坦率地言及自己在做的事情。在接近卷三结尾的部分，他看似随意地做了一次重要陈述，解释自己对主题的选择：

---

① E. g. Jacob,《塔西佗全集》(*Euvres de Tacite*)，1：6，n. 5。

我认为我只应该提到那些特别高尚的和特别恶劣的建议。只有这样,我认为才符合人们撰述历史的首要任务。这就是:保存人们建立的功业,并且使邪恶的言行对后世的责难有所畏惧。(III. 65. 1)

现在人们普遍认为,如这段文字清楚表明的那样,塔西佗"用道德的观点来看待历史的功能"。① 他不满足于仅仅告诉我们某人在某一时间说了或做了什么。他的目标扩展到让我们的品味变得文雅高尚并形成我们自己的判断。我们通过研习他的作品能够成为刚健、深思、良善之人。我们一旦接受了历史的这一功能,就能明白 Gaston Boissier 的下述评论:

阅读当代史家,我们被类似情节剧的梦境搞得混乱不堪,而古代史家却让我们回复心灵的宁静安详和古典悲剧的庄严崇高……因为古代历史描述的场景惊人的美丽,它崇尚质朴、和谐、比例均衡、形式的完美,它致力弘道扬德,尽可能少地描述卓绝人物,而且尽管赞誉伟人,却为他们保留人性的共同基础、让他们成为我们的同胞手足……我们在所有这些元素中找到解释——古代历史何以能成为绝妙的教化工具。自文艺复兴以来,它孕育了文明世界的所有青年……当古代历史从我们的学校消失,因缺少它们而导致了一些不足。②

---

① S. A. Cook, F. E. Adcock, M. P. Charlesworth 编,《剑桥古代史(十卷本)》(*The Cambridge Ancient History*, New York: Macmillan, 1934), 10: 872。对勘 Gaston Boissier,《塔西佗及其他罗马研究》(*Tacitus and Other Roman Studies*, New York: Putnam's 1906),页 145 及其后。当代最杰出的塔西佗阐释者 Syme 尽管注意到了这些段落,却因为他过于简单的对这一时期的事实描述忽略了它们。参 Ronald Syme,《塔西佗(二卷本)》(*Tacitus*, 2 vols, Oxford: Clarendon, 1958)。

② Boissier,《塔西佗》(*Tacitus*),页 85—86。

　　我们挑选出对品德的评价以及对道德品质的培养,似乎它们
是塔西佗作品的主要特征。这不完全是误导,因为它们在第一眼
看来非常明显,而且也是塔西佗试图吸引和打动读者的特征。诚
如他所言,历史的"主要任务"是惩恶扬善。如果这是我们在塔西
佗那里找到的主要内容,或许有理由把他称为教化作家或讽刺作
家,①将他移入学院。但是,塔西佗主要是一个道德家的观点不足
以解释自文艺复兴以来,他作为政治人物的教师在政治科学领域
对欧洲的深远影响。

　　我们绝非否认对,塔西佗而言,政治的基础是道德和高贵之人
的品格。他作品的每一页都充分说明了这一点,正如读者可以从
笔者之前援引的卷三段落一开场就发现这一点。但是对于能够理
解塔西佗意图的人,他的另一面不应该被忽视。他曾被那些并非
道德楷模的人崇拜。马基雅维利及其追随者是他们中的主要成
员。② 他们试图忽视道德,或者让道德意图从属于政治见解。我
们将在后面说明,这两方面是一个整体的两个部分,不过现在我们
只希望阐明塔西佗具有另一面。这是能够深刻洞见政治人物超道
德动机(amoral motives)和欺骗技巧的人所见的塔西佗。他亦因此
成为现代"现实主义者"(realist)学派的权威人物,这一学派用"事
物实际怎样"来批判"事物应当怎样"的古典定位。这些人没有想
到,塔西佗自己通过弘扬道德来转化和限制自己对政治的理解,将
其理解为教化。首先让我们借助哲人同时也是杰出史家的休姆的

---

① "从某种意义上说,不仅《编年史》而且所有塔西佗的著作都是讽刺作品;因为在
　　Persius、Petronius、Martial 和尤文纳尔笔下呈现不同样态的讽刺文学是这一时期
　　的主要文学潮流;与自己时代和谐的作家有一整个"武器库"的尖锐格言在自己手
　　边。"Henry Furneaux 编,《塔西佗的编年史》(*The Annals of Tacitus*, I; 36—37)。
② 在马基雅维利的《论李维》III. 19。对堪 I. 29 和 III. 6 中,塔西佗被当作政治权威。
　　参 Francesco Flora 与 Carlo Cordie 编, *Tutte Le Opere* (Verona; Mondadori,
　　1949)。

评价：

> 塔西佗或许是所有古人中最伟大也最敏锐的天才，他从不轻信盲从，甚至背负着两重自相矛盾的罪名——"无神论"和"渎神"撒谎。[1]

培根（Francis Bacon），恶魔般的马基雅维利的疯狂崇拜者，将塔西佗看作现实主义者，认为他比柏拉图和亚里士多德高明。

> 值得注意的是，不那么著名的作品反而更有用。柏拉图与亚里士多德的伦理更值得称道；但塔西佗的文字却透露出对道德和制度更为生动、更为真实的观察。[2]

Justus Lipsius 称他为"一位顽强、审慎的作家……他为那些拥有权力的人、为那些处于国家巅峰位置的人、为那些用建议和忠告辅佐他们的人写作"。[3]

塔西佗的超道德洞见被广为理解，以至于当马基雅维利在

---

[1] David，Hume，《关于人类知性的探讨》（*Inquiry Concerning Human Understanding*），Chales W. Hendel 编，*Library of Liberal Arts*（Indianapolis：Bobbs-Merrill，1955），页 131。

[2] Francis Bacon，《时间的男性诞生》（*The Masculine Birth of Time*），或《人类对宇宙统治权的伟大建立》（*The Great Instauration of The Dominion of Man over The Universe*），载 Benjamin Farrington 编，*The Philosophy of Francis Bacon*，Phoenix Books（Chicago：University of Chicago，1964），页 71—72。

[3] 引自 Phillip Butler，《拉辛作品中的古典与巴洛克》（*Classicisme et baroque dan l'oeuvre de Racine*，Paris：Nizet，1959），页 174。同时可参阅一位现代古典主义者 Laistner 谈及的塔西佗方法中"不妥协、残酷的现实主义"。（M. L. W. Laistner，《更伟大的罗马史家》[*The Greater Roman Historians*]，载 Sather Classical Lectures，Vol. 21 [Berkeley and Los Angeles：University of Califonia Press，1947]，页 127）

1564 年被加入这个名单时,塔西佗在意大利和法国的人文主义思想家的大圈子中成为他的替代者。[1] "为了在马基雅维利缺席的情况下保存马基雅维利主义,(克罗齐认为)耶稣会士时代(Jesuitical times)一种有用的想法是用塔西佗的面具来伪装马基雅维利,用塔西佗刻画的提贝里乌斯来伪装马基雅维利的君主。"[2]这些马基雅维利主义者撰写的塔西佗评论被称为"塔西佗主义"。Philip Butler 描述的这场运动如下:

> 塔西佗主义是……十六世纪政治理论的基本组成部分之一,它产生了大量文献……它在阐述方式上而不是实践后果上与马基雅维利大相径庭。它称自己首先是催人泪下的关于历史真实的知识,但是人们又被迫考虑这种知识并作出结论。它悲悯地坚持事物实际所是与事物应该所是的天渊之别。我们崇敬这位无情地揭露人性之恶的拉丁史家并且伴随着叹息声将其马基雅维利化。[3]

事实上,塔西佗关注的重心由这两种意图构成。而"道德家"和"现实主义者"的称谓都没有注意到塔西佗视野中呈现的某些事物。他在写作时并非不带有道德意图,但他的目的并不能由赞颂和鞭笞穷尽。[4] 提供政治审慎的训练也是他的意图,塔西佗主义

---

① 参 Giuseppi Toffanin,《马基雅维利与"塔西佗主义"》(*Machiavelli e "il Tacitismo"*, Padua, 1921)

② Butler,前揭书,页 171。

③ 同上,页 176。

④ 他知道以教化为主要意图的作品的局限,因为他知道李维。我们在这里借助 Lipsius 的评价:阅读李维的作品,我会变得更为兴奋,但并不总是得到更多、更好的指导以直面人生的厄运。Justus Lipsus 编,《塔西佗现存作品集》(C. C. *Taciti Opera quae exstant*, Antwerp, 1648),页 4。我猜想这也是塔西佗的评价,因为在卷 IV. 32 和 IV. 33.3 中,他头脑中所想的除了李维还有谁?

者在后来发现他的这一面并十分推崇。我们不禁会疑惑是否能轻易将审慎从道德中剥离开(如一些塔西佗主义者所认为的那样)。① 现在,我们足以征引卷 IV 中他关于自己意图的一个重要陈述,这一陈述完成了他在卷 I 和卷 III 中的自我揭示:

> 积累或传播这些发生的事件或许有用,因为尽管许多人从他人的命运中获得教训,却极少有人能够审慎明辨地区分高尚与邪恶、有益与有害的人生道路。(IV.33.2)

我们认为,塔西佗的作品训练审慎的说法绝非夸张,因为审慎是为高贵的目的选择有效和恰当的手段。② 塔西佗在写作时头脑中也在思考这些问题。虽然在关注有美德的政治行为这一点上,他归属古典政治哲学,但他又在事实上强调审慎之人必须行为高

---

① Gorden 似乎看到了塔西佗的两个方面:"⋯⋯在长期了解人事和人之后,他致力于收集各种观察并且在温和的历史面纱之下将自己知识的成果传递给后代。他特别胜任这项使命:没有人所见如此之多,更少的人所想如此之多、或者更强烈、更生动地传达自己的思想;一位情感丰富、表达手法多样的有力的演说家;一个德行完满的人,尽管他时常诱发人们的各种激情,却从不误导它们;一位史学大师,他追溯事件的本源,并且用丰富的意象、凝练的语言加以解释;一位能够拆穿所有伪装、看透所有伎俩的深刻的政治家;一位正直的爱国者,热切关注共和自由及邦国的福祉、宣称与僭主和各种僭政工具为敌的人;一位人道主义者;一位热爱美德的人,崇尚自由与真理,并且时时处处敬拜它们、推崇它们;厌恶虚假和不义、轻视小聪明(little arts),揭露恶行;并且通过揭示伟大恶人的命运和最终的灭亡、他们灵魂的焦躁不安、他们权力的摇摇欲坠、他们命运的不确定和突如其来的逆转来说明为赢得伟大而放弃善是多么沉重的损失;而无论美德受到怎样的迫害,它依然是可欲的,能够带来微笑并最终战胜邪恶。"(Thomas Gordon,《塔西佗作品集》[*The Works of Tacitus*], 2 vols. [London:Thomas Woodward and John Peele, 1728], I:10—11)

② "⋯⋯明智与道德德行完善着活动。德性使我们的目的正确,明智则使我们采取实现那个目的的正确的手段。"亚里士多德,《尼各马科伦理学》,1144 a 6—9。[译注]中译文据廖申白译本,商务印书馆 2006 年。

洁的残酷和不良环境,因此和这一传统分离。① 我们相信,这是他不带幻想地拒绝撰写乌托邦文章和选择书写历史的重要原因。但是塔西佗并没有因此放弃节制或者以道德为目标的审慎。他在强调道德遭遇的困境和危险时坚持了道德。他用一种有限的方式预期了马基雅维利与古典政治哲学的断裂。他似乎在说,马基雅维利在这方面是正确的:在历史进程中以道德为目标的政治很少实现。但这一点却加强了他致力于品德和有能力的善的决心。塔西佗认为教育个人是对好人很少施行统治这一政治问题的最深刻的回应,在这一点上他赞同的不是马基雅维利而是柏拉图。② 他也赞同亚里士多德的想法:我们对实际政体的研究应该不逊于对最好政体的研究。③ 塔西佗是现实的道德家。他先于马基雅维利,

---

① 《对话》中的一个角色表达了类似不满,针对仅仅“科学地”描述对演说术的掌握。“然而,请你们注意,学习本身就包含着实践,因为,如果知识不能形成见解,见解不能掌握和统帅思想,思想不能转变成现成的说话能力,人们就不可能学到如此多样和深奥的知识。”(《对话》33)

② “但是,我的好阿得曼托斯,”我说:“我们责成我国当政者做的这些事并不象或许有人认为的那样,是很多的困难的使命,它们都是容易做得到的,只要当政者注意一件大家常说的所谓大事就行了。(我不喜欢称之为“大事”,而宁愿称之为“能解决问题的事”。

　　“这是什么事呢?”他问。

　　“教育和培养。因为,如果人们受了良好的教育就能成为事理通达的人,那么他们就很容易明白,处理所有这些事情还有我此刻没有谈及的别的一些事情,例如婚姻嫁娶以及生儿育女——处理所有这一切都应当本着一个原则,即如俗话所说的,“朋友之间不分彼此”。(柏拉图,《王制》,布鲁姆译疏并附文阐释[New York:Basic Books,1968],423d—424a)[译注]中译文根据郭斌和、张竹明译本,商务印书馆 2002 年。

③ “政治学术应考虑适合于不同公民团体的各种不同政体。最良好的政体不是一般现存城邦所可实现的,优良的立法家和真实的政治家不应一心向往绝对至善的政体,他还应须注意到本邦现实条件而寻求同它相适应的最良好的政体……我们不仅应该研究理想的最优良(模范)政体,也须研究可能实现的政体,而且由此更设想到最适合于一般城邦而又易于实行的政体。”(亚里士多德,《政治学》,1288b24—39)[译注]中译文根据吴寿彭译本,商务印书馆 1996 年。

做出了在《君主论》卷 XV 中朝向"事物有效真相"（Verita effettuale della cosa）的转向，但同时他又未能像马基雅维利那样，与由传统哲学发展而来的对政治事物的评估彻底决裂。

3. 塔西佗的修辞

塔西佗的庄重风格具有某种壮丽恢宏，因此即便第一次阅读，也能在读者心中激发严肃郑重的意绪。他雄辩的口吻是看到恶无处不在的道德家的口吻，他看到恶惊人的力量、多样的外观，却又总是抑制它的尊严（dignity），对它进行反思，与它保持距离。没有什么事情能让他感到震惊，任何人的伎俩他都不会觉得不可理解。他平静地看待义与不义，并用凝练的短句对它们做出评判。① 雄辩的塔西佗的内心是一种奇妙的中道（wonderful moderation），它打动读者、让他们养成深思忧伤的品味。他在严肃中传达对美德的爱以及对它有限力量的接受。一位睿智的法国古典学家 Emile Jacob 在评论普林尼的说法——"塔西佗的雄辩表达令人生畏"时，精妙地刻画了这种庄严的修辞：

> （这种反思）很好地回应了这一观念：塔西佗的形式毫无疑

---

① "谋夺王位的计划在开头会遇到困难，可是一旦行动起来，就不难寻求自己一派的人和帮手"（《编年史》IV. 7）；而且所有的人都会同意这样的看法：如果说他从未取得过皇帝大权的话，那他是有资格取得这样的大权的"（《历史》1. 49）；"势力很少能维持长久，它会自然而然地衰亡下去；或者是双方都有了厌倦情绪，有时是皇帝没有东西可以再给，有时则是宠臣再也没有东西可以要求了"（《编年史》III. 30. 7）；"优秀人物都要求得到最高的荣誉。皇帝们在所有其他东西上都立刻能得到满足。但是有一件东西要通过长期的不倦的努力才能获得。这就使后人对他的好评。因为人们对于他的名誉的蔑视也正是对于他的德行的蔑视。"（《编年史》IV. 38）

问地严峻、自然而然地恢宏、洋溢着厚重的思想同时又字斟句酌；在成为基础和原则的所有事物中充盈着这种形式，同时用关于真理和正义的永恒格言带来的权威性来加强它；虽然运用了更多的想象与技巧，他的作品在反思的力度和深刻性方面、在说理谨严带来的美感方面、在由一人统治的帝国类型方面（在这样的帝国中我们的理性被移除，尽管它依然是情感的主宰、同时不愿向激情屈服）非常近似修昔底德的作品。①

除了庄严恢宏的道德口吻，人们还注意到塔西佗的简洁。他似乎喜欢用最少的语言来表达自己对事物最深刻的反思，以便引导人们持续反思这些事物。② 尽管有不少人评论过塔西佗的凝练，只有英国政治评论家 Thomas Gordon 曾解释这种凝练与一种更为深刻的教育意图有关。

　　除了措辞的雄伟庄严，他还以超乎寻常的简洁著称：但是尽管他的文字总是寥寥数语，他却总是拥有丰厚的思想和内容。他的表达犹如波培娅（Poppaea Sabina）的衣衫③，用他自己的话来说："用面纱遮住一半脸庞，让观赏者不能得到满足，或者正因为如此它变得更有吸引力"。他由观念开始，然后用想象去追踪观念；他给你的样品是如此精美，让你渴望看到整件作品，然后你有了自己的发现——一些有才干的作家遗忘了对自己读者给予这种嘉奖。④

---

① Jacob，前揭书，页 xviii。
② 尼采认为塔西佗通过"浓缩"自己的思想来获得不朽。Friedrich Nietsche，《漂泊者及其影子》(The Wanderer and His Shadow)，Aphorism 144。
③ ［译注］Poppaea Sabina，罗马皇帝尼禄的第二任妻子，因道德败坏而恶名远扬。
④ Gorden，前揭书，页 16。

他修辞上的简洁丝毫不逊于情感上的庄严——那些"关于永恒真理和正义"的格言，构成《编年史》潜在的教育意图的一部分。对塔西佗而言，教育不仅仅是要让读者阅读，它还鼓励读者为自己思考。政治人物灵魂的复杂、多面和伪装如同照镜子般在他的复杂风格中一一呈现。[①] 他作品表面上的难解是因为作者的政治意图：让一些人在读第一次之后就泄气，同时吸引那些适合学习思考的人。塔西佗认为最高的教育只对极少数天资优异的人可能，他们能够通过自己对人事积极主动的观察了解他给出的各种暗示和动机的完整含义。如 Gordon 所见，对这些人而言他的作品是富有心理和道德洞见的宝藏：

　　　　他的作品不是为大众、而是为那些经世治国者或辅佐治国者的人而写；他的风格和拉丁语也不是那么明白晓畅，让不该理解的人理解。正如普鲁塔克通过了解罗马人的行为来了解罗马人的语言，塔西佗通过知晓人的天性及政府的基础和结构来被人知晓。[②]

塔西佗与柏拉图、但丁和莎士比亚一脉相承，极其罕见地将哲学与诗结合起来，这代表着最高的天赋，亦需要最深厚的教养。Hippolyte Taine 认识到这种"神圣的秉赋"，并且比其他人更好地表达了这一点：

---

① Bayle 评论道："他的《编年史》和《历史》让人叹为观止，也是人类心灵最伟大的成就之一。无论我们是否感受到他风格的独特、无论我们是否热衷他思想的优美，他知道如何用那支快乐的笔刻画政治人物的各种伪装和伎俩以及激情的弱点"。Pierre Bayle，《历史与批判之典》(*Dictionaire Historique er Critique*, Amsterdam: P. Brunel, 1740), s. v. "Tacite"。

② Gordon，前揭书，页 16。

塔西佗是诗人。这种类型的想象是一种哲学的天赋,它借突然的光照(sudden illumination)阐明事物,并如理性本身一样深刻地洞察真实 ······它是创造和产生如我们亲眼所见、亲手所及的真实、鲜活存在的力量······在塔西佗笔下流淌着粗砺的色彩、耸人听闻的细节和对真理的肆意践踏,它们不仅让我们理解普遍的人类灵魂,也让我们理解多样、曲折、深刻、复杂、无限的事物——个体灵魂。①

Jacob 提到这部作品的写作并不完全按照时间顺序,并将它与戏剧作对比:

这种描述的运动是戏剧的运动。打开每一部作品,事实都是按照明显的连续性展开,根据神圣的用途(consecrated usage)年复一年地叙述:高潮酝酿、迭起、然后消失,以便缓释一个决定性目标、一场悲剧性的大灾难、君主或民众生命中的一个时期。②

我们也注意到了这些部分并认为它们是有意为之。它们如同关于不同政治和伦理问题的凝练论文,必然是极佳的研究对象。

4. 方法论

首先需要阐明的是,我们无意在塔西佗自己的描述之"后"去

① Hippolyte Taine,《漫记李维》(*Essai sur Tite Live*,4th ed. Paris: Hachette, 1882),页 347—48。
② Jacob, *Euvres de Tacite*,页 xxviii。

发现他如何书写历史或他查考何种史料。① 我们热衷于探讨作为
政治智慧教师的塔西佗，而不是将他作为"我们重新书写历史的资
源；更毋庸说若非像塔西佗本人那样理解塔西佗，没有人能够将他
当作资源运用"。② 我们确信塔西佗的秉赋高过他的提贝里乌斯
和他笔下的其他人物，并因此愿意相信他对这些欲求权力者的行
为、言辞乃至思想的阐释。我们毫不怀疑他在总体上对政治人物
的理解好过政治人物对自己的理解。因此，塔西佗有时可能会揭
示控制他们的动机和激情，而他们自己对此只是略有所感。有人
或许会问：他何以能够了解其他人的内心？难道他是神？我们认
为对此理由充分的回答是：他是天资卓异之人，他对自己的认识强
过资质鲁钝之人希望能够获得的对自身的认识。凭借关于自我的

---

① Momigliano 教授在他对 Syme 作品的大师级评论中表达了同样的顾虑，并借助长
久建立的塔西佗学术传统来之支持自己的观点："塔西佗是权威的研究者（researc-
her）还是新事实的发现者（discoverer of new facts）？ 这一问题可谓众说纷纭。但
实际上这是一个次要问题。如果 Syme 在他的探究中将研究者塔西佗的价值提到
一个中心位置，在我看来他用这种方式模糊了塔西佗的面目并为其打上二十世纪
历史学家的烙印，甚至 Syme 自己的烙印。塔西佗不属于那些自创新的研究方法、
不遵循前人的史家，如修昔底德和波利比乌斯……他也不属于李维和 Dionysius
Halicarnassus 这一类的史家。对这类史家而言，指出他们如何收集史料至关重
要。'李维在何处获得他关于罗慕路斯的知识？'这一问题截然不同于'塔西佗在哪
里获得他关于提贝里乌斯的知识？'总体而言，自文艺复兴以来的塔西佗研究已清
楚认识到这一点。塔西佗从未被看作研究者，而被看作历史事件的阐释者。"(Ar-
naldo Momigliano, *Terzo contributo alla storia degli studi classici e del mondo an-
tico*, 2 vols. [Rome: Edizioni di Storia e Letteratura, 1966], 2:742)在此向 Don-
ald Maletz 教授致谢，他特意为笔者翻译这部分段落。
② 现代塔西佗研究权威 Ronald Syme 在广泛查考其他史料之后作出如下结论："塔西
佗的提贝里乌斯是否主要是这位作者自己的创造？ 曾有人雄辩并极富独创性地论
证过这一点，有时甚至近乎偏执。但亦有强烈反对这一点的理由。苏维托尼乌斯
和狄翁的论述基本上与塔西佗保持一致。他们可称为独立的权威。并没有清晰的
迹象表明苏维托尼乌斯征引过塔西佗，但这位传记作家(尽管是随意和断续地)，依
然对提贝里乌斯作出了相同评价——奸诈，暗藏邪恶(尤其是残酷)，逐渐暴露出
来。"(Syme，《塔西佗》，1:420—21)

知识，他可以评判他人的愿望和动机，因为这些愿望和动机都潜伏在他更为宽广的人性之下并囊括进其中。此外，他还是不惜耗费无穷心力获知他所评判的人的整个生活的伟大史家；所以，尽管他可能在任何时候都只向我们展示显白的行为或言论，他用自己的整个一生清楚认识到这些行为和言论主体的品第和性情。这一点在其为他人"盖棺定论"的各种例证中表现得最为明显，特别是他对奥古斯都的评价。① 因此根据塔西佗的判断，奥古斯都（被直呼其名）获得了比实际更高的地位。我们在此意识到这与塔西佗现代阐释者的共识相悖。但是，暂且不提那些阐释者本人，我们并不认为他们充分认识到塔西佗与提贝里乌斯之间的品第差别。

　　据说，"用高人的眼光去理解矮人比用矮人的眼光理解高人更为稳妥。因为采取后一种做法必然会歪曲高人；而前一种做法则赋予矮人自由完整展示其所是"。② 根据这一方法论准则，我们更为感兴趣的是塔西佗提供的对行为与思想的反思与阐释，而非这些行为和思想本身。凭借一位卓异思想者的思考，我们知道如何更好地理解他人的想法和行为，而不是跳过他的阐释，从思虑更少的政治人物赤裸裸的行为中去理解。③ 根据这一原则，我们逆转了绝大多数塔西佗现代评论的优先性并求助于一种更为古老的传统——塔西佗的箴言和评判被奉为"金科玉律"。我们没有意识到

---

① 《编年史》I. 9—10。

② Leo Strauss，《斯宾诺莎的宗教批判》（*Spinoza's Critique of Religion*，New York：Schocken，1965），页 2。

③ 注意诗人维兰德在被拿破仑指责"混淆历史与罗曼史"时的辩解："有时人的理念比其行为更有价值，而好的小说比人类更有价值。陛下，不妨将路易十四的时代与《忒勒马科斯》（*Télémaque*）的时代做一比较，后者同时为供统治者和民众提供了最佳的借鉴。我的第欧根尼（Diogenes）通过在木桶中生活成就其美德。"（参《塔列朗回忆录》，前揭，页 327）［译注］《忒勒马科斯》是法国十七世纪作家费讷隆（Fénelon）根据荷马史诗中忒勒马科斯的事迹写的小说。

在采用这种方法论的时候，我们可以将哲人维科称为我们赫赫有名的先行者。①

仅有极少数现代学者些许留意到塔西佗作品的这一维度，并且没有人将其扩展或系统化。他们对于我们自己的研究定位有一定帮助。这些人中最杰出的是 Alain Michel，他的著作《塔西佗与帝国的命运》(*Tacite et le destin de l'Empire*)将塔西佗放置到与帝国相对的超政治的廊下派传统中。不过，这部作品对塔西佗自己的意图关注不够。Michal 忽略了塔西佗构思之后的政治评判以及他通过例证实施教化的实际意图。他没有充分注意到下面的话语主宰着塔西佗对整个历史的构思："我认为我只应当提到那些特别高尚的和特别恶劣的建议。只有这样，我认为才符合人们撰述历史的首要任务，这就是：美德不应沉寂，并且使邪恶的言行对未来的恶名和后世的责难有所畏惧"(III. 65.1)。Michel 的评论为研究塔西佗著作等身的现代史家 Ronald Syme 爵士提供了支持。他的论著尤其注重个体事件，几乎完全没有留意塔西佗的构思及其教化。②

晚近以来，接受塔西佗对事物细节的陈述但质疑他的整体评价

---

① 维科以他整全的智慧将塔西佗与柏拉图和培根归为一类："到那时为止，维科认为高于其他学人的仅有两位：柏拉图与塔西佗：因为以无与伦比的形而上头脑(meta-physical mind)，塔西佗思考'是其所是'的人(man as he is)，柏拉图思考'应该成其为所是'(as he should be)的人。并且柏拉图以他渊博的知识探索构成人知性智慧(intellectual wisdom)的高贵部分，塔西佗则下降到对效用(utility)的探讨中——在恶与命运不规律的偶然性当中，具有实践智慧的人何以将事物导向一个好的结果……我们由此得出结论：聪明人必须同时具备柏拉图那样的隐微智慧和塔西佗那样的公共智慧……维科现在计划沉思与书写在他之前的这三位独特的作家(包括培根)，并着手详细阐述他的这一发现工作。"(Max Fisch 与 Thomas Bergin 译，《维科传》[*The Autobiography of Giambattista Vico*] Ithaca：Cornell University，1944，页138—39)

② Syme，《塔西佗》，前揭。

成为一种风尚："……通过各种旁敲侧击和暗示的最微妙艺术影响其读者,塔西佗设法诬蔑早期帝王的品格并完全曲解这整个时期。"①我们相信,之所以会有这样的谴责,主要是因为忽略了政治人物行为背后的政治原因,首先是他们对彼此的恐惧。没有人能够像塔西佗所描述的那些皇帝、尤其是提贝里乌斯那样坏,这似乎是一种无意识的现代偏见。这种偏见源于现代政治哲学,通过对自由民主的制度安排,现代政治哲学似乎已经克服了激情的影响。不过,过去的评论家认为,塔西佗呈现了一个"坏"政体的政治影响和心理影响。他们未曾想到塔西佗的现代评论者倘若肯对塔西佗的描述更加留意,将会了解到关于自由民主的另一种选择的一些情况。塔西佗的描述没有受到现代哲学的另一种偏见的影响,它们老练的假设——社会原因或经济原因或其他政治之外的原因与政治的关系更为密切,更值得进一步作出解释。"他对自己时代和之前时代的恶的唯一解释是:政治舞台上演员品质的败坏——帝王对权力的欲望以及他们同时代绝大多数人的奴颜婢膝。"②塔西佗是典型的政治史家这一事实曾一度被认为是他最大的优点,他是洞悉人类灵魂的大师。因此卢梭在《爱弥尔》中拒绝用他来教育年轻人:

> 塔西佗是一部老年人的大书;年轻人还不能充分了解他。我们必须在试探其深度之前在人类行为中发现心灵的欲望;我们必须在阅读格言之前学会如何阅读行为。③

---

① Kurt von Fritz,《塔西佗,阿古利可拉,图密善与君主制问题》(Tacitus, Agricola, Domitian, and the Problem of the Principate),载 *Classical Philology* 52 (April 1957),页 94。

② Kurt von Fritz,前揭书,页 94。

③ 卢梭,《爱弥尔》(*Emile ou de L'Education*, Paris, Garnier-Flammarion, 1966),页311。

我们认为在现代,不利于阅读塔西佗的这些偏见已经由于集权式僭政和世界大战的出现而遭到质疑。在克服人类心灵的政治激情这一点上,现代哲学并没有一劳永逸地获得成功。僭政成为与政治社会共存的一种可能性。因此,极为迫切的是,不带偏见地回归现代哲学成见之前写作的作家以及以揭露僭政对僭主压力(无论他的意图为何)和僭政对臣民有害影响(无论他们在一开始是多么具有奴颜婢膝的天性)而著称的作家。通过这种方式,我们可以修正自己有些狭隘的视角,并足以全面理解我们有可能面对的各种可能性。

第二章　塔西佗对罗马共和的评价

1. 塔西佗的前言

塔西佗的五部作品中,有四部探究罗马帝国公民生活的主题。另一部关注生活在罗马帝国东北边境的"未开化"的日耳曼部落。在他每一部"罗马"作品的开端,塔西佗都会隐晦地对比老罗马的共和制度与在共和制倾覆之后重建秩序并维持帝国的新君主制。新政府的一个官方宣言是:当权力从属于元老院和人民的被打败的共和军队中移交到屋大维手中时,政府并没有发生重大改变——"行政官的称呼保持不变"(I. 3. 7)。塔西佗在《编年史》开篇最为全面地陈述罗马自建城以来遭遇到的根本性的政治变迁时,悄然驳斥了这一宣言:

> 罗马最初是在国王统治下的一个城邦。布鲁图斯制订了自由的政体和执政官当政的制度。独裁官的制度始终是一种应急之策;十人团的权限不能超过两年,军团将领所掌握的执政官的权力也不能长久。秦纳和苏拉的专制统治时期都不

长;庞培和克拉苏的大权很快就转入凯撒之手,接着列庇都斯
和安托尼乌斯的军权也就归奥古斯都掌管了。奥古斯都则以
"第一公民"的名义把在内战中搞得残破不堪的一切收归自己
治下。(I.1.1)[①]

　　这段话是简短的罗马制度史。塔西佗区分了以三种不同
制度类型为特征的三个不同阶段。古老的国王在最初阶段统
治罗马(公元前 753—510 年)。在其漫长历史的绝大部分时间,
罗马是一个以自由为原则、并自行选举年度行政长官"执政官"
的共和国。塔西佗提到的其他权力头衔无一例外是规范的共
和制度由于各种原因变得不再适用时被认可的权力。但是,自
由与执政官制度对于历时约四百年之久的共和制至关重要。
罗马共和始于公元前 510 年,以布鲁图斯率领众贵族驱逐国王
为标志,终于公元前 1 世纪——随着罗马帝国的扩张和道德的
日益败坏,一些个体公民强大到超脱法律束缚,并在内战时期
建立了一系列短命的军事僭政。这段话中提到的僭主和篡夺
者全都出现在这一时期,共和的衰亡导致他们的成功。内战的
胜利者奥古斯都建立了一种新型政体。这一政体被称为元首
制(Principate),始于公元前 31 年的阿克提乌姆战役,历经塔西

[①]　塔西佗称呼皇帝的头衔是"元首"(Princeps),我们通常将其译作"第一公民"。这是
　　奥古斯都经常采用的非正式称谓,以符合他编造的已经恢复共和的谎言。不可将
　　这一称谓与共和制的头衔"首席元老"(Princeps Senatus)相混。参 S. A. Cook 等
　　编,《剑桥古代史》(*The Cambridge Ancient History*,10:612)。我们将追随塔西佗
　　使用"元首"这一称谓,因为它比起"统帅"(Imperator)来更容易入罗马人的耳。而
　　这个头衔从严格意义上讲,是士兵们在胜利之后赋予他们将军的军事荣誉。罗马
　　的统治者也拥有这个头衔,但是他们更经常地被称为"元首"。比较 Syme 对这一
　　头衔的译法,他试图用它来表示君主统治的安静秩序:"不再有暴力和篡位事件。
　　苦难的岁月已被埋葬和遗忘:第一公民现在通过威望以及元老院和人民代表的权
　　威施行统治。"(Syme,《塔西佗》I:431)

佗自己的时代,在一个世纪后结束。这位元首的品质将是我们下一章重点讨论的主题。现在我们可以说尽管奥古斯都小心翼翼地不刺激他的臣民("行政官的称呼保持不变"),他的权力最终在军团的支持下得以保留。或许由于大多数人至少接受(如果是不高兴地接受)导致国困民乏的可怕内战的结束,塔西佗没有把它称为"僭政"。

塔西佗比较新秩序与旧秩序,但他的比较十分审慎。因为他在只是偶尔容许言论自由的新秩序下写作。通过对比记录老罗马人成功与厄运的著名作家的秉笔直书与帝制之后堕落史家的阿谀奉承,他暗示大环境已然改变。由于新政府只需要阿谀奉承之徒,高贵的天才人物无法写作。那些言论过于自由的人受到惩罚,他们的著作被付之一炬(IV.35)。如塔西佗随后所言,更为常见的是"世界的局面变了……政治上的平等已经成为陈旧过时的信念,所有人的眼睛都在望着皇帝的敕令"(I.4.1)。塔西佗至少在为古老制度的消逝感到痛惜。

《历史》、《阿古利可拉传》与《关于演说家的对话》开篇将自由的丧失表现为一种巨大的厄运,进一步确认了我们在《编年史》开篇获得的印象。如果说这几部著作与《编年史》有什么区别的话,它们更加坦率直言。根据《阿古利可拉传》的言述,共和制为美德的产生提供了一个更为良好的环境,而美德在那个时代比在塔西佗的时代更为受到推崇。这一点说明塔西佗确实强烈拥护共和制。《对话》开篇讨论的问题是:为何在帝国时期,法庭雄辩的高贵艺术如此衰落,连"演说家"这一称呼也仅限于古老自由共和国的著名演讲人。塔西佗在他的作品开篇就表现出一种共和的品味。这一点说明评价与共和相对照的帝制生活品质的重要性。所以从一开始,我们就完全可以理解共和或许提

供了一种适当的标准。因为难道不是共和在各个时代产生了彪
炳史册的英雄人物?[1] 至少这是伟大共和史家李维的评价。在共
和自由即将终结时,李维写道:

> 除非对于我所从事事业的爱欺骗了我,无论在任何时代、
> 任何地方都不存在一个更伟大、更神圣、涌现更多典范人物的
> 共和国。奢靡浪费从未在任何城邦中出现得如此之晚,对贫
> 困和节俭的赞颂也从未如此之久……[2]

李维试图在对过去满怀敬意的研究之中遗忘奥古斯都帝国四
处蔓延的灾祸与邪恶;他试图用那些"古老质朴的事物"填满自己
的头脑,因为"在那些时代……我们既无法容忍我们的罪恶,也无
法容忍对我们罪恶的治疗。"

塔西佗预先也怀旧地将美德等同于过去的共和制,不过在他
笔下共和变得更加文雅高尚。他用一种可以称之为"沉默的爱国
呼求"展开他的"罗马"著作,这种诉求在古老的罗马政治传统中最
为彰著。但是我们不应忽略这一呼求出现在开端部分。我们不应

---

[1]　受李维激发而产生的关于共和的观点由现代两位学者——布鲁姆教授和孟德斯鸠
　　精彩并有力地陈述。在布鲁姆《异教英雄的道德》(The Morality of the Pagan He-
　　ro) 一文中,我们发现了如下话语:"罗马由其元老阶层成就其伟大,而这一阶层实
　　为罕见——一个数量相对较多的群体,遵守法律以避免无政府状态和独夫统治;他
　　们放弃普通人的软弱和自我放纵,服从严格的军事纪律,所得的回报仅有荣誉;可
　　以完全信靠他们做出是战是和的决定。而且这一阶层不单只有一夕之功,它长存
　　数百年。在他们中间,单独的个人可以绽放异彩;罗马史不是关于浩大的、非个人
　　运动(impersonal movements)的历史,而是关于伟大个人的历史。"(布鲁姆与雅法
　　著,《莎士比亚的政治》[Shakespeare's Politics, New York: Basic Books, 1964],
　　页 80)
[2]　Livy,《自建城以来》(Ab Urbe Condita, praef)。

将开端误认为结尾,将对某个问题的陈述作为这个问题的答案。探究塔西佗对罗马共和主义的评价将引领我们进入作为塔西佗理解普遍政治生活基础的更为深刻的原则。

2. 罗马共和制

如果我们翻阅塔西佗关于共和制的公开评论,我们首先会对其保留感到惊讶。我们从未发现塔西佗将罗马的制度称为"好的制度",如他称呼斯巴达那般(《对话》40.2-3)。罗马共和国在早期(公元前510-367年)被它的两个阶级——贵族与平民的持续斗争折磨得疲惫不堪。与斯巴达和克里特不同,罗马没有思虑缜密的个体立法者来解决这些争端。罗马的制度是偶然妥协的产物,而且如我们可以料想的那样,它曾经有缺陷。最初贵族掌握所有权力。平民在最初阶段(公元前510-450年)经常暴动,并要求他们自己的长官保护他们不受从贵族中选举产生的正式官员的任意裁决(III.27.1)。体现这一斗争高潮的事件是成文法典"十二铜表法"的通过(公元前451-449年),塔西佗将其称之为"最后的公平法律"(III.27.1)。他似乎赞同人民在这一早期阶段的要求。罗马早期的共和体制对他们不公平。平民们随后要求有权利担任城邦的所有官职。在公元前450年到前367年期间,罗马的内部动乱只有在爆发对外战争时才得以停止。平民的合理要求得到满足,随后就用自私和贪婪挑战高贵。"至于(十二铜表法)之后的法律……在更多情况下是由于阶级间的纠纷而暴力产生出来的,其目的在于获得不该得的荣誉,放逐杰出人士,或是实现其他什么邪恶的目的。"(III.27.1)到公元前367年Sexto-Licinian法令颁布之时,平民甚至获得被选举成为执政官的权利。因此我们在两百年之内未曾听到任何重大的纷争，①这种情况止于公元前 133 年 Gracchi 当政时期，骚乱进一步演变为内战，最后导致共和的崩溃。但是即使在没有内部骚乱的喘息阶段，塔西佗也没有将共和称为"制度良好的"。或许骚乱并不是罗马制度的唯一缺陷。

如果我们审视罗马在内部骚乱"沉睡"的那些年代实施的政策，我们或许能够理解塔西佗为何不愿意赞扬罗马。② 因为正是从那时起，罗马开始大规模地实践它早期在一个更狭隘范围内追求的帝国主义。③ 塔西佗随后非常简略地描绘了罗马在这一时期的扩张。从公元前 342 年到前 275 年，罗马攻占顽强抵抗、热爱自由的萨谟奈人，并统一了整个意大利。Florus④ 告诉我们，这些顽强的人为罗马人的二十四次胜利提供了素材！之后，罗马又成功地与迦太基争夺西西里的统治权，既包括陆地也包括海洋——罗马人的一个新特征（公元前 264－241 年）。在此之后，汉尼拔被英勇

① 我找到两处例外，说明即便在这一时期，共和国也没有完全安定。嫉妒与野心依然在一些人心中燃烧。在公元前 302－301 年，代表平民的护民官引发了骚乱，其结果是他们获得了之前仅限于贵族的被选为祭司的资格。(Livy X. 6－9)在李维著作第 11 卷的摘要中，我们看到如下话语："在由债务问题引发的长时间的骚乱之后，平民跑进可洛山(Janiculum)，最后被独裁者 Hortensius 带回……(前 286 年)。元老院做出的让步是部族会议(Comitia tributa，贵族对其影响力很小)通过的法令对所有罗马国民都有约束力。这两处或许是最后的例外，因为从此以后平民再也没有获得其他可以要求的权利。但是，我们也很难根据这两处例外论证直到那个时候或以后，贵族与平民融洽相处，互相信任。尽管权利是平等的，不平等依然存在，而与之共存的还有激情。

② 马基雅维利在《李维史论》中以同样的态度提到这些年代。

③ 罗马史家普遍认可的一种观点是：只有当不同阶层的争端结束之后，罗马超越拉丁姆的扩张才成为可能。Arnaldo Momigliano 指出，17 世纪的马基雅维利与 Harrington 的追随者 Walter Moyle 在他的"论罗马政治制度"一文中已注意到这一点："他(Moyle)认为贵族与平民争斗的结果是罗马在意大利展开霸权的关键……" (Mamigliano，《英国人与土耳其人之间的波利比乌斯》[Polybius between the English and the Turks]，载《第七届 J. L. Myres 纪念讲座》[The Seventh J. L. Myres Memorial Lecture , Oxford, 1975]，页 9)

④ [译注]非裔罗马史学家及诗人，在 2 世纪对拉丁文学发挥重大影响。

无畏且足智多谋的西庇阿击败。① 罗马较之迦太基的优越性首先
在于它的制度，②这一点在近二十年（公元前 217－201 年）的残酷战争
中得到证明。战争之后，罗马帝国扩张到西班牙和北非 。在短暂交
锋之后，马其顿国王腓力失去了他对业已衰落的希腊的霸权（公元前
200－197 年）。而与叙利亚国王安提柯交战（公元前 191－190 年）的胜
利使罗马人获得小亚细亚的巨额财富。在奇迹般地征服地中海世
界的胜利中，涌现了不少英雄事迹。实际上塔西佗对于史家们浓墨
重彩的描述也并非不为所动。他甚至通过对比，贬低自己时代的
政治：

---

① 　B. H. Liddell. Hart,《超越拿破仑的伟人——西庇阿》(*A Greater than Napole-
　　on*, *Scipio Africanus*, Boston, 1927)，页 164－90。
② 　在这一点上，波利比乌斯是我们的权威：由于迦太基的制度在罗马之前就已经强大
　　繁荣，到那时（第二次布匿战争期间）迦太基的制度已从巅峰状态下滑。在制度秩
　　序方面，当时的罗马处于全盛时期。由于这一原因，迦太基的民众在议事机构中获
　　得最大的权力，而在罗马人那里元老院的势力正如日中天。因此，由于在前者中绝
　　大多数人审议，在后者中最好的人审议，罗马人关于公共行为的审议制度充满勃勃
　　生机。由于这一原因，尽管他们在运用整体力量时也会失误，通过高贵地审议，他
　　们最终战胜了迦太基”。(《历史》VI. 51.5－8)
　　　　下面一段话支持我们从波利比乌斯那里获得的知识，它认为罗马对于希腊化
　　世界的军事优越性是它在那些时日内胜利的关键要素："当我们放弃比较闪族特征
　　与希腊化特征之后，我们会很容易地发现汉尼拔是最后的也是最伟大的希腊化时
　　期雇佣军领袖……那些被征服的人或失去王国连同其军事力量的人，他们的军队
　　基本上由雇佣军组成，由他们的战略计谋维持，但在斗争过程中从未获得城邦全体
　　的支持，即便他们拥有这个城邦……罗马对抗汉尼拔的战争如同它对抗 Pyrrus 那
　　样，投入战斗的不是它的军队而是它的全部；军队中的同胞之谊和将领的轮流担
　　任说明这支军队的公民性（civil nature）是首要的、但不是唯一的对抗因素。罗马
　　积蓄所有城邦力量发起的战争，以对抗与公民生活脱节的军队是罗马战胜汉尼拔、
　　战胜叙利亚安提柯三世、蔑视马其顿自身及其在希腊统治的原因……除了个性差
　　异，汉尼拔在政治上的挫败让我们探究其根源——军队在城邦面前的孤立，这是希
　　腊化世界的一个常见特征。而且同样在这一方面，我们可以确定罗马对迦太基的
　　胜利不能与它真正的、根本的胜利——针对希腊化政治秩序的胜利截然分开"。
　　(Arnaldo Mamigliano,《汉尼拔的政治》[Hannibale Politico], 载 *Quinto contributo
　　alla storia degli studi classici e del mondo antico*, 2 vols. [Rome: Edizioni di Sto-
　　ria e Letteratura, 1975], I: 344－45)

但是不应当把我的《编年史》和人们编写的罗马人民的古代历史等量齐观。他们所谈论的或是随意插笔叙述的题目是：大规模的战争、遭到猛攻的城市、被打败和被俘虏的国王……。(Iv. 32.1)

塔西佗对罗马共和国的宏伟构想和大规模的征服同样心驰神往。他并非不为那些英雄人物所打动。但心驰神往是一回事，将之挑选出来模仿和颂扬又是另一回事。塔西佗明显没有选择后一种做法。我们猜想他这么做的原因是他对大规模帝国主义政策的后果十分明瞭，因此不推荐这一政策。罗马帝国强加于自己共和制度之上的压力直接导致其丧失自由——更不用说对于那些热爱自由的民族丧失其自由的后果。塔西佗知道西塞罗的《弹劾卫利斯演说集》(Verrine Orations)，其中将罗马可能实施的统治描绘得十分丑陋。在这一方面，非帝国的斯巴达和克里特拥有"良好的制度"，罗马则无。塔西佗在严肃反思人性的同时提到罗马扩张的后果：

　　随着帝国疆域的扩大，人类内心由来已久的、对权力的渴望也就充分滋长起来并约束不住了。当国家的资源贫乏的时候，平等是容易维持的。但是一旦全世界被征服，敌对的国家或国王被摧毁，而人们可以毫无顾虑地追求财富的时候，贵族和平民之间便开始发生争端了。有时是保民官惹起麻烦，有时又是执政官僭取了过多的权力。内战的最早一些回合是在罗马城内和广场上进行的。后来从平民的最下层当中崛起的马利乌斯(Caius Marius)和贵族中最残酷的苏拉用武力战胜了自由，并把它变成了暴政。在他们之后又来了庞培，这个人并不比他们好，而只不过是更加巧妙地隐藏了自己的意图而已。从那时起，人们所追求的除了最高统治权之外，就没有别的东

西了。(《历史》II. 38. 1)

　　这一共和"道德史"帮助我们理解为何罗马帝国主义最终摧毁了罗马。其主要原因有如下两点：首先，当帝国扩大到一定规模，足以满足欲望时，公民们开始觊觎私人财富。绝大多数人由此放弃了要求自我牺牲的爱国主义。在共和国早期，由于普遍的贫穷和简朴的生活没有提供获得财富和使用财富的机会，人们更多地投身到城邦当中。其次，在帝国遥远边境戍戎屯兵以及在境外长时间地驻扎军队首先为派系、其次为个人提供了机会和权力腐化军队，然后利用这支原本针对被统治者和敌人的军队镇压自己的同胞。在秩序争斗还只局限在城邦的早期阶段，有野心的公民还无法获得这些机会。① 共和主义崩溃的前兆是爱国主义在公民中间大规模地消失、但首先是在士兵和将领中间消失。但篡夺权力机会的出现是共和制倾覆的决定性因素，因为自早期以来，就有觊觎权力的个人（Spurius Maelius、Manilus Capitolinus）②，但由于缺乏资源其愿望不能得逞。"在节制的大环境中很容易维持平等"。喀提林的阴谋与公元前5世纪和前4世纪个人的早期企图一样，由于缺乏强大军队的支持，他在共和制已成强弩之末的形式下依然未能推翻自由。在不屈不挠的西塞罗领导之下的元老院与公民成为这个不受欢迎的派系的劲敌。确实是帝国自身所需的军事建设使得对自由的征服成为可能。不忠诚的、富有野心的将领在其延长的统治中有可能腐化军队，然后率领他们攻打自己的祖国。从

---

① Coriolanus 可能是一个例外。但是当他率领敌军攻打罗马时，他在洗劫罗马之前就被自己的怜悯心和母亲与妻子的富有爱国激情的祷告所感染。他比凯撒和其他人更有道德心。爱国心的消失是出现这些为城邦带来巨大苦难的野心将领的不可获缺的原因。关于 Coriolanus 的事迹，参李维 II. 33—40。

② Livy, IV. 13—16; VI. 11—18.

Marius的时代开始,罗马军队开始从愿意以打仗为业的无产冒险者中、而不是共和国忠诚的公民中招募士兵。这些人甚至愿意跟随他们的施惠者不惜与城邦为敌。Marius、苏拉、庞培、凯撒、安东尼、列庇都斯和屋大维都掌控这样拼死掠夺的军队,而罗马被迫满足一拨接一拨的这些军队的愿望,直到屋大维在和他最后对手的斗争中取得决定性胜利,并永远结束了罗马的自由。①

塔西佗在他的《对话》中生动描述了那些时日可怕的氛围以及内战对于已腐化的公民生活的影响。他把这两点呈现为投入当时熊熊燃烧的、残酷的雄辩火焰的燃料:

> 只要我们的城邦衰败、只要它在各个派系、各种不同意见、各种不和谐的争斗中被消耗殆尽、只要集议场上没有和平、元老院中没有共识、在判决时毫无节制、对高贵者毫无尊重、统治者不受限制,衰败的城邦将催生一种更为强大的修辞……(《对话》40.4)

当我们考虑到在腐败猖獗之后,共和国衰落时期的动荡不安时,由帝国建立的秩序看似良好,即便自由从此之后岌岌可危或不再存在。由于在共和国中人们有更多的自由,野心勃勃的人可以任意摧毁自己的同胞。《对话》中的一个角色评论道:那段时间姑息纵容之风盛行,"愚人们把它称作自由"(《对话》40.2):

> 这些(帝制)时代的演说家获得了在一个井然有序、繁荣安定的共和国中应该赋予他们的一切。但是,在动荡不安和

---

① 在提贝里乌斯的一段演说辞中,我们可以推想这些可怕的权力争夺:"对外战争的胜利教会我们如何消耗别人的财产,内战的胜利又教会我们如何消耗自己的财产。"(《编年史》III.54.3)

姑息纵容（共和国衰落）的时代，当一切都不确定并缺乏一位仲
裁者时，他们似乎为自己赢得了更多东西。每位演说家的知
识似乎差不多能够说服误入歧途的民众。由于这个原因，出
现了多如牛毛的法令和平民派（Popularis）①这一称号；由于这
个原因，民间团体发言人几乎在讲坛上夜以继日；由于这个原
因，出现了有权力的被告的反戈一击以及整个家族延续下来
的仇恨；由于这个原因，贵族之间彼此争吵，元老院与平民的
争端持续不断。（《对话》36.2—3）

塔西佗多么生动地描绘了罗马政治美德消亡的后果！由军团
力量支持的独夫统治就足以将和平与秩序安放在这些自私的心灵
中。我们再次重复这一点：帝国通过削弱政治美德以及岌岌可危
的道德得以繁荣的有利条件，摧毁了共和国。

让我们更加深入地考虑这个问题。塔西佗为人性提供了一幅
十分严峻、毫不浪漫的图景。他确实在开篇处提到人类的纯真时
代（III. 26），但它很快就被由强者统治的、充满野心和力量的时代
所取代。人类从此以后拥有"一种根深蒂固的对权力的欲望"。由
于不受限制，这种欲望导致政治混乱。因此，在一些地方人们屈从
于国王的统治，在另一些地方屈从于法律的统治。公民社会强过
持续的弱肉强食。但是如果我们考虑塔西佗对这些法律的评论，
我们就会明白何以他对公民社会的颂扬并非毫无保留。在谈到罗
马时，他只说："在节制的大环境中很容易维持平等。"这句话暗示
他对一些作家告诉我们在早期罗马兴盛的"美德"的评价。塔西佗
将"节俭"、"质朴"、"爱国主义"这些美德看作平等的衍生物。而平

---

① ［译注］平民派（populares）（单数 popularis）是民众的领导者。在晚期的罗马共和
国，他们倾向于使用平民会议来抑制显贵在政治上的权利。除凯撒之外，著名的平
民派还包括格拉古兄弟、克拉苏与庞培。

等是环境的产物：一种普遍的软弱感或对于被外敌和内敌统治感
到恐惧。这一政治美德有它自己的局限。因此在早期罗马共和国
一伺有机会出现，贵族和平民都想压制对方。但是尽管政治美德
有其局限，它仍然是维持早期共和国存在的真实力量。这一政治
美德的丧失导致早期罗马（公元前 510—146 年）和内战频仍的腐败
罗马（公元前 133—31 年）的巨大差异。塔西佗的作品作为整体几乎
不曾赞扬过政治美德，这一点似乎暗示他严肃地区分政治美德和
另一种更为罕见的真正的美德。塔西佗集中全力将罗马人对早期
共和国（人们在其中更崇尚政治美德而非真正美德）的崇拜重新转移到
甚至在帝国时期依然存在的真正美德之上。我们不否认在共和国
也存在真正的美德（例如 Camillus 或西庇阿），我们仅仅希望指出，真
正的美德不是那些崇拜早期共和国的人普遍推崇的事物。或者即
便推崇真正的美德，他们也没有明确地将它从对政体的普遍崇拜
中区分出来。确实，在塔西佗赞扬一个实际的政体时，他更倾向于
斯巴达而不是早期罗马。我们将试图说明他的原因。

3. 共和制的另一种选择及其局限

对于塔西佗划分人的品第和政府的等级而言，什么最为关
键？——这一点最不明显。我们只有通过深思他所挑选的高贵人
物来捕捉他的思想，因为他对政体和城邦的颂扬更加惜墨如金。
正如我们将在后面章节所提到的那样，[1]列庇都斯、塞涅卡、特拉
塞亚（Thrasea Paetus）和阿古利可拉之所以杰出，是他们拥有稀世高
贵的伟大天性，他们践行美德是因为美德自身的原因、而非可能经
由它获得的事物。他们完全自足，因此在衰落的帝国时代由权力

---

[1]　第四章。

催生的荣誉不可能注意到他们的好，他们对此也淡然视之。就政治生活及其可能性而言，塔西佗认为最高类型的人是热爱美德超过其他美好事物的贤人（gentleman）。①

从一开始就明确区分真正的美德或完美的贤人品质（perfect gentlemanship）与政治美德或世俗美德至关重要。根据这一区分，塔西佗隐晦地批判了罗马共和制以及所有的现实政治。那些认为美德自身是最高贵的事物，并出于对高贵的热爱，而非出于对羞耻的恐惧或对财富、帝国乃至美德可以带来的荣誉的热爱而行为高贵的人是真正有美德的人。② 有才干并且表面上善好但不是完美贤人的另一些人，他们欲求美德仅仅因为美德是获得其他好处的手段。③ 仅仅

---

① 在《编年史》中，只有积极的政治人物践行超政治的另一种选择——诗歌与哲学时，塔西佗才考虑他们。我们将塔西佗思考从政治生活中高贵隐退的可能性留待第六章再谈。为了考察这个问题，我们应该离开《编年史》的视域，转而研究《关于演说家的对话》。在《对话》中，通过对比超政治地退隐到哲学诗歌中的生活与活跃的演说家实践的政治生活，更为全面地提出了何为最好生活的问题。

② 亚里士多德借对胸襟博大（maganimous）之人的讨论，说明为何最有美德的人不为荣誉所动。"所以，同大度的人特别相关的重大事物主要是荣誉与耻辱。他对于有好人授予的重大荣誉会感到不大不小的喜悦。他觉得他所获得的只是他应得的，甚至还不及他应得的。因为对于完美的德性，荣誉不是充分的奖赏。不过他将接受好人所授予的这种荣誉，因为好人没有更重大的东西可以给他。但对于普通人微不足道的荣誉，他会不屑一顾。"（《尼各马可伦理学》1124a 5－10，中译采用廖申白译文，商务出版社 2003 年）在塔西佗写作的时代，漠视公共荣誉几乎成了有美德的行为的先决条件。因为元老院腐败堕落，那些时日的所有公共荣誉都有悖常理或滑稽无聊。我们将在第四章讨论塞涅卡与塔西佗时考察这一点。

③ 《欧德谟伦理学》中的一段话很好地表达了塔西佗在多处暗示的区别。"一个人是贤人（高贵且好的人），因为那些高贵而好的事物由于自身地属于他，因为他能践行高贵的事物，且为了它们自身。高贵的事物是德性以及源出自德性的行为。也有某种政治习惯，如像斯巴达人具有的，或与他们相似的其他人可能具有的。这种习惯具有下述性质。他们认为，他们应该拥有美德，但仅仅是为了自然的好；因此，虽然他们是好人（因为自然的好也是对他们的好），他们并不具备完美的贤人品质（高贵和好）。他们并不因为高贵自身的原因而拥有高贵的事物，他们也不会自行选择高贵和好的事物……认为人为了追求外在的好而具有美德的人，即使有高尚的行为，也是偶然的。"（《优台谟伦理学》1248b34－49a18）

拥有政治美德的后者在某些情况下容易腐化，贤人则不会。我们可以在如下段落见到对这一点的解释：《历史》（Ⅱ. 38. 1），《阿古利可拉》（1.1 和 4.22.2），特别是将其与塞涅卡、特拉塞亚、阿古利可拉和所有贤人的整个一生作对比时。一伺有机会，有政治美德的人将倾向于选择诸如财富、荣誉、甚至和僭主在一起时会选择僭政、帝国等外在的好，而不是正义。他们出售自己的美德以获得并不高贵和正义的事物。这些人在数量上远远超过塔西佗仰慕的高贵类型。

这样的人在将诱惑降低到最小的良好法律的统治和约束之下会更为明智。"美德的"共和主义即以此为基础。良好的法律珍视美德和公民精神，它们将高贵地献身共善（common good）作为榜样标榜。它们教育民众，让其有羞恶之心（否则他们将寻求以自我利益为中心的善），同时乐于公正地对待对方。但是在公民的良好行为是如此强烈地依靠制度的大环境下，我们不可能言及真正的美德。因为当制度腐化时，他们也跟着腐化。相反，塔西佗所景仰的人在帝国中依然良善，尽管在他们的时代，劣等的政治秩序提供了靠卑劣手段获得成功的时机。

虽然批判共和制，建立致力于共和美德的贵族共和国是这位立法者的核心技艺。他摒弃世袭君主制，因为好国王的出现通常靠运气，而在"主人眼皮底下"实践的美德比起在法律下实践的美德更加独立。民主制是未受教育者的统治，①而大多数人被残酷的生存斗争耗尽心力，不太关心什么是高贵。在秩序良好的贵族共和国中，才最容易被那些所受教育要求他们珍视美德的人统治。贵族共和国克里特和斯巴达的法律比其他任何实际城邦的法律更

---

① 《对话》（40.2－3）。罗得岛和雅典的民主制受到最多谴责。君主制是高于民主制但低于贵族共和制的一种统治方式。

能提供这种政治美德。塔西佗在其现存作品中曾两次称赞它们高于罗马。①

这些城邦面积不大、自己自足。外邦人被驱逐、共享食物、私人财产受到严格限定以避免贪婪、虚荣和自私的欲望与正义发生冲突,并削弱投身公共利益的热情。它们是贵族政体,因为贵族教育仅对极有限的少数人起作用,并认为只有极少数人为社会定调,美德才能被珍视。首先,有必要注意这些城邦虽然组织起来维护自由和一种较高类型的公民秩序,它们拒绝扩张。② 它们规模过小、不能发动帝国冒险,并且害怕如果招募更多民众以加强军队,这些训练有素的公民将不受控制,城邦将失去制度、教育、法律以及自由。这些贵族共和国和罗马的关键差异或许体现在人口政策上。③ 因为数百年以来,斯巴达尽管面积较小,也并不富饶,而且只将它的野心局限在伯罗奔尼撒半岛与之接壤的地区中,却一直维持了它的自由和法律。这是塔西佗赞颂的斯巴达,它并不是"有美德"的城邦,却是"制度优良"的城邦,并拥有"最严厉的纲纪和法律"。④

在斯巴达无疑也存在真正的美德,但它却不由任何实际制

---

① 《对话》(40.2—3);III. 26。在这两处地方,明显可见塔西佗偏爱斯巴达胜过早期罗马。在《对话》中,当马特努斯对腐化罗马的批判使他应当很自然地将罗马衰落时期的腐败与其早期的质朴刚健作对比时,他选择斯巴达作为"制度优良"城邦的例证。Maternus 没有选择早期罗马的事实暗示他赞同塔西佗的观点:早期罗马的"制度并不优良"。在塔西佗以自己名义言说的《编年史》中,他将备受赞誉的、拥有独一立法者的斯巴达与克里特的法律与罗马法律的偶然起源作对比。(III. 26. 3)
② 波利比乌斯,《历史》,VI. 50。
③ 参《历史》(II. 38):"在节制的环境中很容易维持平等"。但是最先改变这些环境的是罗马吸收无数外邦人以扩充其征战军队的政策。这一群体的混乱无序是罗马为其扩张能力付出的代价。这也是马基雅维利的观点;参他对罗马和斯巴达的比较,《李维史论》(I. 6)。
④ 《对话》40. 2—3。

度产生,其存在也几乎不依靠法律——而在斯巴达和其他任何地方,法律是政治美德赖以存在的基础。塔西佗对斯巴达的赞扬主要在于其对政治美德的激励。斯巴达与真正美德的关系问题丛生,亦如真正美德与所有城邦的关系。塔西佗在其他地方做的概括性评价也适用于斯巴达:"伟大和高贵的美德只在偶然情况下战胜和超越大大小小城邦共有的恶,这种恶忽视正义并容易嫉恨。"①我们只需想一下斯巴达人对 Brasidas(他们在伯罗奔尼撒战争中唯一高贵的领袖)的态度,②就会明白这句话是多么真实。这并不是说斯巴达人在讲授爱国主义和勇气的时候,并不认为自己在培养真正的美德。暗示他们并没有完全投入到真正美德的人正是塔西佗;但是他仍然有所保留,认为斯巴达的美德是任何实际城邦所能期待的最高美德。确实,斯巴达美德是迄今实现的最高美德。塔西佗在这一根本问题上认同柏拉图,后者详尽描述了一个致力于培养真正美德的最好政体,但是又清楚说明这个政体与实际城邦根本不同,基本上不可能实现。亚里士多德的最好政体同样意味着将培养真正的美德作为政治的公共目标。在城邦的政治实践上他与柏拉图并无多大分歧。不过亚里士多德也清楚说明他的最好政体的目标与即便是最好统治的实际城邦的目标依然存在着巨大差异。③ 最好政体并不是不可能存在,但是它的存在必须依靠一些困难条件的实现,④因此依靠运气。亚里士多德的最好城邦和柏拉图的一样,是人们

---

① 《阿古利可拉传》(1.1)。关于城邦的行动基于何种基础,参亚里士多德《政治学》
   1284a3－b34。
② "他(Brasidas)命人带信给斯巴达人,请求他们再派一支援军……斯巴达人没有
   照办,其中一个原因是他们对这位指挥官的嫉恨,另一个原因是他们希望将人从
   岛上召回、结束战争。"(修昔底德,《伯罗奔尼撒战争史》IV. 108)
③ 亚里士多德,《政治学》,1333b5－10。
④ 同上,1325b33－40。

祈祷的目标,而不是现实。塔西佗对斯巴达城邦的有限赞扬说明即便是最好的实际城邦也达不到真正最好城邦的标准。他为真正的最好城邦的祷告[1]并不逊于柏拉图和亚里士多德,对于实现它的可能性也并不比他们乐观。

4. 塔西佗对混合政体学说的评价

在塔西佗的时代,罗马共和国的一段重要历史已成为值得尊崇的传统的一部分。这就是波利比乌斯记述的罗马在布匿战争(公元前 264—201 年)期间的发展及其后续影响,直到迦太基最后毁灭(公元前 146 年)这段时期的历史。亚该亚(Achaean)军团领袖波利比乌斯曾作为人质扣留在罗马,在此期间他成为小西庇阿的朋友,并在这段罗马的鼎盛时期写作。他的六卷本《历史》包含对各种政体相对优劣的理论化讨论。他认为三种非混合形态——君主制、贵族制与民主制皆不稳定,因为拥有绝对权力的统治者容易被腐化。腐化与革命中间存在着一种循环。人民拥立某位国王是因为他的美德。这位好国王将权力移交给他的子嗣,而他们已被权力腐化,应该被受压迫的贵族推翻。在权力的影响下,这些贵族相继堕落,成为政治寡头,最后引发民主革命。与此类似,民主分子又成为群氓,不愿意受法律统治。在松弛颓废的风气之下,一位强势人物获得权力,这个循环又重新开始。

波利比乌斯认为他所观察到的最稳定的政体是那些拒绝将全部权力赋予任何个人和派系,以此预先杜绝即便是好人的腐败的

---

[1] 《对话》41.4。

政体。① 他描述的混合政体与亚里士多德试图通过将权力赋予庞
大的农业中产阶级来调和富人与穷人的政策不同。② 在波利比乌
斯描述的这些最好政体中,权力由已经分化的富人和穷人的团体
共享。每个团体被赋予一个公共机构——公民大会和元老院,二

---

① 在其对话《论共和国》卷二中,西塞罗追随波利比乌斯,把罗马的政体看作混合政
　　体。主要发言人小西庇阿认为混合政体要好过所有简单政体(《论共和国》)。在卷
　　二中,西庇阿描述罗马混合制度的产生与发展,明显吸收波利比乌斯《历史》已失佚
　　的章节作为事实(《论共和国》II. 27)。波利比乌斯同样教导罗马政体是运气和需
　　要的产物,而不是审慎立法者构想的结果(《历史》VI. 10)。不过,西庇阿更为灵活
　　地操纵相同的学说,展示过于政治的波利比乌斯尚未发现的一种政治维度。西庇
　　阿真正的启示来自柏拉图,他真正希望阐述的是实际政治中存在正义与理性的局
　　限这一柏拉图学说。柏拉图通过构想一个按理性统治的理想城邦,然后向细心的
　　读者说明为和这样的城邦极不可能存在表明这一点(《论共和国》II. 21)。怀有相
　　同教化意图的西庇阿采用了(适用于罗马的)不同方法。他假定罗马为理想城邦,
　　"把运气和需要的产物归结为理性的后果"(《论共和国》II. 22)。他在表面上理想
　　化或粉饰罗马,但他向细心的读者暗示自己论证的局限(尤其参《论共和国》II. 57—
　　59)。实际上,西塞罗对于早期罗马共和国的特征并不持这种理想化的观点,而是
　　更接近塔西佗的观点(尤其参《论共和国》I. 62和《编年史》III. 27.1—2)。由于卷
　　二中关于"最好城邦"政体起源与发展的描述导致一个从属论证——政治中理性的
　　局限,西塞罗必须讨论正义原则以及它们在公民生活中的适当位置,以此来完成这
　　一描述。卷三和卷四处理相关讨论,但现已失佚。我们可以猜度其中包含理想化
　　罗马的意图。西塞罗希望表明哲学不具颠覆性,由此在受教育的罗马人中为它保
　　留了一席之地。《论共和国》是他对抗政治上不负责任的伊壁鸠鲁主义的杰作。这
　　是他首要和最大的意图。但是我们对它可以有更切合时代的期许。《论共和国》的
　　创作始于公元前54年罗马内战的休憩时期。认为西塞罗有粉饰罗马共和国的更
　　深意图是否有些过分? 或许他希望在仍有望挽救罗马共和国时,劝说人们投身这
　　一政体。这一点可以解释为何西塞罗虽然认同塔西佗关于共和国缺陷的观点却不
　　明言。他担心共和国之后出现的政体会更糟。而在塔西佗的时代,共和国已一去
　　不复返。
　　　　在理解政治时,西塞罗比波利比乌斯更接近柏拉图。或者说他最后更为接近
　　塔西佗也毫不夸张。我们将留待最后一章更完整地讨论塔西佗对西塞罗理论立场
　　的理解。关于这段对西塞罗《论共和国》阐释的关键话语,笔者在此表达对 Ernest
　　Fortin 神父的谢意。(参《共同体的教父意识》[The Patristic Sense of community],
　　载 Augustinian Studies 4(1973),页194—95)。
② 亚里士多德,《政治学》,1295b1—96a21。

者在某种程度上互相依存，并有能力抵制其对手的压制。通过建立仲裁的君主权力抑制这两个团体的滥用权力，这一平衡得到进一步加强。因此混合政体包含君主制、贵族制和民主制的一个稳定平衡。它效法斯巴达，克里特和迦太基的政体，亚里士多德曾把这几个政体挑选出来作为他的时代最好的实际政体，然后又逐一批评。① 波利比乌斯自己所知的两个最为"高贵"的政体是伯罗奔尼撒战争之前的斯巴达与他自己时代的罗马。这两个政体的差别在于，斯巴达被构想为能够维护自身的自由与领土，罗马让自己有能力扩张。与塔西佗不同，波利比乌斯把这一差异仅仅看作任意选择的结果，对此他作了不审慎的论断。② 他写道：

> 为了安全地守卫他们自己的（祖国）以及捍卫他们的自由，Lycurgos 的立法自己自足，而且对于坚决支持上述目的的人而言，他们必须赞同没有比 Lycurgos 立法更好的制度或原则。但是如果有人渴望获得更多，并认为统治更多的人、征服更多的人、成为更多人的专制君主、所有人都对他顶礼膜拜更为高贵、更有威严，我们必须同意斯巴达政体存在缺陷，而对于获得权力而言，罗马人的政体要优于或好过斯巴达政体。（《历史》VI. 50）

之前我们已经发现这两个政体的差异让塔西佗偏爱"制度"良好的斯巴达胜过罗马。波利比乌斯似乎更为不加批判地接受人"自然"的攫取欲望（acquisitiveness）。或许与此相关的是，我无法在波利比乌斯的现存作品中发现如塔西佗那样的对政治美德显白或

---

① 亚里士多德，《政治学》1269a29—73b26。

② 波利比乌斯，《历史》VI. 50。

隐晦地批判。由于波利比乌斯没有把政治美德视为习俗的（conventional）并因此是不稳固的，他并没有理论化地谴责罗马那样的共和国扩张主义者，这些人的政策与胜利终将损害政治美德。对他而言，斯巴达和罗马只是两种不同的选择方式。不过，他对这个世界帝国（如果不仅是帝国的话）的最终结局依然有所认识。他确实预见了罗马的腐化与灭亡：

> 无论何时，当一个政体战胜艰难险阻，获得最高权威和主权，不再需要任何战争的时候，显而易见它感受到更多的幸福，人们开始在生活上铺张浪费，超出必要地竞争公职和其他职务。随着这些情况的出现，对职位的欲望，对失去名誉的耻辱以及对奢华生活的炫耀将成为过渡到一个更糟状态的开始。（《历史》VI. 57）

波利比乌斯继续说道，罗马的道德败坏将导致"群氓统治"（mob rule）——最坏的政体形式。即便是最完美地平衡的混合政体由于自身的扩张依然会导致这样的后果。或许是因为自己生活在无可挽回的扩张主义的罗马，波利比乌斯并没有做出结论，阐明无限制的扩张即便对于协调得最好的混合政体仍然有害。或许他认为试图阻止扩张就如同试图阻止自然欲望一样不切实际；当然在波利比乌斯时代的罗马为时过晚，或许在任何时代的罗马都无法实行。甚至斯巴达在伊哥斯波塔米（Aesgospotami）击败雅典之后，也不能抵制扩张的诱惑。这时斯巴达建立的帝国导致它自身的灭亡（《历史》VI. 49—50），尽管有可敬和古老的 Lycurgos 立法的存在——在超过四百年的时间，它确保这个城邦的秩序与自由，尽管城邦的规模不大。

塔西佗在一段重要的理论性文字中提及波利比乌斯，虽然这段话简短而且难懂，我相信他在暗示自己从根本上赞同波利比乌斯对旧罗马政体混合性质的分析。这段话主要是关于历史写作的目的。在这段简短的对罗马政体权力均衡的分析当中，塔西佗将重点转移到这一目的之上，而不是真的反对波利比乌斯。波利比乌斯推崇实际所是的罗马政体（在《历史》VI. 10 中，他将其称之为"我的时代最高贵的政体"）。他没有区分政治美德与真正的美德。因此在波利比乌斯身上有一种倾向：不加批判地接受普通政治人物的目标与品质。塔西佗并不反对他对罗马混合政体的分析，尽管他比较不情愿称颂它。他自己写作历史的目的是促使人们对人类品质中真正可敬之物产生崇敬之情，而这种崇敬之情在大多数人中极为罕见（参《阿古利可拉传》I. 1）。塔西佗对波利比乌斯《历史》的批判不在于它关于政体的分析错误，而在于它的评价标准过于从众。它不是真正的古典作品。塔西佗声称将以一种不从众或深思的能力，引导人们区分高贵和卑下，有益和有害的事物。他的意图不仅在于告知人们发生的事情，而且在于培养判断力和品味。塔西佗所构想的历史是培育完美贤人（perfect gentlemen）的学校。下面这段话是他关于历史写作目的的最全面的论述。他在这里似乎想把自己与波利比乌斯区别开来：

　　　　每一个国家或城邦的统治者或许是人民、或许是贵族、或许是一些个人。这三种统治方式适当配合起来的政体比较容易得到别人的称赞，然而却不容易创造。而且即使创造出来，它也无法长久维持下去。因此，在平民掌权的情况下，我们必须研究群众性格和驾驭他们的方法；但是在贵族占主导地位的情况下，那些对于元老院和贵族的性情了解最深的人，在当代的人们中间却被认为是机敏和智慧的人了。因而在今天，当局面业已改变而罗马世界已经和一个王国相去无几的时

候,把这些琐事加以收集并按年代编排起来仍然还有它的用
处。很少有人生来就能辨别什么是对的,什么是错的,什么是
有益的,什么是有害的。大多数人都是通过别人的经验才得
到教训的。(IV.33.1—2)

　　这段话非常凝练。我们所理解的它的意思如下:在绝大多数
情况下,国家或城邦由公民中的一部分统治。由民众统治称为民
主制,由一批首领统治称为贵族制或寡头制,由一个人统治称为君
主制或僭主制。"这三种统治方式适当配合起来的政体"或曰混合
政体不容易创造。在传统的政治哲学作品中,它得到高度赞扬。
塔西佗可能在这里忆起亚里士多德,不过从紧随其后的内容来看,
他更可能想到的是波利比乌斯或西塞罗。后两者将罗马共和国等
同为混合政体,对之高度赞扬,认为它很稳固。塔西佗在后面的所
有言论中,先预设罗马为混合政体。确实,从他之前关于共和国的
言论来看,我们无法发现他还能有其他选择。民众和贵族分享权
力,各自在公民大会和元老院中施行统治。不过,塔西佗并没有追
随西塞罗和波利比乌斯,强调罗马混合政体的稳定性和安全性。
我们已经发现他是多么不愿意增加这个神话的可信度;只要共和
国存在,这个神话就能增添其高贵并可资其利用。严格说来,一个
达到完美平衡的混合政体"无法长久维持下去"。塔西佗用这一争
议来指涉罗马历史。塔西佗眼中所见的不是完美的平衡,而是具
有流动性的权力分享——贵族在某些情况下统治一段时间,民众
则在另一些情况下施行统治。塔西佗暗示即便在混合政体中,对
政治问题也没有凭靠制度解决,而是凸显其"流动性"特征。在混
合政体中与在一部人的统治中一样,总是需要适度的领导权。在
塔西佗看来,这是在所有政治中维持统治和正义的必要条件。
　　尽管意识到任何政体都不是永恒的,波利比乌斯强调存在得

最久的政体。他试图教育未来的制度创立者通过让三个部分共同
分有权力，避免由单一部分统治（无论是贵族、国王还是民众）带来的
缺陷。波利比乌斯在他略带乐观的作品中，夸大了技巧（artifice）与
创立制度的力量。① 在塔西佗那里我们看到的情况正相反。他对
四处存在的派系统治或由共同体的一部分统治感触甚深。事实
上，这意味着他感受到普遍存在的非理性与不正义的力量。然而，
他曾暗示值得颂扬的混合政体又极其稀有而且极不稳固。它"比
较容易得到别人的称赞，然而却是不容易创造的。而且即使创造
出来，它也无法长久维持下去"。长期受难的人类几乎毫无间歇地
遭受腐败和傲慢统治的压迫。我们可以期待的最好情况是智慧、
善良的人领导共同体的统治部分，以适中的方式实施统治。如果
绝大多数统治不过是一个团体的统治，我们就有必要"知道这个团
体的性质"和"驾驭它的方法"。因为对大多数人而言，"中道"是他
们在追求"良善"的过程对自己的最大期待。发现这一严酷真理的
人因此将不再像普通人那样崇拜政体，而将更为关注在所有政体
下出现的卓异之人，尽管由于普遍存在的愚蠢与不义，他们在施行
自己的理念与善意时多少受到限制。这样的人极其稀有，"很少
有人生来就能辨别什么是对的，什么是错的"。看来塔西佗书写历
史是特别为了我们这样的次等人群——不是生来就明辨是非，而
是需要从别人行为的结果中吸取教训。由于塔西佗生来就明辨是
非，他以这种方式向我们展示人类的行为，培养我们的判断力，让
我们在总是困难重重的世界坚守正义、节制与有效的政体。

---

① 对于波利比乌斯在孟德斯鸠发展其成为现代自由民主制基础的制度学说中关于权
力制衡理论的角色，参 Thomas Pangle 教授极富启发的论述：《论孟德斯鸠的自由
主义哲学——〈论法的精神〉义疏》(*Montesquieu's Philosophy of Liberalism: A
Commentary on the Spirit of the Laws*, Chicago: University of Chicago, 1973)，
页 120—22。

　　我们可以从这一严苛的观点推导出即便在帝国最黑暗的时代，塔西佗也没有教导自己的读者放弃希望。这些时代和所有其他时代并没有全然不同。塔西佗对于备受推崇的罗马共和国的"褊狭"攻击揭示出真正美德在所有时代、所有地方都备受攻击、岌岌可危的处境。社会目标与真正美德的目标之前存在着永恒的不协调。如果我们要深思塔西佗如何理解这种不协调的原因，我们将作出如下假设：具有真正美德的人渴望自身的幸福与自足，同时在与同胞的关系上渴望正义。由于其心灵的伟大，他试图通过造福他人在政治上实现自己的愿望。由于大多数人的天资并不如此卓异，由于他们分不清什么是真正的好，他们内在的对自足的追求导致他们为了满足自身的自足与幸福牺牲他人乃至自己的同胞。在某些情况下，例如在罗马共和国中，能够更大地激励有美德的人帮助社会寻求大多数人等同为自足的好与荣誉。即便如此，共和制的目标也不在于促进美德，而在于其成员的幸福；美德不过是这一目的的手段，而不是目的本身。因此，塔西佗的理想不可能是共和制。正如政治运用美德实现自身的目的，美德也运用政治实现自身的目的。由于这个原因，塔西佗热爱共和国胜过帝国，因为在共和政治中有美德的人至少可以积极参与。现在我们转向君主的品质来考察何以政体转化之后，先前美德的情况变得更为恶劣，即便不是完全不同。在某种意义上，我们可以说这一章让我们得以将塔西佗对政治的真实评价从虚假评价——共和制的美德中分离出来。

第三章　元首制的巩固

——提贝里乌斯的统治与他的品质

1. 提贝里乌斯开始统治

我们已经评论了罗马共和国的倾覆。这一历史性灾难最重要的后果是,政治权力完全集中到凯撒手中,然后是奥古斯都,最后是他们的继承人。不过,奥古斯都非常清楚地认识到,凯撒的悲惨结局在于他冒犯了罗马人的共和意识,同时专制地用臭名昭著的"王国"来为自己创立的政体命名。① 吉本(Gibbon)将奥古斯都创立的政体精彩地表述为"由共和制形式伪装的君主专制"。奥古斯都及其继任者采取的政策是巧妙的骗术,同时极端小心谨慎:"罗马世界的统治者们用黑暗围绕他们的王冠,掩藏他们无人能敌的力量,谦卑地佯称自己是元老院的一员,他们向元老院颁布最高指示,同时又恪守这些

---

① "表示最高权力的这个头衔是奥古斯都发明出来的,因为他嫌恶国王或独裁官的名号,却又想用一个什么头衔把自己的高于其他一切权力的地位表示出来"(III. 56. 2),参 I. 2.1。

指示。"①在最后的分析中,他们的权力依靠军队的好意。②

　　我们已经论证,塔西佗认识到,在那些时代的政治大环境与道德堕落之下,不可避免会产生这样的政体。它是次等政体,但当时的罗马人已不适合自我管理(self-government)。不过,我们还没有考察他如何理解这个政体。如若要考察,我们应该更加仔细地审视他对"次等政体"功能的陈述。这是我们现在希望做的事情,从提贝里乌斯的元首制开始,我们首先需要认识到,这样的政体在很大程度上依靠统治者的品质,无论他是王政的还是僭政的凯撒。③这是次等政体的核心问题之一。这一章将审视塔西佗所选择的描述中的几段,以展示他对"第一公民"提贝里乌斯执政方式及其性格优缺点的评判。

　　我们即将看到,在这样混乱的大环境中,提贝里乌斯高明地成功执政二十二年。不过,我们最感兴趣的是这样的权力对个人品

---

① Edward Gibbon,《罗马帝国衰亡史》(*The Decline and Fall of the Roman Empire*, New York: Heritage, 1946), I: 53. 同时参阅 Arnaldo Momigliano,《帝王克劳迪乌斯及其功业》(*Claudius: The Emperor and His Achievement*, Oxford: Clarendon, 1934),页 25:"奥古斯都政策的一个根本矛盾是,一方面渴望保留某种形式的国民机构(共和国)的精神力量,一方面确信这一机构本身应该被彻底修正。"

② 显而易见,如果不是军队完全在他的掌控之中,元首不能维持自己的权威……不过这一点并没有改变下述事实:新政体的法律基础是由元老院和罗马人民赋予元首的特殊任命。在历史上曾经出现认为有必要设立元首的军团或执政官阶级在继任问题不甚明了的情况下,将他们的意志强加给元老院(元老院自然意味着人民的正式赞同)。但这样的行动是在制度之外的,自然不会被奥古斯都当作他制度的一部分加以考虑"。(Henry Jones,"罗马的元老院与民众",载 S. A. Cook 编,《剑桥古代史》[*The Cambridge Ancient History*, Cambridge: Cambridge Univ. Press, 1934], 10: 161)

③ 参施特劳斯,《论僭政》,页 191:"如果在某个特定条件下"共和秩序"彻底崩溃,并且在可见的未来之内看不到它复兴的希望,我们就不能合理地谴责永恒专制统治的建立;因此建立这种政体全然不同于建立僭政。唯有谴责这种真正必须的永恒专制统治建立及运作的方式才是正义的;正如沃格林所强调的那样,有僭政的凯撒也有王政的凯撒"。

质的影响。让提贝里乌斯研究变得如此引人入胜的是，他是一个拥有庸常品质的异常精明的政治家，不知何故成了这个世界的统治者。这是对任何人的品质的最高检验。由于拥有绝对权力，他的本性获得自由，得以完全地展示。他犹如被赠予了"盖吉氏指环"（the ring of Gyges）——在询问苏格拉底成为义人是为了自身的善还是为了善本身时，格劳孔提到这一点。在所有实践目的方面，提贝里乌斯似乎只要行为明智就能做他自己喜爱的事情。① 我们非常想知道他如何在那样的大环境下展示自身，可以论证绝大多数有野心的人都私下渴慕那样的环境。②

　　我们相信塔西佗将他元首制研究的早期重点放在提贝里乌斯的统治上有一个特别重要的原因。在公元前14－37年期间，由奥古斯都创立的政体采取了一种降格的形式，这样只要元首制存在，

---

① 或许在研究提贝里乌斯的品质和他的统治术之前，有必要强调罗马的第一公民意味着什么。对这一问题，没有人比塞涅卡的阐述更切中肯綮。塞涅卡是提贝里乌斯间隔不久的继任者尼禄的傅保与执政官。在他的论说文《论仁慈》的开篇部分，塞涅卡为他的皇室学生举起一面镜子："我在所有必朽的凡人中是否取悦了诸神？我是否选择在大地上恪守诸神赋予我的职位？我掌握着各部族生死予夺的大权；每个人的性命和公民地位都在我手中。命运女神经我之口，给予每个凡人她所希望赐予的事物；由于我们的回应，人民和城邦都得到了快乐的原因。世界上有我的意志与恩泽的地方就有繁荣昌盛；只要我一颔首，在和平时期引而不发的千刀万刃即刻出鞘；哪个民族应该毁灭，哪个该遭放逐，哪个该赋予自由，哪个该剥夺自由，哪些国王应该成为奴隶，哪些人应该加冕成为国王，哪些城邦应该衰落，哪些应该兴起，全在我一言之间。"（塞涅卡，《论仁慈》1.2，载 *Moral Essays*，Loeb Classical Library [London：Heinemann，1928]）。

② 苏格拉底在《理想国》临近结尾之处的一个神话中暗示了这一严酷的真理："神使说完，那个拈阄头一号的人就走上来，立即选择成为最大的僭主。由于愚蠢和贪婪，他做这个选择时并没有考虑周详，没能看到这种生活还包含着吃自己的孩子这样的命运在内，还有其他一些邪恶的事情。等定下心来仔细一想，他后悔自己没有听从神使的警告，于是就捶打胸膛，嚎啕大哭。他责怪命运和诸神，但就是不责怪他自己。他是从天上下来的魂灵之一，前世生活在一个秩序良好的城邦里，生活循规蹈矩，但他的美德来自习俗而不是来自哲学。人们也许可以说，凡是受到这种诱惑的灵魂大多数来自天上，没有吃过什么苦"。（《王制》619b－d，参塔西佗 I.13.2－3）

它就能一直延续下去。奥古斯都殚精竭虑，以战胜残留的共和自由分子的反抗。这一胜利是随即而来的一切的绝对必要的先决条件。它是并没有花费多大力气就获得的巨大成就。塔西佗以对这项奥古斯都倾尽毕生心力之使命的精彩描述展开他的《编年史》：

> 布鲁图斯和卡西乌斯横死以后，共和国已丧失了武装力量；庞培在西西里已被击败，列庇都斯已被排挤，安托尼乌斯已被杀害，到了这时，甚至优利乌斯的一派，除凯撒（〔译注〕即屋大维）本人外再也没有别的领导者了。屋大维放弃了三头之一的头衔，声称自己只不过是一个普通的执政官，只要有保护普通人民的保民官的权力便感满足。他首先用慷慨的赏赐笼络军队，用廉价的粮食讨好民众，用和平安乐的生活猎取世人对他的好感。然后再逐步地提高自己的地位，把元老院、高级长官乃至立法的职权都集于一身。反对他的力量已荡然无存：公然反抗的人或在战场上或在罗马公敌宣告名单的法律制裁下被消灭了；剩下来的贵族则觉得心甘情愿的奴颜婢膝才是升官发财的最便捷的道路；他们既然从革命得到好处，也就宁愿在当前的新秩序之下苟且偷安，不去留恋那会带来危险的旧制度了。新秩序在各行省也颇受欢迎。元老院和人民在那里的统治却由于权贵之间的倾轧和官吏们的贪得无厌而得不到信任；法制对于这些弊端也拿不出什么有效的办法，因为暴力、徇私和作为最后手段的金钱早已把法制搅得一塌糊涂。(1.2)

这就是奥古斯都毕生的使命——推翻效忠共和国的所有军队，调和城邦和帝国的所有群体，使之适应新的秩序。塔西佗详细列举了他的方法，其中包括贿赂和腐化，以及在长达一个世纪的吞噬一切的内战之后以重建秩序为甜蜜的诱饵。但是塔西佗并没有详尽描述奥古斯都的统治。他选择以提贝里乌斯的统治作为他精深研究的起点。我们猜测他为那个王朝赋予了特殊的重要性。我们相信那种重要性如下所述：塔西佗认为正是由于提贝里乌斯的政策，尤其是他统治末年的政策，罗马人形成了奴性的品质。这种品质在随后的数个王朝中一直伴随着他们，无论（好的或坏的）帝王如何更迭。奥古斯都统治被击败的共和分子。他们中的一些依然是政治人物（甚至对手），这些人自然仇视他们被迫接受的新秩序。正是由于提贝里乌斯特殊政策及其品质的影响，这些高傲的人完成了从被击败的共和分子到不关心政治的臣民的转化。吉本比其他人更好地描述了这些人的品质和他们对专制统治的潜在危险。从他身上我们可以窥见塔西佗意图的蛛丝马迹：

> 与波斯人不同，罗马人的心灵很难接受奴役。尽管被他自己的腐化和军事暴力压制下去，他们依然在很长时间内保留了某些情感或至少是他们生而自由的先祖们的一些理念。赫维狄乌斯（Helvidius）与特拉塞亚，塔西佗与普尼林所受的教育与卡图和西塞罗相同。他们从希腊哲学中汲取关于人性的尊严和文明社会起源的最正义和最自由的观念。他们自己国家的历史教导他们崇敬一个自由、美德、强盛的共和国，痛恨凯撒和奥古斯都获得成功的罪行，并且在内心鄙夷那些用最卑劣的逢迎来粉饰自己的僭主。至于地方官员和元老，他们被允许参加曾一度为大地颁布法律的伟大议会，君主的行动在名义上依然必须获得它的批准，而它的权威经常被僭政的最恶劣意图滥用。①

---

① 吉本，《罗马帝国衰亡史》1：63。

充当领袖阶层的罗马人所接受的这种传统和教育是顺利推行元首制潜在的主要障碍。我们相信这个问题是塔西佗在研究提贝里乌斯的统治时自己也在思索的问题。在罗马人的历史上,提贝里乌斯的统治是一个关键的转折点。因为在提贝里乌斯统治期间,僭政经由一个恐怖的叛国法得到巩固;老罗马人身上存在的高傲的自我依靠(self-reliance)遭到攻击,而且除了寥寥可数的几个最杰出的人,在所有人身上都不复存在。

正是出于这个原因,我们选择用一章的篇幅来分析提贝里乌斯的品格,来理解将凯撒和奥古斯都模棱两可的成就转化为这样一个畸形政体(monstrosity)的必然性。在提贝里乌斯之后,罗马几乎不再存在任何政治;所有的反抗都遭到镇压,随后的帝国历史演变为宫廷政变和雇佣军队经常性的哗变,而元老院和罗马民众却被排除在起作用的政治因素之外。自此以后,人们必须接受他们在罗马的主人的决定,并无力反抗,也没有进行自我管理的意愿。在提贝里乌斯统治期间,我们已经能够窥见这种姑息纵容的品质的证据:城市的使节们在厄运来临时推卸责任,告假去为这位皇帝和他的先祖修建庙宇和神殿。在不断增长的修建庙宇的呼求声中以及东方宗教的传播中,我们看到一个新时代的来临——人们在解决自身的问题时开始转向彼岸的希望而不诉诸自身的努力。塔西佗暗示在提贝里乌斯统治时期开始出现这种发展倾向;它的重要性在随之而来的年岁里逐步增长。罗马共和国终结了独立的城邦和部族。在公元前 1 世纪,罗马几乎独自保持着政治性。凯撒与奥古斯都征服了罗马,但是提贝里乌斯甚至从罗马人的精神中清除了奄奄一息的自由遗迹。

我们必须随即补充,无论提贝里乌斯带来的不幸的恐惧与猜忌如何加速毁灭了老罗马人的品质,塔西佗并不认为他应该负完全责任。在凯撒和奥古斯都时代幸存下来的罗马人并没有以自己先祖那样的精神来抵制他们的有害影响。这一点也是塔西佗深思的问题。我们已经试图表明，共和自由无法维系的原因植根于老共和国有缺陷的政策。由此生长的一切必然死亡，而在一些时代自我管理变得不再可能。倘若罗马人的腐化仅仅在于凯撒和奥古斯都的军队以及提贝里乌斯的叛国法，我们应该期待他们会在一个较为温和的元首统治下恢复元气，他们将在更加有利的环境中重获自由。但是，我们在研究提贝里乌斯的政策时将会发现，罗马的领袖阶层自愿成为专制统治的工具——他们搜寻"第一公民"的敌人，控告他们犯了叛国罪；或是自己俯伏在"第一公民"面前卑躬屈膝、阿谀奉承。在奥古斯都逝世之前，一些人的身上就已经出现这种奴性的品质；它出现在提贝里乌斯之前，但提贝里乌斯未能阻止它，并且在他统治时期使其成为社会主流。伪善、拍马溜须、恶意中伤成为罗马领袖阶层的生活方式。导致这一切的并不只是提贝里乌斯的政策，而是他的政策有助于推动和巩固这个世界上最后的政治阶层的腐化。甚至有时他自己也似乎对此感到悔恨：

> 然而那时是如此污浊的一个时代，当时的谄媚奉承又是如此地卑鄙可耻，以致不仅是国内那些不得不以奴性来掩饰自己的显赫声名的首要人物，就是所有那些曾经担任过执政官的元老，大部分担任过行政长官的元老以及许多普通元老，都争先恐后地提出过分谄媚的、令人作呕的建议。人们传说每次在提贝里乌斯离开元老院的时候，他总是习惯于用希腊语说，"多么适于做奴才的人们啊！"看起来，甚至反对人民的自由的这个人，对于他的奴隶的这种摇尾乞怜、低三下四的奴才相都感到腻味了。（Ⅲ.65.2—3）

我们必须注意到这一事实：罗马人必须在一定程度上为他们

自己的堕落负责,他们所承担的责任并不亚于他们的统治者。塔西佗在一个地方提到"诸神对罗马的愤怒"(IV.I.2)。或许这种说法最好地总结了最后酿成悲剧的这种神秘的环境组合。

在转向当时残留的政治竞技场之前,我们应该简要地描述一下提贝里乌斯统治的普遍状况。他是一个干练的管理者。财富精细地囤积下来,以支付和平赖以维系的庞大的雇佣军队建设,并调配款项支援自然灾害(例如地震)的受灾者。这位节俭、严厉的第一公民限制了罗马人习以为常的奢靡的比赛和表演。这一切为他增加了美誉,而我们在研究尼禄统治的问题时将会发现奢靡浪费成为一个严重的难题。就军事而言,世界处于和平阶段。在提贝里乌斯的整个统治时期,仅出现过三处因安抚不力造成的行省叛乱——北非、高卢和色雷斯,而且这些叛乱都被提贝里乌斯机警的地方司令官有效地镇压下去。提贝里乌斯延续奥古斯都的政策,让日耳曼和帕提亚陷入自身的内乱,并不时煽动他们的内乱。在提贝里乌斯统治早期曾经发动过对日耳曼的战争,后来小心谨慎、猜忌心重的皇帝放弃了这种做法;与他的继位者们一样,提贝里乌斯对成功的司令官的恐惧超过了他领土扩张的欲望(对勘I.3.6与I.2.4)。塔西佗在《编年史》第一卷描述了伊利里亚和日耳曼军队的哗变;叛变的士兵不是公民,而是雇佣兵和感到冤屈不平但毫无政治野心的招募的奴隶。①在我们研究的这一时期(与《历史》中提及的一些后来时期相反),军队总体而言忠于统治的尤利安—克劳迪乌斯王朝。这是凯撒和奥古斯都的遗产。只要这个家族掌握权力,这一遗产就保留下来。

---

① 日耳曼军队是一个例外。他们曾提议倘若日耳曼尼库斯能够满足他们的要求,他们就拥戴他做皇帝。日耳曼尼库斯当即的断然拒绝让他们忘记了这项建议,再也没有提起(I.35.3)。统治阶层的一些人有可能诱导军队叛变的威胁成为从提贝里乌斯到尼禄的所有王朝统治时期的恐惧原因之一。

我们对提贝里乌斯政策的研究始于他在奥古斯都逝世之后召开的首次元老会议。① 塔西佗尽管在这里揭露他们表面上的惺惺作态，却也洞悉从那时开始的权力的巩固。提贝里乌斯看起来尊重执政官，"仿佛过去的共和国依然存在，而他本人还不能肯定是否应当掌握统治大权似的"（I.7.3）。他对元老做出的首要让步是免除对他的宣誓效忠。他召集元老的敕令"内容十分简洁，措词也非常谦逊"。塔西佗将他在元老院的犹疑不定和表面上的不热衷名利与他控制禁卫军的警觉、俨然以"第一公民"的口吻给军队写信的姿态做对比。有人或许会说，这是权力政治，而且全是忸怩作态——他向军队下达的命令揭露了真相，而他的谦逊言辞只是空谈。它们当真只是空谈？毕竟，提贝里乌斯寻求的不只是权力，他还寻求如何在当前和未来的对手面前巩固权力。他需要在合法性这一点上预先防范他们。② 在元老院的要求下接受权力赋予提贝里乌斯这种合法性。

塔西佗注意到，元老院在接受提贝里乌斯时有很大保留。提贝里乌斯过度谦逊的主要原因在于，对自己收养的继承人日耳曼尼库斯有所顾忌："日耳曼尼库斯这时在国内声望极高，又

---

① 我们并没有考虑"新皇帝继位后所犯下的头一件罪行"就是谋杀波司图姆斯（Agrippa Postumus, 1.6），因为我们确信提贝里乌斯与此事没有干系。塔西佗也没有明言波司图姆斯就是提贝里乌斯所杀，因为我们将"接近的真相"建立在过去的可信事物上。这个故事暗示里维娅的罪恶，撒路斯提乌斯劝里维娅不要把宫闱秘事声张出去；同时这个故事似乎还表明那个时代的罗马人能够相信他们的统治家庭实际做了什么。笔者在此对一篇尚未发表的论文表示谢意——David Bolotin 教授的《编年史中的政权更迭》。笔者的上述洞见以及其他多处洞见都受他的这篇文章以及他敏锐分析的启发。同时参阅 Albert Pappano，《波斯图姆斯》（Agrippa Postumus），载 Classical Philosophy 36（1941）：43—44。

② Bolotin，《编年史中的政权更迭》。同时参阅 Myron Rush，《苏俄的政权更迭》（Political Succession in the USSR, New York: Columbia University Press, 1965），页 2。"政权更迭的核心问题是合法性问题：继任者凭什么统治？"

有许多罗马军团和行省的大批辅助军队作为自己的后盾。他害怕日耳曼尼库斯会立刻夺取帝位,而不愿在那里等待将来再传给自己"(I.7.6)。通过惺惺作态,提贝里乌斯用尽一切办法确保自己在继位时畅通无阻。表面上被元老院选定为继承人并哄骗其他军队支持自己,提贝里乌斯认为这样比在犹疑不定、孤立无援的时候更能表现一种令人敬畏的气概,以威慑日耳曼尼库斯潜在的野心。

对日耳曼尼库斯的顾虑是提贝里乌斯推迟公开攫取权力的主要原因。弄清楚他的主要对手的想法显得十分迫切。不过,元老院提出的要求对于提贝里乌斯和他人一起成为奥古斯都的合法继承人至关重要:"提贝里乌斯为了猎取舆论对他的好感,还想要人们把自己看成是奉国家之召而被推选出来,并不是由于奥古斯都的妻子暗使阴谋和奥古斯都在晚年收养了他"(I.7.7)。我们译成"舆论"的这个词也可以等同于名誉,但是提贝里乌斯在将自己凌驾于国家之上时并没有丝毫的道德顾虑,给元老院以选择的机会。提贝里乌斯并不关心自己作为有德之士的形象,而是作为一个机敏的政治人物,知道统治的价值。他利用元老院来掩盖和批准自己的权力,但元老院的姑息纵容又助长了这种权力。这位元首的共和面具是一个共同策划的谎言,并且已在一个漫长的统治下行之有效,而提贝里乌斯则竭尽所能地继续利用这个面具。提贝里乌斯试图尽可能地效仿奥古斯都,但他是一个更劣一等的人,并且声望远不及奥古斯都。这一点让提贝里乌斯的统治特色和奥古斯都有很大不同,无论他抱何希望。

塔西佗告诉我们,奥古斯都信任自己的后嗣,并且在指定继承人之后并不担心篡位的阴谋。对奥古斯都的这一评价反映出他对自身卓越的信心,并且知道他人对自己的崇敬。由于他判断出其他人对他敬畏有加，他丝毫不惧怕他们。①

　　　而在阿格里帕去世的时候，代替他的则是提贝里乌斯·尼禄；他的这种做法是为了定下他的继承地位。他认为，这种做法可以打消其他那些觊觎王位的人的幻想。同时对于尼禄的谦逊自制和他自己的至高无上，他是有信心的。(Ⅲ.56.2)

　　但是从一开始，提贝里乌斯的情况就和奥古斯都不同。他并不相信"自己的至高无上"。出于这个原因，他并不相信自己的继承人，无论他多么值得相信；而且他也不认为其他人"觊觎王位的幻想"能够轻易被打消。

　　倘若事实如此，我们就很容易理解他在大权在握的第一天起就特别关注潜在的篡位阴谋。塔西佗因此记述罗马人猜测他在元老院的犹豫不决可能有另一个原因。"后来我们才看到，他之所以忸怩作态还有一个原因：他想了解贵族们的心思，他一直把人们的每

_____

① 考虑奥古斯都对试图谋反的 Cinna 的宽大处理，如塞涅卡在他的《论仁慈》(1.9)中所述："Cinna，尽管我发现你在敌人的阵营，你并不是造成的、而天生就是我的劲敌，但我赦免你。我允许你保留你父亲的全部财产。今天你是如此的飞黄腾达，如此的富可敌国，连你的征服者都羡慕你——被征服的人。在你寻求高官厚爵时，我赐给了你，而那些父辈们随我征战南北的许多人还未能获得这样的位置。我为你做了这一切，你却决心除掉我……你为何要这么做？难道这样你就可以当王？倘若你绕开我去施行统治，罗马很难接受。你无法防御你自己的庭院，就在最近，一个自由人仅凭他的私人影响就击败了你；坦率地说，对你而言没有什么比反对凯撒更容易！告诉我，倘若就我一人成了你希望的绊脚石，难道 Paulus、Fabius Maximus、Servilli 和贵族的强大联盟能够容忍你？——他们可不仅仅代表空洞的名字，哪一个没有为他的家族增添荣誉？……Cinna，我再次赋予你生命；上次你是人民公敌，现在又是阴谋家和弑君者。从今天开始，希望我们之间能够缔结友谊；让我们考验我们以更坚定的信心作出的行为——我赐予你生命，而你欠我一条命。"后来奥古斯都发现 Cinna 最为友善和忠诚，并成为他唯一的继承人……再也没有人阴谋反对他。

一句话、每一个表情都曲解成是犯罪行动,并且深深地记在脑海里"
(I. 7. 7)。他不仅需要借助元老院来压制日耳曼尼库斯和其他军队,
他还同样惧怕元老院。他伪装的犹豫不决是一项狡猾的策略,让国
内的秘密敌人纷纷暴露。①

在他召集的元老院第一次会议上,他只允许人们讨论奥古斯
都的遗嘱和葬仪。在此之后,所有人都恳求他公开他的意图。他
依然装出极不情愿的样子,以便让元老院要求他实施统治:

> 他在元老院发言时,对于帝国的伟大和他本人因能力薄
> 弱而感到的信心不足作了各种各样的说明。他说,"只有圣奥
> 古斯都的智慧才配得上这样一副沉重的担子。当他奉奥古斯
> 都之召前来同他分掌大权的时候,他本人根据自己的经验,深
> 知治理国家是一件多么困难,多么需要碰运气的事情。因此
> 他认为,在一个要依靠许多杰出人物来维持的国家里,这些人
> 不应当把全部责任推到任何个人的身上去。如果一些人共同
> 协力的话,那末国家的治理就要容易多了。(I. 11. I)②

----

① 塔西佗记述了这个严酷的故事并且基本上不做道德评价。我们也必须准备敞开我
们的胸怀,以便理解这些可怕的政治。Ronald Syme 甚至认为还应该对读者做更多
的要求:"塔西佗的提贝里乌斯的某些品质粗看令人生厌,但却获得了赞扬而非谴
责。塔西佗为成熟的、不以怜悯影响其理解力的人写作,而塔西佗也是他们中的一
员,他知晓通达权力的迂回路径以及人性的隐匿之处。如果不是凭靠深入的商讨和
伪装,一个统治者怎能长时间地屹立不倒?"(Syme,《塔西佗》I:429)。我们认为有可
能并且应该从可怕以及悲剧的事件中汲取经验,同时又不赞同或赞扬它们。Syme 的
观点是正确的,人们可以从提贝里乌斯皇帝的僭政技艺和他的品质中学到很多。但
我们认为不将提贝里乌斯的生平视为悲剧或是认为塔西佗"赞扬"提贝里乌斯是一
种误导。不过,我们依然赞同 Syme 的观点,在讨论提贝里乌斯的时候不仅是普遍的
人性在起作用,而且某些匆忙的判断将成为我们了解塔西佗所有教诲的障碍。
② 塔西佗在撰写这篇讲辞时,必然想展示如下特征:"提贝里乌斯善于斟酌发言时的
词句,而且他在表现他的观点时是很有力的,如果有模糊不清的地方,那是他有意
含糊其词。"(XIII. 3. 2)

这篇讲辞在激发读者最崇敬的情绪方面登峰造极——它对奥古斯都的丰功伟绩表示倾慕并流露出平等地服务于公民福祉的共和理想;但是当我们审视这篇讲辞的意图时,我们必须考虑到它的背信弃义。提贝里乌斯作这番发言时有一个隐蔽的动机,而且无论他的这篇讲辞多么技艺精湛、冠冕堂皇,塔西佗都不曾被欺骗。他既不义愤亦不天真地评价道:"诸如此类的话说起来冠冕堂皇,实际上却并不可信"(Ⅰ.11.2)。

在提贝里乌斯统治的初级阶段,元老们就普遍表现出奴性。[①]提贝里乌斯可以获得他要求的事物然后立即走开。他为何还要继续伪装?"既然现在他尽力不使自己的真实感情有丝毫流露,因此他的话就变得更加暧昧、含混、不可捉摸了"(Ⅰ.11.2)。元老们不知所措,他们丝毫不敢表现出已经看透了他的心思,于是就纷纷悲叹、痛哭并祈求起来。提贝里乌斯继续拖延,不接受他们的任命,然后继续等待,直到他们黔驴技穷。他似乎在和他们博弈,不过他们必输无疑。

当阿西里乌斯(Gallus Asinius)冒着风险严肃地对待提贝里乌斯的推辞时,提贝里乌斯一时不知如何应对,他沉默了一会儿,然后发怒了。由于他一直对阿西里乌斯怀恨在心而且又有所忌惮,他的愤怒来得更加猛烈(Ⅰ.12.4)。这段插曲引出了奥古斯都的最后一次谈话。我们可以从这里看出尤利安—克劳迪乌斯家族如何惧怕反对者。依然有一些人渴望坐上凯撒的宝座,而且一伺时机成熟,他们就敢于冒险。这是一个年轻的王朝。在它可敬的奠基者眼中,政权更迭的时刻就是它最虚弱的时刻。在临近死亡的时候,这位老人警告他的继承人哪些人不可信任。他了解提贝里乌

---

① Syme 将这点归咎到奥古斯都身上——放逐有才干的人,而让无能的人担任要职腐化了这个曾经高贵的联盟。(Syme,《塔西佗》Ⅰ:429)我们承认奥古斯都是一个重要因素。

斯的秉性,因此列举了那些最危险的人:

> 原来奥古斯都在逝世前的谈话中论及哪些人有能力担
> 任、但是不想担任皇帝,哪些人有这样的野心、但又不配担任
> 皇帝,或哪些人适于担任皇帝而又有这样的意图担任皇帝的
> 时候,他评述说,玛尼乌斯·列庇都斯有这样的能力,但是他
> 不想担任;阿西尼乌斯·伽路斯在那里跃跃欲试,可是他没有
> 这样的能力;路奇乌斯·阿尔伦提乌斯配得上这个地位,而且
> 在有这样机会的时候,他会冒险一试的。关于前面两个人的
> 名字,大家的说法没有争论,但关于后面的那个人,有些人认
> 为奥古斯都说的是格涅乌斯·披索,而不是阿尔伦提乌斯。
> 上面提到的那些人,除去列庇都斯以外,不久都在提贝里乌斯
> 的主使之下借着不同的罪名铲除了。(I. 13.2—3)

这是塔西佗不可胜数的不朽篇章中的一篇,塔西佗凭借它们
获得了洞悉和揭露"权力之秘密"(arcana imperii)的美誉。在老统治
者对新统治者的这篇告诫中揭露出多少专制统治的不安全性和局
限! 我们看到新统治者被他的前任启发,考虑在元首制还未安全
建立起来的罗马,什么是维系统治的必要之物。他必须学会有所
怀疑,但是奥古斯都并没有教导他的继承人盲目地不信任。这或
许是提贝里乌斯学到的最深教诲,奥古斯都知道他容易不相信人。

奥古斯都对有野心的头脑的认识是多么深刻,因此他能够评
估这些潜在对手隐秘欲望的大小;他对人事和政治是多么有经验,
因此能够评判这些人行为和掌握政权的能力。这为经验丰富的老
统治者的教诲无疑遭到曲解。奥古斯都只告诫提贝里乌斯要警惕
三个人,其中两人提贝里乌斯可以铲除,另一个为了自身利益也可
以铲除。提贝里乌斯保留了这种猜忌心,但是它不再由奥古斯都

的经验和判断控制。在塔西佗的笔下,提贝里乌斯盲目地猜忌所
有冒险直言的人。他对阿西里乌斯的猜忌有一定理由,奥古斯都
又曾告诫他警惕阿伦提乌斯。但是他的猜忌心完全扩展到必要的
范围之外,这不是一种拙劣的行为吗? 塔西佗暗示了这一点:奥古
斯都的合理建议在提贝里乌斯那里仅仅变成一种激情。"甚至哈
提里乌斯和司考路斯也引起了提贝里乌斯的猜忌"(I.13.4)。塔西
佗认为这些人激怒提贝里乌斯也好,威胁提贝里乌斯也罢,事实上
对他完全无害。我们在为他大肆扩展叛国法而感到惊讶时,不应
该忘记他的激情。我们应该一直用奥古斯都和他作比较:奥古斯
都猜忌阿伦提乌斯并不是因为他"配不上这个地位",而是因为他
头脑的性质将会激励他"在有这样机会的时候冒险一试"。但奥古
斯都只是保持这警惕。塔西佗则在提贝里乌斯身上发现另一种倾
向:他没有鉴别力,只是一味地猜忌有才干的人。"提贝里乌斯先
前对阿伦提乌斯没有敌意,但是他对于有钱财、有魄力、才华出众、
素负众望的人物普遍地不信任"(I.13.1)。导致这种猜忌心的核心
原因是:统治者比较自己和他的臣民时产生的嫉妒心。而在小人
施行统治时,这样的比较和这样的激情必然甚嚣尘上,这是一个悲
剧性的事实。① 我们曾经提到斯大林在继承万人敬仰的列宁的位
置时所处的相似环境。在这样的环境下,不可能区分像阿伦提乌
斯那样的潜在的危险美德和列庇都斯那样的不危险的美德。(为
何列庇都斯幸存下来成为塔西佗思考的问题,我们将在第五章讨论。)但是
这些危险在一开始只是潜在的。而提贝里乌斯还没有发现自己的

---

① 考虑某个智慧的人知道 Tigrance 的父亲出于嫉妒要杀害自己时,对 Tigrance 说的
话:"噢,居鲁士,正是这个贤人,在他行将辞世的时候,他对我说:噢,Tigrance,
要因为你父亲杀了我就生他的气;因为他这么做并不是出于对你的恶意,而是出于
无知。我把人们因为无知而犯的错误都看作无心之失。"(色诺芬,*Cyropaedia*,
Ⅲ.Ⅰ.38)

才干在哪些方面。我们不得不补充说道，他有能力行善也有能力为恶。

2. 支持提贝里乌斯的例证：有效管理

史家是否"褊狭"首先应该根据他能否公正地呈现他的人物来判断。近年来，对塔西佗表现的人物批判得最厉害的莫过于他笔下的提贝里乌斯。① 有人认为塔西佗有意贬损了这个第一公民的美德。② 有人认为他在图密善这位卑劣僭主的统治下遭受了种种恶行，因而把对图密善的愤怒和蔑视都发泄到提贝里乌斯身上。③ 还有些人更具创造性地认为哈德良的复杂性格为塔西佗笔下的提贝里乌斯提供了原型。④ 我们并不觉得这些解释有多么必要。在我们看来，塔西佗能够通过明智地阅读史料以及收集睿智的同时代人的论据来获得对提贝里乌斯的判断。他自己时代的政治经验无疑也帮助他获得这种判断，但我们相信下述评价更为可信：塔西佗的判断是他卓异天赋和宽广视野的结合。我们不知道塔西佗受过什么样的教育，不过他试图在他的作品中和我们分享他的判断。试图理解他为我们写了什么不是比懒惰、狭隘地猜测我们永远不

---

① Frank Marsh 是英语世界这派人物的领袖。"我们不得不承认，塔西佗在描述提贝里乌斯的时候有一种先在的偏见，经常导致他错误地涂抹事实，我们必须为这种偏见寻找解释。他极有可能首先从他生活其中的贵族社会获得这种偏见。他在这些圈子中获得的这种印象又由于他对历史的普遍看法以及他的个人经验得到加强。当他回顾过往的时候，图密善近期的僭政不可避免地为他的视野蒙上阴影。在这位皇帝收敛自己恶行的多年以后，僭政的受害者开始表达自己的想象"。（Frank Marsh，《提贝里乌斯的统治》[*The Reign of Tiberius*，London：Oxford University Press，1931]）。

② 同上。

③ 同上。

④ Syme，《塔西佗》I：217—52。

可能知道的他的史料来源更为有益吗？

我们认为，在怀疑提贝里乌斯的真实性之前研究塔西佗的提贝里乌斯获益更多。倘若上面提到的作者能够遵循一条基本的阐释原则，他们的疑惑就会烟消云散。塔西佗说提贝里乌斯的臣民恶意曲解他的行为，这种说法应该理解为塔西佗对臣民的思考，而不是塔西佗的含沙射影。① 提贝里乌斯由于我们将看到的原因，并不是一个受人爱戴的统治者。倘若塔西佗掩盖这一点，他就对自己的研究对象不忠实。这是他统治的事实之一，也是提贝里乌斯政策的要数之一。由于他自身的品质、远逊奥古斯都的声望以及他面临的艰难处境，提贝里乌斯不得不依靠严刑峻法。这种做法又激起臣民的恐惧以及随之而来的更为残酷的镇压。

塔西佗知道这种情况，但他也知道这不是事实的全部。提贝里乌斯确实拥有某些美德，塔西佗并没有贬损它们。细心的读者将会发现它们，并意识到塔西佗所理解的提贝里乌斯具有特殊的吸引力。对这位统治者的科学的理解与他的政治"形象"之间的差异成为一个亟待研究的问题。至于塔西佗对于提贝里乌斯美德一面的认可，可参看如下篇幅：I.75，他的正义；II.48，他的宽宏；III.18.1－2，他的宽宏以及对恶意奉承的鄙视；III.72.2，他的威严；IV.31.2，他的仁慈，尽管十分稀有；II.88.1，他的大度。不过与卷四开篇总结提贝里乌斯初期的九年统治的长篇大论相比，上述这些洞见只是稍纵即逝。我们认为上述这些征引完全合理，因

---

① 　Kurz von Fritz，《塔西佗，阿古利可拉，图密善以及君主统治的问题》(*Tacitus, Agricola, Doitian, and the Problem of Principate*)，页77。D. M. Pippidi, Autour de Tibere (Rome：L'Erma di Bretschneider, 1965)，页36，40。在目前普遍盛行的对塔西佗的粗暴对待中有一个例外：M. P. Charlesworth 在他的《提贝里乌斯》一章中公正并尊重地对待塔西佗的论据，载 S. A. Cook 编，*The Cambridge Ancient History* 10：607－52，尤其652。

为塔西佗亲自提供了诸多证据展示提贝里乌斯的成就。我们在这里发现了提贝里乌斯尽管在其他方面行为过激,却能长期和平统治罗马的原因。在他不顾虑自己皇位安全的时候,他是一个能干的(尽管不是好的)统治者。提贝里乌斯比某些学者认识到的还要高深莫测、他的问题也更加复杂难解。塔西佗把提贝里乌斯之子杜路苏斯在公元23年的死亡看作提贝里乌斯统治的转折点:

> 首先,公家的事务以及特别重要的私人事务交付元老院处理,元老院的领袖人物对这些事务可以自由讨论。皇帝本人则制止他们蜕化到阿谀奉承的道路上去。在任命官吏的时候,他考虑到候补者的家系、军功或是在民政方面的业绩,要使人清楚地看到,接受任命的都是最适当的人选。执政官保留了他们先前的威望,行政长官也是一样。甚至地位较低的长官都能行使他们的职权。而除了涉及叛国罪的案件以外,法律一般是有效的……粮价过高确实使民众感到苦恼,但是没有人把这一点归咎于皇帝。为了抵补由于歉收或海上风暴所造成的损失,他确实是既不吝惜金钱又不辞辛苦的。他注意不把新的税收再加给行省,注意不使旧的租税负担由于官吏的贪欲或残暴而加重。体罚和没收财产的事情都不多见。他在意大利的田产很少,他的奴隶都不胡作非为,他家中也只有人数不多的被释奴隶。而且当他和一个普通公民发生争论的时候,照例是要由法庭来解决的。虽然如此,提贝里乌斯对这一切还是遵守的,尽管他遵守得确乎不很自然,而是阴郁的,往往又是可怕的。但是由于杜路苏斯的死亡,他就把这一切做法全都推翻了。(IV.6—7.1)

除了在探究叛国罪时带有恶意,塔西佗对提贝里乌斯第一个九年的描述读起来像对仁慈的专制君主的赞美。这位第一公民的手中掌握着绝对的权威（留给执政官的只有卖弄性的表演），不过他的权力被用作好的目的。法律得以执行，有美德的人被赋予荣誉，并被选作中心权威的代表："人们一致认为没有人"比提贝里乌斯选择的更好。

但是，倘若我们从塔西佗对这些年日常的政治描述中跳出来，我们会发现略微不同的重点。在那里，以叛国法的名义施行的迫害四处横行。现代阐释者已经完全曲解了这条法律的重要性，而这条法律实际上完全损害了自由以及君主制下臣民领袖的安全。无论塔西佗如何赞扬其他方面的良好管理，在他看来这条法律决定了这个王朝的性质。现代辩护者们没有看到这条法律在扭曲这个时代的政治中起了关键作用，因此许多人自出心裁地认为这条法律没有塔西佗所说的那样坏，塔西佗夸大了它的作用，提贝里乌斯不应该为它的滥用负责。这些假设试图说明，提贝里乌斯比塔西佗所展示的更加简单、善良。塔西佗并没有抹杀提贝里乌斯值得赞誉的成就。但是在他看来，它们的重要性应该从属于这位政治人物统治的整体效果。倘若政治的最高目的是激励美德、荣耀好人，一项以迫害它们为任务的法令尤其应该受到塔西佗的严厉评判。这位许可甚至纵容它的统治者难辞其咎，他的品质也不应受到尊崇。① 让我们转向塔西佗对这条法律的评价，并特别从提贝利乌斯品质复杂性的角度接近它，提贝利乌斯的品质容易受到

---

① 孟德斯鸠有一段题为"君主的道德"的精彩讨论："君主的道德既增进自由也增强法律。他可以如自由和法律那般将人变为野兽，或是像野兽那样对待人。倘若他喜爱自由的灵魂，他将拥有臣民；倘若他喜爱卑劣的灵魂，他将拥有奴隶。倘若他希望获知伟大的统治技艺：希望他接近他称之为'个人优点'的荣誉与美德……希望他丝毫不要害怕那些被人们誉为'优秀的人'的对手——从他喜爱他们的那一刻开始，他就成了和他们一样的人。"（孟德斯鸠，《论法的精神》XIII. 27）

各种刺激的影响。

3. 反对提贝里乌斯的例证：僭政引起的极度恐惧

　　塔西佗记述了提贝里乌斯同时代人的各种臆说，以说明为何他在相当长的时间内一直任用相同的人担任重要职位。有一种观点似乎专为部分反对塔西佗自己的言论——"人们一致认为没有人比提贝里乌斯选择的更好"而发。"一方面，他既不喜欢下流的品行，另一方面却又不喜欢突出的才智。优秀人物对他本人是一种威胁，但品行坏的人又会引起外界的非议。"倘若他选择了最好的人，我们会惊异为何传说他害怕这些人。但是如果深入思考，第二种看法也占得住脚。因为如果没有模糊但又严酷的叛国法，提贝里乌斯就不敢统治，而这条法律特别针对那些杰出人士。或许提贝里乌斯确实渴望良好的统治，但是又害怕那些他提拔到高位的人秘密反对他。他有能力，但是他的成就并不足以使他像奥古斯都那样可敬。而且，他并不拥有奥古斯都那样的风仪。人们认为，提贝里乌斯尽管精明强干，却过于粗暴和恐怖。他的臣民觉察到这一点，而这又使他下定决心通过叛国法的永恒威胁来打击他们。在提贝里乌斯那里我们发现了相反的情况。他并不相信增进罗马人福祉的正当方法能够稳固他的权力。因此，他转而借助僭政的伎俩。在提贝里乌斯的臣民对他的讥讽评价中可以看到后一种方法的影响。他们如何看待这条法律的发起人，即便他拥有其他成就？尽管元老院已经由于凯撒的幸运和奥古斯都的政策而腐化堕落、奄奄一息，这条法律依然摧毁了残存无几的独立精神。僭政得以巩固，只要他们的帝国存在，自由只能成为罗马人的记忆。

　　免除提贝里乌斯与滥用这条法律的关联是某些学者冷酷无

情、自出心裁的劳作。① 提贝里乌斯赦免了这个人或那个人,他拒绝审判某些案子。但是这些辩解忽略了这条法律的最重要方面——它对政治社会的影响。由于他没有废除这条法律,赦免显得任意主观。没有人知道自己是否能够被赦免,以及他的案子能否撤销。这条法律如此模糊不清,给所有人造成了威胁,尤其是那些自己美德和独立精神较为特出的人。② 塔西佗合理地记述了罗马人对提贝里乌斯邪恶动机和这条法律的危险的看法。这些看法是历史的一个重要组成部分,并对于评价这条法律至关重要。

塔西佗引入这条法律的语境是,提贝里乌斯在拒绝元老院向自己宣誓效忠时带着共和情感的哲理性发言:“虽然如此,他依然未能使人民相信他是共和制度的拥护者。因为他恢复了叛国法”(I. 72.2)。普遍认为,塔西佗在这里指的是奥古斯都的《尤利亚法》(*Lex Julia*)。这项法律的实际条款失佚,不过有事实表明,它认为谩骂第一公民、有时甚至谩骂第一公民的家庭成员也属于背叛最高王权、乃至亵渎尤里乌斯的神圣性。③ 在共和制度下,叛国法从最早的时期伊始就囊括反对城邦及其执政者的任何行为。苏拉通过了《科尔内利法》(*Lex Cornelia*),在共和国晚期时它适用于下述情况:地方总督未经许可就擅自离开行省和发动私人战争,削弱军队的忠诚,非法拘留囚犯,甚或总督没有及时离开行省。但是提贝里乌斯将这项法律的适应范围扩展到自己家族,并且扩展到极易指控、极难辩解的言论,导致公民人人自危。之前的惩罚是放逐,

① Robert Rogers,《提贝里乌斯统治之下的形式审判和形式法律》(*Criminal Trial and Criminal Legislation under Tiberius*, Middletown: American Philological Association, 1935)。同时参阅 Bessie Walker,《塔西佗编年史》(*The Annals of Tacitus*, Manchester: Manchester University Press, 1950),页88。
② “叛国罪应该模糊不清,这样政府就退化到专制。”(孟德斯鸠,《论法的精神》XII. 7)
③ C. W. Chilton,《早期君主制下罗马的叛国法》(The Roman Law of Treason under the Early Principate),载 *Journal of Roman Studies*, 45(1955):73—81。

但是自提贝里乌斯的早期统治伊始,元老院急切地将惩罚加重到死亡。在奥古斯都统制时期,极少见到这样任意加重法律处罚的情况,"因为他的个人地位十分稳固,极少出现实施叛国法的情况"。① 我们将发现提贝里乌斯的多疑性情、控告者们邪恶的热情以及元老院的堕落改变了这种状况。这条法律主要的不公正并不在于它惩罚叛国,或者它将叛国等同于对第一公民的威胁。由于王朝的更迭,这些做法有一定的合理性和必要性。② 这条法律的缺陷在于它的模糊:它不仅惩罚行为还要惩罚言论。这条法律在社会上产生了深远影响,一如孟德斯鸠的精当解释:

> 这条法律不仅管制行为、还管制语言、征兆、甚至思想:因为那些不假思索脱口而出的话、那些在两位朋友间的对话只能被算作思想。从此以后宴饮的席间不再无拘无束、亲人之间不再信任、奴隶对主人不再忠诚;这位君王的伪饰和阴郁传染到各个角落,友谊被视为陷阱,直言被视为轻率,美德是一种疾病,能够让人想起先前时代的幸福时光。③

塔西佗笔下的提贝里乌斯因为一些匿名的诗而深为震怒,诉诸这条法律。这些诗讽刺了"他的残酷、横傲和对自己的母亲的疏远"(I. 72. 4)。塔西佗的描述并非"含沙射影";相反它强调了提贝里乌斯在颁布这项法律时受个体的激情以及城邦的理性之影响。颁布这条法律既

---

① C. W. Chilton,前揭书,页76。

② "我并不试图减轻那些人对于试图玷污他们君主荣誉的人的义愤;但是我确实希望指出,倘若人们希望能够对专制有所调和,在这些场合中使用简单的纠正性惩罚比叛国的指控更为有效,因为即便是无辜的人对叛国的指控也会感到战栗。"(孟德斯鸠,《论法的精神》XII. 12)

③ 孟德斯鸠,《罗马盛衰原因论》XIV。

出于愤怒、复仇以及由猜忌心引起的极度的恐惧，又出于理性的审慎。正如孟德斯鸠所言："政治人物接二连三地屈服于这个人。"①

倘若提贝里乌斯希望他的叛国法被国民接受，他必须非常谨慎。当一个官吏询问他是否应该恢复叛国法时，他回答道："法律应该恢复"（I. 72. 3）。塔西佗记述了在提贝里乌斯统治下审判的两桩案件，由于指控的荒谬，提贝里乌斯后来又自行赦免了这两桩案件。提贝里乌斯知道这条法律允许下述指控：被告叫一个娈童加入了一个奥古斯都奉祀团；他在出售他的花园时，把奥古斯都的一座雕像也卖掉了。那些企图从这条法律中受益的人的心灵是多么卑劣！我们很快就会看到元老院多么奴性地执行这项法律。或许开这个先例并不需要任何技艺。但塔西佗认为，这是提贝里乌斯的责任，并描述了他在恢复这条法律中使用的技艺。因此他记述了早期未曾受审的案件或宣布有罪的案件，"我们从那时就可以看出，提贝里乌斯怎样巧妙地想出这种可憎的措施，这个措施是怎样在开头不声不响地执行，中间有一个短时期被抑制，但最后终于爆发为把一切都会烧光的大火"（I. 73. 1）。提贝里乌斯的技艺包括他有时试图压制控告者的热望以博得仁慈的声名，但是他必须为一直给予他们可憎的迫害机会负责。② Furneaux 提到罗马还有其他不那么恶毒的法律惩罚背叛行为和诽谤言论。③ 一个真正仁慈的

---

① 同上。

② 在提贝里乌斯引以自诩的全部美德当中，他自己最欣赏的是他的"作伪的美德"（IV. 71. 3）。

③ "在提贝里乌斯统治之下，大逆法（Lex Majestatis）不仅扩展到诽谤性的书写，甚至也扩展到言论，私人生活随时有被监视的危险；在实践中，倒是忽视了诽谤皇帝及其家庭的最严厉限制。我们应该注意罗马法律并不是没有其他方式来处理背叛或诽谤的行为。但是由于'大逆法'具有横扫一切的品质，有保留地使用这条法律被认为是一种审慎。"（Henry Furneaux 编，《塔西佗之编年史》，*The Annals of Tacitus*，1：41）

第一公民应该执行这些更加有区别的法令，而压制叛国法。

塔西佗提到的第三个案件——控告玛尔凯路斯（Granius Mar-cellus），增强了我们的认识：这项法律是苦难的根源。它为不道德的机会主义者谴责无辜（尤其是伟大）的人开辟了道路，由此从猜忌心重的第一公民那里获得荣誉。罗马人的渣滓中的那些有野心的人通过这种手段获取职位和财富。因为在成功的告发之后，他们通常会被授予元老的头衔并瓜分被告的财产。过去存在着这样的声名狼藉的揭发者。洛玛努斯（Hispo Romanus）就是这一卑劣阶层的第一人：

> 他发明了这样一种行业，而时代的不幸和人们的厚颜无耻很快地就使这种行业成了时髦的勾当。这个贫穷、卑贱并且喜欢闹事的人物由于告密而取得了他那残暴的主子的信任，后来连那些最显要的人物也都害怕陷入他的魔掌。这样，他便取得了一个人的宠爱，但是却成了所有的人的憎恨对象。自从他开了这种风气以后，仿效他的人们就从叫化子变成富人，从被人蔑视的人变成被人畏惧的人，并且在把别人搞垮之后，最后把他们自己也毁掉。（I.74.1—2）

有些人认为罗马人因为没有公共的检举人，所以需要揭发者，以此来免除提贝里乌斯为正直无辜的人制造这场灾难的责任。[①]道德品质低劣的人的证词表明罗马人欣赏他们的雄辩，而不考虑在案件中他们的雄辩是否被滥用。据说，高贵的图拉真有时也允许揭发。但这一事实恰好支持塔西佗的观点。第一公民的品质是

---

① Merivale，《罗马帝国史》（*History of the Roman under the Empire*，8 vols. New York：Appleton，1865），5：135；Walker，《编年史》（*The Annals*），页 88。

最重要的因素。或许图拉真能够控制那些揭发者。这一体系极易被肆无忌惮的机会主义者滥用，因此第一公民维持和控制局面的行为更为重要。提贝里乌斯统治之下的告发与图拉真统治之下的告发有很大不同。① 我们选择了提贝里乌斯和告密者们的行为最为有趣的三个审判，以考察他们的政治动机和私人动机的相互影响。这三个受审的案子分别是：里波（Libo Drusus），审讯于公元 16 年；Gaius Silius，审讯于公元 24 年以及 Cremutius Cordus，审讯于公元前 25 年。

里波案件中浮现出来的第一个问题是：为何提贝里乌斯竟然还要求审讯？他有能力在符合自己的心意时采取暗杀手段，而且他没有胆量公开审讯他的敌人（II. 40. 3）。里波是一个出身高贵的年轻人，他的虚荣心胜过他的理智。他受一个诡诈的"朋友"卡图斯（Firmius Catus）的恶意劝说，妄图阴谋反对提贝里乌斯。这个愚蠢的年轻人并没有出格地实施阴谋；他的罪行总结起来相当疯狂，而且是与占卜的祭司和释梦者愚蠢商议的结果。塔西佗暗示他是一个不足畏惧的笨蛋，"毫无先见之明"，而且"非常轻信"（II. 27. 2）。里波的朋友向提贝里乌斯揭发了里波的图谋。但是提贝里乌斯并没有传唤里波，更没有像奥古斯都对待危险得多的 Cinna 那

① 下述是普尼林致图拉真的献词："您关注控告者的问题，正如在军营那般，和平在集议场也得以恢复。你削掉我们中溃烂的部分；你严厉的旨意确保建立在法律之上的国家不会毁于法律的滥用……没有什么比愉快地俯视我们脚下的告密者更得人心，更符合我们的时代……船舰正被快速建造，那些告密者在船上挤成一团，然后冒险在风暴和恶劣的天气中起航……这些船舰一旦驶出港湾就散成碎片，看到这一切我们多么欢畅！我们立即在水边向我们的统治者致谢，他无穷无尽的仁慈将陆地上人的复仇交托到海洋中神的手中！我们确实知道，无论时代怎样变迁，真正的罪犯将会被牢牢地钉在成为许多无辜者十架的岩石上；曾经放逐元老的海岛现在挤满了你永远剥夺其权力的告密者……"（普尼林，《图拉真颂》（*Panegyricus*），载 *Letters and Panegyricus*, 2 vols, Loeb Classical Library [London: Heinemann, 1969]，页 XXXIV, XXXV）

样斥责里波。"他对于控告完全置之不理",让里波能够继续他的
阴谋或者与他人商量计策。或许提贝里乌斯希望找出里波背后是
否还有更可怕的人(这是欣赏提贝里乌斯的学者提出的观点——里波代
表一种真正的威胁)。① 但是任何稍有理智的人恐怕都不会为了里
波的缘故阴谋反对提贝里乌斯,无论里波的先祖是谁或他在血缘
上和皇帝们的关系多么亲近。提贝里乌斯更进一步。他授予里波
行政政官的职务,邀请他参加自己的宴会,对里波表现得既不十分
疏远又不过分热情,并藏起自己的愤怒。我们不得不对提贝里乌
斯的猥琐感到惊讶,他统治这个世界,却带着恶意、小心翼翼地与
这个愚蠢的人玩猫捉老鼠的游戏。"对于里波的每一句话和每一
个行动,他本来是能够制止的,但是他不这样做,他只想知道有这
些话就便行了"(II.28.2)。假定提贝里乌斯为了收集更多的审讯
证据而允许里波继续他阴谋的说法并不合理。因为从元老院的行
为来看,他们愿意仅仅因为犯罪的意图就确定指控成立。无论如
何,最初的告密者已经确定在他密报提贝里乌斯之前早就有了许
多证人。严格地说,提贝里乌斯必须为告密者种种不加限制地陷
害里波的行为负责。

　　审讯开始进行,元老们被召集起来讨论"十分重要、罪恶滔天的
一个案件"。在审讯期间,提贝里乌斯带上了公正无私的面具。我
们称它为面具是因为在当时的情况下,被起诉相当于被认定有罪,
除非第一公民积极地干预(鉴于元老院的奴性)。在提贝里乌斯统治初
期,他时常进行干预,以压制元老院的奴性和告密者的热望,这一点
为他增加了声誉,但我们不得不指出他的干预是主观任意的。② 元
老院一系列审讯的可怕后果可以从下述事实中看到端倪:里波找

---

①　Rogers,《刑事审讯》,前揭,页13—14。Marsh,《提贝里乌斯的统治》,前揭,页58。
②　参II.50,他允许瓦莉拉(Apuleia Varilla)因为对奥古斯都说了不敬的话被审判;而
　　在1.73中他说了句"对诸神的侮辱应该由诸神处理",就取消了审判。

不到任何人为他求情。"人们用不同的借口拒绝他的请求,但他们之间相同的一点是害怕"(II.29.1)。这一起诉引出了里波和占卜者之间的可笑对话。塔西佗称它们"愚蠢、无聊,如果用原谅的眼光来看,也可以说是可怜"(II.30.2)。

当里波否认自己和占卜者一起阴谋反对皇帝的时候,提贝里乌斯就最严重地破坏法律。他允许里波的奴隶被严刑拷打,以获得证词。塔西佗暗示这是一项僭政举措,它破坏了禁止在涉及主人的重大案件中将奴隶的证词呈堂的古老风俗。那些粗暴地贬损塔西佗的评价的现代学者没有意识到,尽管古代习俗允许奴隶向朝廷报告主人的谋逆罪或乱伦罪,他们从来不会上庭作证。① 西塞罗也曾著文支持这一观点,说明使用奴隶作为证人给罗马人带来的巨大恐惧:

> 噢,诸神,还有什么能够比这带来更多的憎恨? 我们的祖先认为不应当审问奴隶,让他们作证来反对自己的主人;不是因为难以发现真相,而是因为这样做是一种诽谤,甚至比死亡更让主人难以忍受。②

西塞罗进而说明这种程序潜伏着腐化的巨大危险,因为奴隶

---

① "奥古斯都规定,阴谋反对他的人的奴隶应该卖给公家,这样使奴隶能够避免奴隶作不利于他们主人的誓证。凡是能够导致人们发现重大犯罪的东西,分毫也不应疏忽。所以,在有奴隶的国家,奴隶自然可以当告发人,但是他们不能当证人。温得克斯告发了为塔尔克维纽斯的利益而进行的阴谋。但是在控告布鲁图斯的子女的案件中,他却不是证人。对一个曾经为祖国效力的人是应当给他自由的。但人们给他自由并不是要使他以这样的方式为祖国效力。"(孟德斯鸠,《论法的精神》XII.15)轻蔑地对待塔西佗的 Rogers 没有注意到这种区别。(《刑事审判》,页16—17)

② 西塞罗,《为麦洛辩护》(*Pro Milone*),XXII,载 C. Yonge 译,《西塞罗演说集》(*The Orations of Marcus Tullius Cicero*,London,1852),卷三。

把自己的主人当做仇人是最自然不过的事。奥古斯都也"倾向处于实际考虑偶尔遵守这项法律",[1]不过这恰好说明塔西佗言论的精神正确:在君主统治下,曾经保护公民的古老习俗遭到破坏,取代古老习俗的统治者的选择和利益让他们的处境变得尤其不安全。[2]

里波在此之后自杀了;后来提贝里乌斯发誓宣称,不论被告犯了什么罪,他会出面干预来挽救他的,如果他不是这样快地自杀了的话。我们如果假定应该相信他在这一刻说的话,因为他在其他案件中曾出面减轻对被告的处罚,就会出现一个问题——为何他一定要审讯里波?他并不只是向他认为伤害过他的人施加报复,如对他的妻子尤利娅和她的奸夫那样下令处死。但是里波是否值得被严肃对待? 其中一种可能性是,提贝里乌斯出于报复心理审讯里波。但是对奴隶的严刑拷打暗示出他更邪恶的意图。在缺乏真正的阴谋者的情况下,猜忌心重的提贝里乌斯可能以这场审判来威慑那些试图阴谋反对他的人。这场审判是肆无忌惮的探视——无视传统的正义原则、甚至通过拷打他们的奴隶来威胁无辜之人的探视。施行这场审判的最可能的意图是恐吓贵族,让他们不敢做危及提贝里乌斯的任何事情。

---

① Rogers,《刑事审判》,前揭,页 17。

② Rogers 在 *Pro Deiotaro* (1.3)征引的段落更加明显地支持塔西佗的观点:"根据我们祖先的方法,审问奴隶,让他作证反对自己的主人并不合法,这并不是因为严刑拷打的痛苦将使人违背意愿地说出真相,而是因为努力极其愿意因为控告他的主人而平步青云,而在之前奴隶即便在身受酷刑的情况下说主人的坏话也是不合法的"。Roger 在 *Partt. Orat.* 34 谈到审问奴隶反对他们主人的法律的例外情况,这是真实的。但是这种例外情况的界限模糊不清,不能用来作为反对的例证。因此,由于缺乏相反的证据,我们应该认为塔西佗的学说确凿可信。提贝里乌斯引入僭政的方法,允许对奴隶严刑逼供。倘若他只是希望奴隶向朝廷报告一场阴谋,他应该在甚至是古代法律也允许的例外情况下行动。把奴隶的供词当做事实是一种僭政行为,而塔西佗也相当合理地称他为"狡黠的人,新法律的创造者。"

它对罗马社会造成了无法消除的有害影响，使其再也无法恢复古老的独立精神。

作为犒赏，里波的财产被控诉者瓜分了，一些元老"有违常规"地被授予行政长官的职位。倘若提贝里乌斯反对这场审判，他不会这么做。而他的党羽必须得到犒赏。倘若控告者不被丰厚的犒赏的吸引，这项法律不会成为僭政的引擎。对于提贝里乌斯实施这项审判的意图，这是一个不小的揭露。而且，许多奴性的元老纷纷诅咒里波以讨好提贝里乌斯。塔西佗将他们的行为一一列举出来，把这些显赫的名字和阿谀奉承的行为联系到一处，目的不外乎说明，"这种恶习在我们的国家由来已久（Ⅱ.32.2）。这种恶习由此维系下来，一直到塔西佗写作的一个世纪之后依然如此。

这场审判无疑开了先例。不过在统治的早期阶段，提贝里乌斯似乎并不确定启用审讯的频率。这场审判是偶然为之的。但是它的威胁保留下来，让人不得不较高地估计它对打压罗马人的精神产生的影响，同时为幸存下来的正直公民担忧。但是提贝里乌斯又常常干预，限制这个已经开始的程序（Ⅱ.50.2）。不过，他做过的一件事情是惩罚那些在审判中行不义的人。我们不得不总结，尽管他看到这项法律有行不义的危险，他宁愿冒险承受不义，因为他觉得这条法律有用或者必要。公元21年，在提贝里乌斯缺席的情况下，普利斯库斯（Clutorius Priscus）被元老院以叛国罪判处死刑，判刑的理由十分可笑：他在杜路苏斯还没有去世的时候就写了一首挽诗，希望在杜路苏斯死后发表获得酬劳。读者或许以为这一次将导致对控告者的审讯和处罚。但是当提贝里乌斯回来之后，他容忍了这样的不义或者说用他熟悉的方式，以最轻微的措辞谴责了他们：

这种立即处死普利斯库斯的办法,使提贝里乌斯对元老院作了一次典型的含糊其词的斥责。他称许元老们的忠诚,因为对于侮辱一国元首的尽管轻微的举动,他们这样果断地进行了报复;但是另一方面,他却又反对对口头上的犯罪这样迅速地加以惩罚。他表扬了列庇都斯(呼吁节制的发言人),却又不曾责怪阿格里帕(提议判处死刑的人)。(III.51.1)

提贝里乌斯实际上赞扬了在这样肮脏的案件中为他报复的人的忠诚。毫无疑问,即便在早期阶段他就能废除这条法律。

那个时期元老院政治对话透露出的令人惊骇的腐化堕落可以从列庇都斯——一个政治、节制的人的发言中推断出来。他希望赦免普利斯库斯,但是他知道在他提议审判从轻之前,他必须中伤普里斯库斯来取悦元老院:

元老们,如果我们只考虑一点,即普利斯库斯所讲的那些玷污了他自己的灵魂和别人的耳朵的脏话,那末不论是监狱还是绞索,甚至是用来对付奴隶的那种严刑,对他都是过于宽大的。(III.50.1)

列庇都斯进而区分何为愚蠢,何为犯罪,而且尽管他清楚地知道普利斯库斯不用受任何处罚,他依然提议将其放逐并没收其财产,完全当做他"犯了叛国罪一样来处理"(III.50.4)。对这些案件中愈演愈烈地任意判刑和对死刑的非法应用,他予以间接的谴责。但是,我们在这里看到,在趋炎附势之徒的压力之下,最严厉的审判被认为最恰当,而且大多数元老甚至反对放逐,他们急切地渴望以最严酷的报复手段来惩罚其敌人,以此满足第一公民的愿望。元老院投票否决了列庇都斯的提议,而普利斯库斯因为写了一首诗，很快被"剥夺了生命"。

尽管我们不能免除提贝里乌斯的所有责任——通过保留这条法律，他让大臣恐惧不安，不得不拍马溜须以求自保，但是这些人的懦弱依然让我们感到震惊——他们竟然拒绝对这样微小的过错施以较轻的处罚，而代之以极刑。高贵的列庇都斯的言论最为真实地提到了这种可怕的压力（参 IV.20.2）。由于试图挽救愚蠢但又可怜的普利斯库斯，他不得不让自己的发言也显得卑劣。否则，接下来作为第一公民的敌人被逮捕的就是他，因为他支持这么大逆不道的行为。

在提贝里乌斯的独子杜路苏斯去世之后，情况起了变化。出于一个父亲的爱和希望而保留的节制消失无踪，取而代之的是提贝里乌斯的友人谢雅努斯的有害影响。杜路苏斯死后进行的第一场审判十分有力地揭示了环境的恶化。谢雅努斯秘密毒死了提贝里乌斯的继承人杜路苏斯。当时已经逝世的日尔曼尼库斯的孩子成为提贝里乌斯指定的继承人（IV.8.4—5）。谢雅努斯为了让提贝里乌斯觉得自己才是不可或缺的人，不时提醒提贝里乌斯提防这些男孩、他们的母亲阿格里皮娜以及他们的支持者。事实上，只有把这些挡路的人统统清除，谢雅努斯才有可能实现自己对国家政权的图谋（IV.3.1）。当这些男孩被祭司赞颂的时候，提贝里乌斯显得焦躁不安，谢雅努斯觉得自己的机会来了。他抱怨说现在国家就像内战时期那样四分五裂，有些人把自己称作阿格里皮娜党人，倘若不采取措施，这些人的人数还会增加；而且如果不铲除一两个头面人物，就无法解决这种愈演愈烈的不和谐。以此为目的的叛国法早已准备停当，而提贝里乌斯烦躁不安的心接纳了这项提议。随着对西里乌斯（Caius Silius）的审判，出于国家事由而越来越频繁地使用叛国法，将之作为一项精心的策略，这导致了恐怖统治。

之所以选择西里乌斯是因为他是与日耳曼尼库斯来往的人中最为声名显赫之人,他极有可能成为日耳曼尼库斯孩子们的朋友并由此威胁到提贝里乌斯(和谢雅努斯)。他曾经统率一支庞大的军队达七年之久,在日尔曼取得过胜利的荣誉,还征服过撒克罗维尔——危险的高卢叛变者。塔西佗暗示,西里乌斯获罪引起普遍的恐慌:"这样一个声名显赫的人物的垮台必然会更加引人注目和引起人们更大的惊恐情绪"(IV. I8. I)。他的同时代人具体地分析从日尔曼尼库斯家族声名显赫的"党派分子"中挑选西里乌斯的原因:

> 许多人认为他是由于自己不谨慎而加重了罪名的。原来他曾大肆吹嘘说,"在别人的军队发生哗变时,他的军队却始终是忠诚不渝的。如果他麾下的军团也哗变的话,那末连提贝里乌斯的王位也会保不住了"。皇帝认为,这样的说法对他自己的地位是有损害的,因为这等于暗示他的皇位担不起这样大的功业。(IV. 18. 2—3)

这种私人的仇恨支持并增强了这种僭主的意图。塔西佗用他讨论人性的震古烁今的一句格言来总结这件事情:"而且一个人的服务,只有在看来能够给以报偿的时候,才是受欢迎的。如果把这种服务做得远远超过这一点的话,那末他们所得的回报就不是感谢,而是憎恨了。"与其说这句话是对普遍人性的揭示,不如说是对提贝里乌斯和他的同类揭示。西里乌斯无疑有强取豪夺的嫌疑,但是这和案件本身毫不相关;整个案件是按照叛国法的程序处理的,而且在西里乌斯自杀之后,他的财产也被没收了,这种做法超出了叛国法允许的范围。由此恐惧之网撒得更紧了。①

　　在提贝里乌斯统治的最后阶段（公元前 23－37 年），关于叛国法的滥用，大致有三种最为突出的情况。一是邪恶的谢雅努斯身居高位。渴望荣誉的人只有通过他才能获得他们欲求的事物，而"只有通过罪恶的勾当，才能获得谢雅努斯的偏爱"（IV. 68. 2）。提贝里乌斯允许谢雅努斯纯粹由于恶意而煽动控告。这些控告最后几乎总是被定罪。谢雅努斯的野心暴露无疑，提贝里乌斯在公元 31 年取缔了他的权力。在此之后，提贝里乌斯亲自发起了对叛国罪的审判。通过这些审判，他铲除了与这位阴谋家有任何联系的人。幸存下来的人以及谢雅努斯的亲戚大哭大闹起来。关于这些事情，塔西佗在《编年史》卷五中的描述绝大部分都已失佚——只有几篇讲辞保留下来。最后，是对阿格里皮娜和与她有联系的人的审判，提贝里乌斯惧怕和憎恨他们的影响力，把他们看做威胁。他表现出预先揭露了阿格里皮娜的阴谋，尽管没有证据显示她有任

---

①　在为 R. Roger 的《提贝里乌斯统治之下的刑事审判和刑事立法》所作的书评中，C. W. Chilton 合理地反对 Roger，认为他对塔西佗关于叛国法的评价的修正有误。"在这本书中，Roger 经常断言《尤利安法》（*Lex Julia*）囊括了两种不同类型的叛国行径——其一是真正的叛国，他沿用古老的名称将其称为 Perduellio，其二称为 Majestas，经常等同于诽谤元首及其家族的行为以及其他更轻的罪行。由此产生出两种不同的审判形式，即 perduellio 判死刑（以及没收财产和通过毁坏其雕像磨灭他在罗马人心目中的记忆）。倘若 Roger 所言属实，提贝里乌斯因为实施这项法律而背上的恶名就显得不正义，而塔西佗就成了既恶毒又无知的人。"在详细研究了相关法律之后，Chilton 说道："凯撒和奥古斯都都颁布的关于叛国罪的尤利安法中惟一的惩罚绝不可能有时又没收有时又不没收财产。这项惩罚在法律上对所有案件都一视同仁。因此，提贝里乌斯晚年经常实施的死刑实际上加重了这项惩罚措施，是由至高无上的朝廷任意强加的……Roger 试图将古老的实践和后来的发展结合起来，在没有规则存在的地方为这项法律确定规则。从君主制创立伊始，罗马刑事法、尤其是叛国法就更加主观随意，对被告的处理区别更大，惩罚更加严酷。这种情况从提贝里乌斯、甚至奥古斯都的时候开始出现。这位法理学家应该完全清楚这种发展。"（C. W. Chilton，《罗马人的叛国法》载 *Journal of Roman Studies* 45(1955):73,81)

何图谋。作为奥古斯都的孙女和日尔曼尼库斯的遗孀,她在民众和军队中间依然享有较高的声望。对于后两种情况的审判类似因为国家原因审判西里乌斯。对于第一种类型——谢雅努斯的恶意的最有力揭露莫过于科尔杜斯的案子。我们从中可以看到在谢雅努斯青云直上的公元23—31年期间,政治氛围的进一步恶化。

塔西佗在一开始就暗示了这项审判的残暴性质:对科尔杜斯提出了"一项崭新的和前所未闻的控诉"(IV.34.1)。科尔杜斯发表了一部《历史》,颂扬布鲁图斯并把卡西乌斯称为"最后的罗马人"。由于这两个人是刺杀凯撒的弑僭者,而凯撒是奥古斯都的养父和缔造新国家的先行者,谢雅努斯的两个食客以叛国罪名控告科尔杜斯。事实上,谢雅努斯是这起控告的支持者,而提贝里乌斯阴沉着脸出席元老院的审判被理解为对被告来说是致命的威胁。科尔杜斯抱着必死的决心作了一番精彩的发言控诉新政治。科尔杜斯发言的核心是比较提贝里乌斯与前面两位凯撒对待直接和间接批评的不同态度。这篇雄辩的讲辞支持我们的论点——在那样的时日和那样的统治之下,第一公民的品质已经有了很大不同。科尔杜斯一开始说,他的言论即将受到审判,而他却是清白无辜的,没有做过任何坏事。他又进一步说,即便他遭到控诉的言论也不受这项法律的管制,因为它们没有涉及到第一公民和他的母亲。他仅仅因为赞扬了布鲁图斯和卡西乌斯就遭到了起诉,而在过去有许多人颂扬过他们。他隐晦地谴责了这项法律和滥用它的人。审判是僭政式的,而且主观任意,起决定作用的因素是允许审判的第一公民的品质;尽管这项法律早就存在,李维曾经赞扬过凯撒的劲敌庞培,奥古斯都却不以为意,他把李维叫做"庞培派","然而这并没有在他们的友谊中间引起裂痕"(IV.34.3)。对于那些颂扬过布鲁图斯和卡西乌斯的人,奥古斯都赋予他们荣誉与财富。而独裁官凯撒如何对待西塞罗把卡图捧上天的作品呢? 不过是回应一篇演说辞,就像在公审法庭发表的演说一样"(IV.34.4)。凯撒认为最好的回应、配得上他庄严统治的回应是有理有据的演说,而不是诉诸虚假的法律和残酷的暴力。但是提贝里乌斯并没有分享奥古斯都或凯撒的恢弘气度——认可并尊重政治上受压迫的人的美德。我们无法回避这样一个结论:提贝里乌斯已经对美德产生敌意。首先,作为一个在美德上有缺陷的人,他恐惧他人身上的美德。其次,如科尔杜斯指出的那样,那些有美德的人已经去世七十年了。

科尔杜斯最后重申自己的信仰:美德不会被任何僭主的权力所压制;而且,尽管他不可能在提贝里乌斯面前使用这个词,他依然提醒提贝里乌斯:存在着在他意志之上的标准,所有人都会根据这个标准接受评判。这位记录人类功绩的史家自己就在孜孜以求美德,而且他的命运与那些他记录其品行的有德之人一样,应该被我们带着敬畏之情牢记。"后世的人对每个人都给以应有的荣誉;如果我被判罪的话,人们仍然会纪念我,就象纪念布鲁图斯和卡西乌斯一样"(IV.35.3)。科尔杜斯自杀身亡,这让塔西佗爆发出对于某类不配掌握权力之人(包括统治者和被统治的人)的卑劣鄙俗的蔑视。

元老们下命营造官焚毁他的著作。但还是有一些抄本流传下来,这些抄本最初还隐藏着,后来就发表了。这一事实使我们不能不更加嘲笑这样一类人的愚蠢,因为他们认为目前的专制行动可以使后世的人无法认识到此时的真相。相反地,受到惩处的天才反而会提高自己的威信;而且残暴的外国国王以及模仿他们的酷行的人,他们的行为所招致的后果也只能是使自己声名扫地,反而使牺牲在他们手下的人得到光荣。(IV.35.5)

　　塔西佗认为,对于美德的敌意以及在历史中积累的关于它的记录相当于野蛮。他爆发出的笑意是苦涩的,因为残暴的外国当权者的酷行现在正被罗马的第一公民运用。尽管提贝里乌斯本人受过良好的教育,尽管罗马元老院有着优良的传统,他们现在都成为罗马世界回归野蛮状态的工具。

　　塔西佗现在更为深入地探究提贝里乌斯对于美德以及随之而来的荣誉的态度。提贝里乌斯试图否定的卡西乌斯与布鲁图斯的荣誉在更广义的程度上也存在在他身上,但是被他拒绝。这不禁让塔西佗疑惑这位第一公民对自身美德的态度。

　　远西班牙的使团询问元老院他们是否能够为提贝里乌斯和他的母亲修建神殿,如他允许亚细亚的一些城市那样。提贝里乌斯发言制止了这件事情:

　　　　一贯非常讨厌任何阿谀奉承的提贝里乌斯认为,应当利用这样一个机会,来驳斥外间的一种传闻,好象他有一种追求虚荣的倾向。(IV.37.1)

提贝里乌斯经常鄙夷阿谀奉承。尽管他不曾渴望竭力成为一个仁慈的君主,从而获得真正的荣誉;他依然不会不庄重地将自己不曾拥有的美德的证据据为己有。而且正如塔西佗所言,区分出于自愿发出的赞叹与出于恐惧与卑劣动机说出的谄媚之辞并不困难。不过提贝里乌斯的发言揭露了更为有趣的事情。他确实缺乏激励最好的政治人物的那种更高的野心——创立一个新秩序,即便在死后也能赢得不朽的声誉。无论提贝里乌斯的发言多么让人肃然起敬,它依然揭露了一个鄙俗的灵魂,它并不会为自身的必死(mortality)所触动,萌发创立或抓住永恒之物的愿望。对于提贝里乌斯为何不能在自己儿子死后控制自己或限制他邪恶的总理大臣,这或许是最深刻的原因。当社会的约束得以解除时,提贝里乌斯对于自身价值没有足够的意识;但是对于在万人之上的他而言,所有的限制荡然无存。他令人肃然起敬的发言并没有为他设立"自足"(self-sufficiency)的高要求。提贝里乌斯强调让人尊敬的谦恭与有死性,这不应使我们看不到这样一个事实——他的位置要求他所为更多。我们不应该忘记,科尔杜斯曾隐晦地比较过提贝里乌斯与凯撒和奥古斯都。提贝里乌斯在讲话中否定了这种荣誉:

> 元老们,至于我本人,我要说,我是一个凡人,我起的作用是人的作用,如果我所处的地位是人间最主要的地位,我就感到满足了。我要求你们证明这一点,我希望我们的后人能够记住这一点。如果他们认为我可以配得上我的祖先,关心你们的利益,在危险中表现得坚定,为了国家的幸福不害怕别人对自己的攻击,这样他们对我就可以说作出公正不过的评价了。(IV. 38. 1)

或许我们只能公正地承认,提贝里乌斯并没有宣称他拥有自己不曾拥有的神圣的荣誉,他在这方面是正直的。有些人争论道,他出于谦逊拒绝了这项荣誉,因为他对于自己的价值并不完全自信;有些人把他的言论解释为堕落头脑的标志,他们认为这位第一公民有获取神圣荣誉的绝好时机,倘若他竭力朝美德之途迈进的话。提贝里乌斯拒绝这样的荣誉,不过是不愿意努力追求卓越的灵魂的外在标志:"因为人们对于他的名誉的蔑视也正是对他的德行的蔑视"(IV. 38. 5)。最后一种最为严厉的解释举出对最高荣誉的爱如何影响奥古斯都的品质:"因为他希望,所以他变得更好。"他们的原则是对于那些被上天赋予最好的品质与美德的人而言,即便渴望进入神的行列也不为过。"确实,最优秀的凡人要求得到最崇高的荣誉"。第一公民拥有展示获得最高荣誉的技艺与美德的最佳机会(应该注意那样的人并不是轻信的人。因为他们并没有说有美德的人能够成为神,而是说倘若他们有所作为,他们将获得神一样的荣誉:最优秀的凡人要求得到最崇高的荣誉)。

我们已经表明,提贝里乌斯是一个具有某些才干的人,但是即便在他统治的最好阶段,他无可置疑的成就也因为其缺陷得到减弱。他在后期变得更加糟糕。对于这种堕落的最恰当解释要求我们审视这位罗马的第一公民的特殊位置。我们分析的并不是普通人,而是专制统治者。我们已经提到他几乎不受任何限制,为所欲为,而这引发了他的灵魂中最恶劣的一面。但是为何这位积极进取的人最后堕落?为何提贝里乌斯逐渐展示出他品质中最低劣的一面——从仅仅猜忌心重变为残暴,最后迷恋上自己的残暴?塔西佗判断,正是由于对他人的极度依赖让他不至于从一开始就展示他自己最恶劣的冲动。他的冲动非常糟糕,因为作为一个小人,他嫉妒和恐惧比他好的人。在他的亲友被一个一个除掉之后,他开始为所欲为,因为统治他的不是对名誉和荣耀的热爱;他也不喜欢不受他人意见左右、自己自足的最好的人(参第五章)。倘若他是更高类型的人,他必然能够忍受由自身卓越带来的可怕的孤独;由于这种可怕的孤独,他在他人那里寻求支持,同时又私下恐惧他们的个人意见。只有在他们离去的时候,他才真正感到自由,而对这样一个人而言,自由是灾难。在这位统治者眼中,卓越是次要的,他成了一个怪物:

> 他的性格也是每个时期各不相同。他以普通公民的身分或是以重要官吏的身分生活在奥古斯都的统治之下时,是他的生活和名誉中的一个崇高的时期。当日耳曼尼库斯和杜路

苏斯还在世时,他表现了伪善的品德,这是他狡诈地隐蔽了自己真实思想的时期。(Ⅵ. 51. 3)

　　塔西佗的这个判断激起了甚至是最好的评论家的怀疑和义愤。① 因为《编年史》第 4 卷开篇是对提贝利乌斯仁慈统治的颂扬,这如何与这么严苛的评价保持一致? 塔西佗了解提贝里乌斯的整个生活,当他评论提贝利乌斯作为一个统治者只是假装拥有美德的时候,他比较帝国时期明显政治的统治与在叛国法的迫害之下的统治,隐晦地揭示了提贝里乌斯私下在思考、嫉妒、恐惧什么。疑惑的人将会这样询问塔西佗:没有美德的人能否拥有美德? 提贝里乌斯同时迫害好人,又让恶人之外的所有人感到恐惧,这不禁让人疑惑提贝里乌斯是否确实知道美好事物? 倘若政治的最高使命是提升和教化最好的人(参 Ⅲ. 65. 1),人们如何能够肯定地评价将美德变为恶行的第一公民? 导致这种状况的是第一公民品质的缺陷,我们在前面曾经提到,在他处于极端独立的位置之时,他无法控制自身的缺陷。“最后,当羞耻和恐惧对他已不再是一种约束力量的时候,他只能按照自己的本性为所欲为,这样他就彻底陷进罪恶和丑行了”(Ⅵ. 51)。很少有人能够想到,缺乏约束的自由毁灭了皇帝提贝里乌斯的品质,以及元老院和整个罗马帝国。在提贝里乌斯之后,共和精神永远不再复返。在随后的几个王朝,元老院继续奴颜婢膝,不愿再表态支持正义,没有能力抵御最邪恶的皇帝最恶劣的要求。提贝利乌斯应该为罗马人的懦弱和依赖承担责任,他不但没有纠正他们,反而让他们进一步堕落。我们想到,塔西佗激动地把这个王朝称为“诸神对罗马帝国的愤怒”。这句话或许最好地总结了某些起作用的神秘力量。

---

① 　Syme,《塔西佗》,Ⅰ:420;Furneaux,《编年史》,Ⅰ:653,n. 3.

　　这样的人成为统治者是一个深刻的悲剧，特别是因为他在依然是一个次等人的时候成为为众人垂范的领导人。但是，认为绝对的权力会腐化所有人的结论也过于草率。塞涅卡、图拉真、安东尼乌斯、奥勒留的例子证明了相反的情况。不过，提贝里乌斯反映的情况更为有趣、也更加重要，因为它揭露出，即便是比普通人更高的人也容易受过高权势的腐化。

第四章　道德法、自然法和神法的范畴与局限

1.　法律的局限：塔西佗关于"中道"的学说

我们已经考察了罗马在过去时代腐化的根源，而且我们还发现，某些不可消除的困难深深地植根于这个帝制的共和国（imperial Republic）自身当中。我们继而关注罗马古老的政治阶层在已经堕落的困难环境中的命运，这种堕落由凯撒与奥古斯都的胜利和腐化造成。我们特别探讨了提贝里乌斯的政策在进一步挫败政治人物的精神，使之具有依附性和奴性中所起的作用。这一阶层的某些人意识到了这种恶，而且提贝里乌斯迫于他们的压力发起了革新。我们已经看到这些腐化的根源是多么古老。现在我们希望考察塔西佗的表述——对于能够从这场革新中期待什么的合理限制。关于立法局限性的学说是任何思想家的政治学说的重要组成部分。在思想家考察一个由于腐败而积重难返的时代时（亦如塔西佗的时代），思考立法的局限性显得尤为重要。在讨论"节制"的必要性之后，我们将探究塔西佗为可行的美德寻找的宇宙论或自然的支持，以及他关于"中道"的学说如何暗含着对于人在整个自然

中的位置这一问题的回答。

禁止奢侈的法律是限制过度奢靡与自我放纵的法律。它们在古老共和国的最佳时期得以实施,在帝国时期,当一些人希望帝国的腐败能够靠复兴这些法律得到治疗时也采用过它们。在必要的开销与不必要的开销之间有一个区别。这些法律禁止为了获得快乐或荣耀、以及靠摆阔来吸引人的眼球而超出必要的铺张浪费。它们适合关注自身公民品质的政体,因为"节制"是美德的重要组成部分,而在食品、衣饰、家私上炫耀摆阔的行为与它格格不入。而且禁止奢侈的法律与其他所有规范品行的法律一样,要求在一定程度上牺牲自由,并且通过相互间的彼此监督,密切关注公民的行为。生活在像早期罗马共和国那样的小城邦中的古代政治家愿意做出这些牺牲,因为他们认为在公民身上培养的自足、具有美德的品质值得这样的牺牲。但是,正如我们将会从塔西佗的描述中所见的那样,这些法律以及所有好的法律都存在着局限,而且一个腐化的人更倾向于拒绝它们,而不是接受它们的规范;因为在他身上,自我放纵的习惯已经根深蒂固,让他接受规范必然是痛苦的,也是无效的。这就是罗马帝国的特征。塔西佗把道德立法视作公众关系的一个良好、合法目标,不过我们将会看到,由于他认识到所有立法的局限性,他对道德的深切关注将由于这种意识而得到调和。

塔西佗对君主制下的道德法律采取一种积极的态度,我们对此非常感兴趣。因为我们是对这种立法怀有敌意的现代自由传统的后裔。当代的左派和右派对自由的性质及其适当的限制争议不休,但二者联合起来对抗对自由的干涉。因此,他们拒斥更为古老的政治政策定位,这种政治政策以通过道德规范来培养高贵和美德的公民为目标。但是,当代的左派和右派都对现代自由商业社会缺乏理想的政治秩序有所认识,因为自由社会放眼皆是"消费者"、"没有脊梁骨的循规蹈矩者"或是受大众传媒控制的随波逐流的人。这一深刻的问题与作为道德规化核心的品质教育的缺乏或许不无联系。在这样的环境之下,我们确实早已熟悉那些诱导我们支持我们自由地随波逐流的论证。现在,我们将试图呈现伟大的前现代替代物,并强调那些被认为适合于调和它的严酷与应用的限制。

充分意识到这些根本替代物的对社会原则的最后的现代探索之一是孟德斯鸠的《论法的精神》。这部作品最终是对自由主义的辩护,但是辩护在论争中进行,并且以无限的耐心探讨了人类社会的整个范畴。在孟德斯鸠看来,古代共和主义似乎是现代自由主义最具吸引力的替代物,而且古代共和主义建立在与人共享(participatory)的美德的基础之上。在他首次区分古代与现代政治家的时候,读者甚至会以为他站在古代人一边:

> 希腊的政治人物生活在平民政治之中,认为美德的力量是支持他们的唯一力量。今天的希腊人则仅仅同我们谈手工、贸易、商业、财政、财富甚至谈奢侈。①

孟德斯鸠似乎基于道德理由厌恶现代自由主义学说中对商业的强调。这一点明显和他在讨论禁止奢侈的法律的卷 VII 中某些言论相呼应。

> 在一个共和国里,如果奢侈之风已经树立了,人心也就随着转向私人利益。如果我们只许享有生活必需品的话,那么我们除自己和祖国的光荣而外便没有什么可以追求了。但是一个被奢华腐蚀了的灵魂,它的欲望是很多的,它很快就成为拘束它的法律的敌人……罗马人一腐化,欲望立即变得漫无

---

① 孟德斯鸠,《论法的精神》III. 3。

边际……在一个急驱腐化的情势下，人人都倾向于奢侈淫佚的时候，还有什么美德可说呢?①

孟德斯鸠似乎在此基于道德和政治理由成了美德的捍卫者。但是，这并不是他的全部。他区分了共和制和贵族制：在共和制中，平等以及禁止奢侈的制度有益于社会和每个公民；在贵族制中，他否认奢侈对富人有害，并殚精竭虑地思索如何帮助穷人。在这里，严格的自我控制被仁慈的美德取而代之。怜悯高于节制：

> 在体制不完善的贵族政治的国家有这样一种不幸的事，就是贵族们虽然拥有财富，但是不允许他们任意花费；和节制的精神相违背的奢侈必须摈弃，因此，这种国家只有一种得不到财富的极穷的人和一种很有钱但不得任意花费的人。②

他几乎和那些强迫贵族们一掷千金的情妇同一立场，因为这样可以让穷人被雇佣。出于相同的理由——财富的不平等和对穷人的仁慈，孟德斯鸠反对在君主制中实施禁止奢侈的立法。③

我们开始怀疑，孟德斯鸠是否真的如此偏爱美德或是否真的像他在第一段陈述中表现出那样憎恶商业、甚至奢侈。事实上，他最重要的学说是英国自由政体的优越性。它的商业让多数人都能享受富裕的生活，同时允许所有人享有公民自由。孟德斯鸠赞扬

---

① 孟德斯鸠，前揭书，VII. 2。

② 同上，VII. 3。

③ 孟德斯鸠赞同不实施禁奢法的希腊城邦对这一问题的漂亮解决："在这方面，一些良好的希腊共和城邦拥有令人羡慕的制度。富人把他们的钱用于宴饮、合唱歌队、马车、赛马以及开支较大的官职上。所以在那里，富裕和贫穷同样地是一种负担。"（同上，VII. 3）

英国品格充沛的活力,因为它强调国家的权力,同时对人来说又更加自然。

> 在这个国家里,所有的激情都不受约束;憎恨、羡慕、嫉妒、对发财致富出人头地的热望,都极广泛地表现了出来。要不是这样的话,这个国家就要像一个被疾病折磨的人,因为没有力气,终于没有任何激情……每一个人既然总是独立的,他便极容易在反复无常的妄念和幻想的驱使下,时常改变派系……在这种国家里,人们常常忘记友谊的规律。①

在道德规范缺席的情况下,人们有可能享有更多的自然(naturalness),因为人生来就是自由的,而美德在孟德斯鸠看来,不过是为了国家的福祉而人为强加的事物。在古老的政体中,美德是国家的必需品,它和灵魂的健康无关:"古希腊人,深信在平民政治下生活的人民必须培养美德,所以设立一些奇特的制度,加以鼓励。"②"奇特"在这里意味着不自然或极端。

自我主义是人的自然,因为人并不生来就社会化,而是被迫为之。为了结束在自然状态下产生的战争状态,国家正当地建立起来。但它们的目标(倘若它们正确理解自身的话)是恢复某种近似于独立的公民事物,而独立在人变得社会化之前就已经存在。孟德斯鸠认为,政府提供安全,这一点尤其重要。但是,绝大多数国家错误理解了自己的目标,它们非但没有通过限制政府来保障个人安全,反而确立了一些稀奇古怪的目标,扭曲自己的公民,对他们过度管束。道德规范破坏了个人的安全和隐私。这是自由反对美

---

① 孟德斯鸠,前揭书,XIX. 27。

② 同上,IV. 6。

德的论证。美德并不是灵魂的健康，而纯粹是镣铐。它的美无论看起来多么光彩夺目，依然是欺骗性的美，它让生而自由的人违反常态。禁止奢侈的法律和其他道德规范以美德的名义限制人的自然欲望，但那样的美德不过是人的头脑创造的虚妄的理念。节制或自我约束不过是人所能做出的众多选择中的一种，它并不比其余的事物更值得选择，而且当国家干预进来强制推行美德的时候，人天生的自由和独立就被颠覆了。因此，接受对人天生的政治品质的现代否定的孟德斯鸠，被迫抛弃了美德。自由取代美德，成为充分启蒙的政治的目标。

孟德斯鸠提供了关于支持或反对禁止奢侈的立法的特别丰富的例证，我们在此只能窥豹一斑。他声称，自己理解为何在古代共和制中，禁止奢侈的立法有存在的必要，并且推崇它的美；但他最后认为，在一个正确理解自身的政府中，任何彻底的道德规范就不再有利或正当。

但是，只要对现代自由商业政体培育的人存在着普遍的不满情绪，我们就认为可以恰当地简要陈述支持道德规范的情况，然后再转到以非同寻常的洞见来讨论其局限的例证。因此，我们开始意识到那些根本的替代性选择。

塔西佗似乎坚持认为，节制对人来说是好的。毕竟，因为美德自身的原因而选择的有美德的生活要比追求肉体享乐和外在物品的生活更快乐、更美好。节制是头脑健康的标志，它不受卑劣或虚幻的念头的干扰，能够因为其他美德自身的原因而践行其他美德。这意味着，美德比伴随美德而来的荣誉和财富更值得选择。倘若事实如此，限制夸耀炫示这些外在的好的机会就显得合理，这些外在的好诱惑和扭曲头脑，不让它有节制地自制并致力于美德。因此，禁止奢侈的法律是好的。它们支持个体的自我节制，同时制止人诱导他人行为放纵。但是，好法律的力量依然有其局限。它们在民众拥有良好道德、同时不和他们根深蒂固的放纵性情发生冲突的地方能够发挥最佳的效果。塔西佗笔下的罗马是一个严重腐败的社会。财富从被征服的世界蜂拥而入，挥金如土、夸富摆阔、在声色犬马的活动上浪费的习气蔚然成风。在这样的环境下，塔西佗不愿意支持严厉的道德责难。在对抗这些成规陋习方面，它们显得过于孱弱，而让它们变得有效的措施将会过于严酷、有害，这从奥古斯都的道德立法产生的后果中可见一斑（III. 28. 3）。但是，塔西佗比孟德斯鸠思考得更多，①他认为，孟德斯鸠的道德立法对于那些不再自足、没有美德、没有能力自我节制的人来说是一个灾难。他并不考虑奢侈和商业的益处，因为他更关注腐化的人的心灵状态。

　　在《编年史》卷三的中间部分，塔西佗最为完整地考虑了罗马的腐败以及禁奢制度带来的问题。塔西佗在那里描述了公元22年、提贝里乌斯"良好"统治末期的一年内发生的事情。在那一年中，人们惴惴不安，害怕"会有一些严厉的措施来对付奢侈浪费的现象，因为这种坏风气已经突破了任何界限，沾染到一切可以乱花钱的事情上了"（III. 52. 1）。在这里，我们不清楚那些惴惴不安的人究竟是那些咎由自取、因此惧怕惩罚的人；还是那些具有公共精神的审慎之人，他们担心压制奢侈的严酷措施可能会被滥用，因而会有损公民自由。无论如何，奢靡浪费已经激起了广泛的义愤，有人（更为节制的人）担心，这种义愤将导致提贝利乌斯反应过激，因为他自己以节俭著称，可能会以道德上的狂热来回应这种道德上的义愤。"但是在大吃大喝方面耗费的大量的钱却不容易隐瞒，因而也就成了人们经常议论的对象，这就使人们担心那具有旧式的节

---

①　孟德斯鸠也为某些类型的腐败甚感焦虑。英国不同于帝制的罗马。某些美德对商业社会是必要的。

约习惯的皇帝,会对这种情况采取什么过分严厉的制裁手段"。民选行政官向元老院抱怨,禁止奢侈的法令已经成了一纸空文,而物价持续上涨。元老院把这一问题交给第一公民处理。提贝里乌斯意识到出了严重的问题,但是他的回应非常政治化。或许他的头脑里浮现出由奥古斯都道德法规引发的灾难。他主要在考虑这样的法律对已经腐化的城邦的有害影响:

> 但是,提贝里乌斯自己在反复地考虑了这件事情之后,怀疑这种难以收拾的风气是否能制止得了,怀疑在制止的时候是否会在全国范围内引起一场更大的灾难,而且如果他进行改革又不能坚持,这是有伤他的尊严的,但如果他坚持的话,那末他的一些最显赫的臣民就要遭到贬黜和不光采的处分。(III. 52.3)

在繁盛的罗马社会,即便是正直的人也接受奢侈的生活方式,责骂他们无异于引发骚乱,因为数代以来公众已经默许了他们的恶行。尽管有禁止奢侈的古老法律,人们也允许它们失效。提贝里乌斯给元老院写了封信:

> 如果我们的果敢有为的营造官们早一些和我商量这件事的话,我一定会劝他们不要去触动这些积重难返的、声名狼藉的恶习,不要把我们实际上无力克服的弊端昭告于世界。(III. 53.2)

他通过一系列修辞性的提问,生动地描述了罗马在那些时日四处蔓延的奢靡之风,以说明想要整饬这个问题是多么困难。在这里,他不是出于道德义愤而是出于世俗的考虑和节制将奢靡称之为灾难,同时试图劝说那些不够智慧、缺乏经验的人,不要强迫公民远离他们已经如此深爱的事物。

我将在什么事情上开始实行禁令和按照古老准则的撙节原
则呢？从人们花费在别墅上的大量金钱开么？从我们的大量
的(各族的)奴隶开始么？从我们的大量的白银和黄金开始么？从
精美的青铜制品和名画开始么？从那些和女人的服装分不出来
的男子服装开始么——特别是从那些使我们的钱源源不断地流
入外国或敌国之手的女人奢侈品珠宝开始么？(III. 53. 4)

在腐化积重难返的地方，试图恢复古老的节俭和自足习惯的
努力势必要求重塑公民。提贝里乌斯是一个过于"政治"的统治
者，他并不愿意这么做，因为这种做法要求赋予政府异常强大的权
力，并渗透到私人生活——在现代僭政①产生之前，这种做法即使
在冷酷残暴的提贝里乌斯看来，也令人生厌、不合时宜。

_____

①　粗心的读者容易忽略卢梭作品中自以为正当(self-righteous)的义愤——塔西佗殚
精竭虑想要消除的事物。我们不能说卢梭自己事先采取了严密的措施，以防自己
被误解。考虑他对法布里齐乌斯的长篇演说："法布里奇乌斯啊！如果你不幸又被
召回到人间，又看见你曾亲手挽救过的、而你那可敬的名字要比它的一切征服都更
能使它声威显赫的那个罗马的奢华面貌，——这时候你的灵魂会有什么感想呢？
你会说：神啊，一度曾经是节制与德行之所在的那些茅屋和村舍变到哪里去了呢？
罗马的简朴已经被怎样致命的奢华所替代了啊！这是些什么样的陌生语言啊！是
些什么样的柔靡风尚啊！这些雕像、绘画和建筑是什么意思呢？无聊的人们，你们
做了些什么事情啊！你们，万邦的主人啊，你们已经把自己转化为被你们所征服的
那些轻薄人的奴隶了！你们曾以自己的鲜血灌溉了希腊和亚洲，却只不过是养肥
了一群建筑家、画家、雕刻家和优伶罢了！迦太基的战利品竟成了一个弄笛者的赃
物！罗马人啊！赶快拆毁这露天剧场，打碎这些大理石像、烧掉这些绘画，赶走这
些征服了你们并以他们那些害人的艺术腐化了你们的奴隶吧。让别人以炫耀浮夸
的才华自诩吧；那种唯一与罗马相称的才华，乃是征服全世界并以德性治理全世界
的才华"。不过写下这些狂热字句的卢梭，否认自己具有任何不节制的意图："奢靡
之风一旦养成，靠禁止奢侈的法律来根除它完全无效——有人说作者不应该不知
道在这里说什么。他当然不会不知道。我并非没有意识到在人死了之后不应该去
叫医生。卢梭的学生罗伯斯庇尔以及与他类似的人并不具有卢梭的节制。(《论科
学与艺术》[Discours sur les sciences et les arts, Paris: Gallimard, 1964], III: 14—15,
33)。[译注]此处中译根据何兆武译本，上海人民出版社 2007 年

> 甚至那些长期治不好的痼疾也只能用猛药来医。自身心灵腐化、同时又使别人腐化的一种热病的病人必须用和引起这种热病的情欲同样猛烈的药来医治。(III. 54.1)

一场恰当的革新将会减轻心灵的痛苦并熄灭它的欲望。不过,提贝里乌斯把它描绘为像长期治不好的痼疾那样狂热。在没有敌国威胁、整个世界都向其纳贡的松弛的繁荣氛围中,帝国中人的心灵明显被腐化了。但是,说心灵"使别人腐化"是什么意思? 这个说法暗示出问题的核心。心灵开始依赖奢华和炫耀。这些事物占据了整个心灵,并让它充满无限的欲望,这种欲望比有其自然限度的肉体欲望更加难以控制。一旦受到激发,心灵就会无限制地渴望展示自己的力量或精巧。提贝里乌斯抱怨"无限宽敞"的别墅时,并没有夸大其辞。对于身患痼疾、毫无节制的心灵而言,它的欲望确实没有界限。试图通过法律手段来发起革新的做法肯定行不通,因为早就有这样的法律,而它们被全然忽略了。

他又谈及节俭的风气曾一度盛行的原因:

> 过去人们所以能够保持俭朴的作风,是因为人们都有自制的能力。因为我们只不过是一个城市的市民。甚至在我们成为全部意大利的主人的时候,我们也没有受到这样的诱惑。对外进行的胜利的战争,教会了我们浪费别人的财产,国内的胜利又教会了我们浪费自己的财产。(III. 54.3)

决定性的原因似乎是,伴随着罗马人统治疆域的扩大,老罗马城道德败坏。那种道德经过罗马城和公民们严厉的父母传授给公民。它不能完全归因于外在环境,但必然受外在环境支撑,

因为它属于众人之间彼此相互认识的城邦。在这个城邦,节俭
和贫困是公共精神生长的条件;公共精神是必要的,因为这个城
邦受其他城邦的威胁。甚至在罗马统治整个意大利的时候,依
然有外敌的威胁,而且意大利也不会纳贡来增加统治者的财富。
从溃败的敌人那里抢夺来的战利品以及内战导致的不知自己还
能存活多久的心态导致挥霍浪费的习惯。这些是植根于历史变
迁中的深刻原因。或许可以通过严刑峻法来纠正它们,但是提
贝里乌斯认为这样做必定徒劳无功、而且过于残暴。因此,他将
道德问题留待个人来解决。但是,不同于我们的一些同代人,他
毫不犹豫地将奢侈和物质主义称为问题。"剩下的(道德问题)必
须在心灵内部解决;以免我们出于羞耻之心、穷人出于生活的必
需,富人出于贪婪不能变得更好"(III. 54.5)。有趣的是,他并没
有提及教育或哲学。他必定认为后者过于稀有,不值得当做政
治力量来提,而前者又过于孱弱,无法对抗这个时代的腐化
趋势。

在这个地方,塔西佗以自己的名义插入了他少有的探究之一。
或许他认为,倘若对于阻止非道德风气的增长除了提贝里乌斯的
说法之外别无他法,我们这些道德人士将会感到绝望。在塔西佗
看来,在阿克提乌姆战役(公元前33年)的那一个世纪,餐桌上的奢
靡习气逐渐滋长并蔚然成风,直至伽尔巴(Galba,公元69年)成为第
一公民后这种习气才逐渐消失。塔西佗讨论了导致这种变化的四
个"原因"。首先,贵族家庭经常举行奢华的宴饮,以从平民、盟友
以及战败的敌国君王那里赢得食客,为自己博取名誉和影响力。
帝国在早期阶段允许这种做法。这种慷慨导致贵族们日益贫困。
而变得有权力和影响力也为他们带来危险:"但是经过无情的残
杀,当声名显赫意味着死亡的时候,幸存下来的人就谨慎得多了"
(III. 55.3)。新罗马政体的严酷促使人们回归节俭,放弃公开的铺

张浪费。其次,第一公民允许从意大利殖民地和行省来的新人进入元老院,他们恪守自己生长之地奉行的勤俭持身的习惯。不过最为重要的是,新的道德由以身作则的统治者引入——来自古老的萨宾国度 Reate 地区的皇帝维斯帕西先自幼就接受"古老的教育方式和生活方式"(Ⅲ. 55. 4)。为了说明这种效果,塔西佗作了有名的归纳:

> 对于皇帝的尊敬和人们喜欢摹仿他的风气比法律上的惩罚和恐惧更有力量。(Ⅲ. 55. 4)

腐化的心灵中燃起的对模仿的喜好让它投身于一项事业,这项事业与通过奢华来炫示一样让它感到满意。唯有在其他方面满足心灵的无限欲望,才有可能遏制它邪恶的渴望。因此,塔西佗的结论就显得合理:忠诚与模仿比惩罚和恐惧更有力量,后两者只能防范但不能遏制心灵的无限渴望。有人或许会问,为何在提贝里乌斯的时代不曾感受到这种效果,毕竟他是"具有古代节俭习惯的第一公民"(Ⅲ. 52. 1)。但是我们已经看到,由于其他原因,提贝里乌斯引起了普遍的憎恨,而维斯帕先则受人爱戴,人们愿意效仿他。即便在黑暗的年代,道德的力量也比通常认为的要强。

塔西佗最后提到的第四种可能性是:万事万物,无论是道德还是季节的变迁,都存在着一种循环往复(cycles)。他激励自己的同时代人努力成为典范,成就高贵的事业。"在我们之前的古代,事情确乎并不是样样比我们的好;我们自己的时代也产生了不少道德上的和文学艺术上的典范可供我们的后人摹仿。但无论如何,我们今天和我们的古代的这种有益的竞赛将永世进行下去"(Ⅲ. 55. 5)。塔西佗引入道德循环的理论或许是为了激励他的公民同胞——倘若他们认为君主制腐化的道德以及这种严酷的政体将永远存在下去，他们可能会感到绝望。塔西佗十分有技巧地勉励他们，努力成为与自己先祖并肩的人。因此，尽管塔西佗接受了提贝里乌斯关于规则的局限的警告，他对于自己同胞的命运既不感到悲观绝望，也不无动于衷。他引入了激励人的榜样——维斯帕先，并走得更远。他甚至暗示在道德衰落的末世时代，艺术也有可能繁盛。他或许在这里想到了塞涅卡或是他自己。艺术可能会精致得无以附加，以满足在那个时代如此猖獗的虚荣心的渴望。因此，君主制下的雕塑、绘画与建筑远比共和制下的精致。不过，在腐化的时代，对于心灵的某些能力的认识也比在幸福的时代更为深刻。塔西佗对于僭政问题的分析远比柏拉图要精细。我们也可以说，塔西佗的写作比那些生活在更幸运年代的希腊人的写作更加充分地发展出一种自足的政治美德的可能性（参本书第五章）。因为君主制下腐败的朝廷既不会为政治美德授予荣誉也不会给予支持。

现在，我们已经发现塔西佗对人类可能性的宽广认识——从早期共和制公民的质朴到腐化的帝制下公民的无限渴望。他的节制以及他情愿忍受不能被政治地解决的腐败的做法表现出一种深切的仁爱。那些本性善良、但是，在政治上天真的人的危险的第一冲动是要根除恶。塔西佗教导我们，必须抑制这种冲动。但是，他从未遗忘腐化与健康的差别，而且他比普通的政治家有更多的办法来应对腐化。他鼓励关注这个问题的人将注意力向内转。"对于皇帝的尊敬和人们喜欢摹仿他的风气比法律上的惩罚和恐惧更有力量"，他的论断说明，他充分意识到法律的局限，以此以一种节制的方式教导我们。而对于拔高并审慎地理解政治事物而言，节制永远必要。

2. 美德是否拥有神性或自然的基础?

我们已经暗示,我们猜测塔西佗注意到道德人士的渴望——道德有其价值,它在某种程度上在这个世界上表现出来。因此,塔西佗激励他们,让他们感受到罗马的道德衰落并非永恒,尽管提贝里乌斯说它难以得到纠治。对于这种渴望的更加完整的表达是道德认识的信念——正义和慈爱的诸神根据人的行为来惩恶扬善。古典哲学也关注这个问题,而且尽管古代的智者为正义的神圣位置寻找一个自然的基础,他们怀疑自然是否支持道德,会允许践行美德的人过更好、更幸福的生活。塔西佗恰好在《编年史》卷六中提出这个问题。对于一个如此关注美德的思想家来说,思考自然是否确实能让践行美德的生活变得可欲是妥帖的。我们将会发现,这是塔西佗一直关注的问题,尽管他纯净的智慧让他对此有意轻描淡写。由于他不是一个道德教条主义者,美德在自然中的位置对他来说一直是个问题。不过,我们可以言及一些东西。

由于在他的时代盛行占星学,塔西佗也受其影响,考虑世界的秩序。占星学本身尤为重要,因为它表明原初时代的淳朴(III. 26.3－4)已经被腐化。占星学是本质上已经衰减的虔敬。虔敬的人是道德的人,因为他认为遵从神圣的律法是好的。对他而言,成为好人是最重要的事情。他假定诸神是正义的,他对诸神的顺从将为他带来幸福,不过重点在于顺从。占星学以对宇宙的观察为先决条件,这样就削弱或摧毁了对于诸神的淳朴的道德信念,①而且它的定位是彻底的非道德或腐化。因为占星学的信徒认为自己知道什

① E. Vernon Arnold,《罗马廊下派》(*Roman Stoicism*, London: Routledge & Kegan Paul, 1911),页5。

么是好，并且为自身寻找好。他并不寻求了解自己应该怎样行为才能过上幸福的生活，而只想知道星星的影响是否会赋予自己幸福。占星学从本质上来讲是世俗的，因为它对美德无动于衷，并致力在世俗的好中寻找幸福。他们认为，人们是由于命运而不是由于自身的努力获得这些好。①

提贝里乌斯相信占星术，而且由于"掌握占星术的技艺"，他预言伽尔巴有一天将会掌握帝国的大权（VI. 20. 2）。因为在提贝里乌斯流放罗德岛的时候，特拉叙路斯曾经用类似的技艺预言帝国有朝一日将属于他；因此提贝利乌斯后来把他奉为占星技艺的大师，并与之成为密友。这种技艺据称能够根据计算一个人出生时星宿的位置来预测他的未来（VI. 22. 3）。这些语言有时得到应证，正如这里提到的两个例证那样（参 IV. 58）。由此我们可以推断，命运控制着人类事物，而且无论我们的行为如何，我们的命运早已刻在星辰之上。占星学据称自己了解宇宙的本质，这种说法暗含着对美德的恶意：

> 至于我个人，我在听到这件事情以及诸如此类的故事时，我犹疑不决，作不出判断来。人间万事万物的演变到底是决定于命运，即不变的必然呢，还是决定于偶然的事件呢？（VI. 22. 1）

我们在这里应该注意，塔西佗说自己"听说"这些事件，并因此犹豫不决。这似乎排除了一些人所谓的塔西佗曾经钻研过占星学

---

① 我们已经在卷三中发现，提贝里乌斯如何对付向占星术士询问帝国是否应该属于他的里波。他称里波为"因为浮泛的欺诈而犯了罪"（《编年史》II. 27）。对勘《历史》1. 22。

的可能性。① 他追问的问题是一个科学性的问题，一个包括两种极端的反题（antithesis）。这是因为占星学包含着一种极端的说法——人类事物由不可改变的必然性决定，而这种必然性是可知的。塔西佗在这里不仅关注自然，还关注人类事物的运动规律。它们是否作为一个整体被外在于人的事物掌握，或是它们根本无法作为一个整体被控制？他首先从"最智慧的古人"那里寻求帮助，试图搞清楚这个问题。这些人都直接从道德人士的观点出发，重新叙述这个问题，尽管他们的答案多种多样。塔西佗不仅提到了这些智慧的人，而且还提到那些"竭力保持卓异的生活方式"之人。这里确定了原初的哲学转向所暗含的事物：哲学本身就是一种生活方式，它包含了对根本问题的回答。对于这个问题——什么样的生活方式是和自然一致的生活方式或什么是最高的好，不同的聪明人有不同的答案。这些回答成为不同政体的基础，并由相信他们派别的创始人给出的答案是真理的那些人实践。

　　在这个问题上，你会发现最有智慧的古人和那些竭力保持卓异生活方式的人之间，意见有很大的不同。许多人坚信，上天和我们的生死没有关系，总之，也就是和人类没有关系，这些人还说，坏事总是要侵害好事，坏事总是要占上风的。（VI. 22. 1）②

塔西佗并没有详细阐述这些人（很有可能是伊壁鸠鲁主义者）从他们的学说中归纳的结论，不过他们的结论可能和政治美德不相

---

① Furneaux，《编年史》I. 30。
② "许多人坚信上天和我们的生死没有关系，总之也就是和人类没有关系，这些人还说，坏事总是要侵害好事，坏事总是要占上风的"，这段关于诸神不干涉人类的总结让我们联想到卢克莱修在《物性论》卷五中关于政治社会起源的无神论描述。

容。因为,倘若诸神不关心人事,而且没有其他力量确保良善不遭受苦难,人们如何能够确定自己选择的生活是正确的生活?塔西佗没有明言,伊壁鸠鲁主义者确实否认政治人物所理解的荣誉与美德是好的事物。他们教导在一个受偶然性支配的无神的宇宙中,唯有科学理解的快乐才是生活的真正目标。通过推迟介绍这种意见,塔西佗暗示,它是应该被严肃对待的一种选择。但是又通过对它有意的轻描淡写,即没有完全引出它的后果,塔西佗也隐晦地表明他认为这种意见对政治社会有害或是令人厌恶。①

　　塔西佗用较长的篇幅呈现了一种与之对立的观点。值得注意的是,这种观点似乎并不属于以否认外在的好构成幸福生活著称的廊下派。这或许意味着塔西佗并不把廊下派的创始人看做“古代最智慧的人”。不过他也没有提到柏拉图的学说,尽管他在其他地方称柏拉图为“最智慧的人”。我们必须牢记,塔西佗强调自己的政治定位——即便在他转向哲学的时候。或许他有意将柏拉图和廊下派视作偏好道德美德的古代传统的一部分;这一传统在审慎(由道德统治的理性)中达到顶峰,并认为它比世俗的快乐更值得选择。这一和伊壁鸠鲁派针锋相对的观点似乎接近亚里士多德在《尼各马可伦理学》中的学说。根据这种不同的观点,我们选择自己的生活方式,而且我们幸福的可能性主要来自这种选择。幸福

---

① 孟德斯鸠特别清楚地阐述了这个问题:“我认为在共和国末期传入罗马的伊壁鸠鲁学派大大地有助于腐蚀罗马人的心灵和精神。在他们之前,希腊早已受到了这个学派的侵蚀;因而他们腐化堕落得更早些。波利比乌斯告诉我们说,在他那个时候,希腊人发的誓是没有人相信的,反之罗马人却可以说是受着誓约约束的……宗教永远是人们可以用来维系人心的最好保证,但除去这一点之外,在罗马人当中还有这样一个特点,这便是在他们对祖国的爱上面,他们还掺入了一些宗教的情感。这座城市在初建的时候,征兆是极好的。他们的国王和他们的神罗慕路斯,同城市一样永恒的这座卡庇托留姆山,同建城者一样永恒的这座城市,在过去什么时候曾在罗马人的心灵中造成一种他们想永远保存下去的印象”。(《罗马盛衰原因论》,第十章)[译注]中译文参婉玲译本,商务印书馆1983年版

在于品质的高贵以及对于外在的好的审慎使用。

　　　相反地，另一些人则认为，虽然事情确是由命运决定的，然而命运并不依赖于星辰的运行，而必须依赖于自然因果关系的原则和必然过程。不过这一派仍然使我们能够自由地选择我们的生活。只是这种选择一经确定，未来的事情就不再能改变了。他们还说，大家对好事和坏事的看法并不是正确的；许多从表面上看来是倒霉的事情，实际上却是值得高兴的事情，只要是当事者坚定勇敢地忍受他们的厄运的话；另一方面，许多人尽管拥有巨大的财富，反而很不愉快，因为这些人不明智地使用了他们自己的有利条件。（VI. 22.2）

　　后面的这个学派与前面的一致，否认了诸神对人类事物的有效干预。不过，这种否定仅隐约体现在他们认为自然因果律统治一切中。他们更为接近虔敬之人的观点，因为他们肯定品质的决定重要性。不过，他们提到的美德的名称暗示，他们的宇宙论假定不同于虔敬之人。"坚韧"（constantia）对于承受严酷的命运而言是必要的，而在一个对个体无动于衷的宇宙中，残酷的名运随时都有可能降临到个体头上。这里强调的重点是忍受或承负。仁慈的或正义的诸神并不统治。相反，有美德的人极可能被外在事物的厄运困扰。而且，甚至即便这样的人因为拥有好的品质——通过坚韧来掌控自己的命运，从而能够获得幸福，这并不意味着外在的好总是无足轻重；个体或许会被厄运困扰，但是为了获得真正的幸福，个体必须拥有外在的好同时审慎地使用它们。这种学说和占星学针锋相对，因为它否认大众知道什么是好。尽管那些咨询占星术士的人寻求财富和荣耀，哲学的信徒则将高贵的品质视为最高等级的好，同时认为外在的好应该从属于它。在他们看来，政治美德的教育是最伟大的好。

塔西佗最后呈现了代表他的时代绝大多数意见的第三种立场。令人惊异的是，它不是对诸神的信仰，而是对占星术的信仰。由于在他的作品中还有许多证据表明那时对诸神的信仰依然广泛流传，我们可以推断出诸神的信仰与通过技艺获知的占星的命运并非完全不相容。

> 不过大多数的人很难摆脱这样一种信念，即一个人的未来在他出生之时便被确定了。但是预言之有时不能应验，乃是由于不老实的预言者乱讲他并不理解的东西，这样预言的信用就被玷污了。实际上，在古代以及在现代，都有许多极突出的证据证明了预言的正确。（VI. 22.3）

有一件事情非常明显——迷信不能被哲学消除。一些人可能转而信仰最有智慧的人的合理意见，但是在劝服大众的时候，理性就变得软弱无力。他们"不能摆脱"对命运的信仰。塔西佗谈到他们为未曾应验的预言寻找合理的解释。之所以不能应验，不是因为事件不能被预测，也不是因为无法知道预测的结果，而是因为以这项技艺为生的人还有欠缺。我们一刻也未曾相信塔西佗自己相信这种解释，不过他的历史的部分观念即在于不仅关注聪明人的想法，也关注大多数人的信仰。

倘若我们希望了解塔西佗对于有美德的生活方式及其宇宙论支持的思考，我们不妨转向他对某些坏人和好人生活的显白描述，并将他们的命运和他们的品德做一番比较。我们首先考察他对提贝里乌斯选择做僭主导致的后果的评价。对于那些隐晦地否定正义与美德因其自身值得追求的人而言，僭政似乎是最高的善。这样的人会乐于窃取或骗取他人的世俗利益和权力，即便这种追求与正义产生冲突也在所不惜。但是他们选择的最终对象的是僭政，因为成为僭主将让他们获得政治共同体中所有的利益和权力。他们认为这样就能获得完全的满足和自足。在获得完全的肉欲满足之外，他们还认为僭主获得了独立统治的无上荣耀。而且，他还获得了其他犯小过失的罪犯无法获得的法律上的赦免权。因此，僭政生活是与正义生活相反的一极，而且倘若正义并不是因为它自身、而是因为它带来的犒赏才显得好，人们必定认为僭主生活是最值得选择的生活，因为在其他的"好"方面——财富、权力、荣耀，①它能提供完全的满足。根据笔者目前所见，塔西佗作品中的角色并没有明确阐述僭主或不正义的生活要好过政治生活。不过，它成为不计其数的坏人的选择。我们将在后面展示，这样的人仰慕提贝里乌斯以及他的继任者。因此，评价这种僭主生活是否成功，对于回应这种渴望而言至关重要。倘若提贝里乌斯是悲惨的，那么我们必须在其他地方寻找满足；倘若僭主生活是悲惨的，这样就创立出一个有利于美德生活的假设——塔西佗认为，这个假设也必须被审视。

鉴于上述这些考虑，我们能够明了为何提贝里乌斯坦言自己是否幸福的陈述至关重要。正好有一个这样的陈述，而且我们将会看到塔西佗认为它最富启示意义。塔西佗受这篇陈述激发，在他的作品中唯一一次引用了柏拉图——最为清晰和全面地反对僭

---

① 柏拉图《王制》(362b－c)中的格劳孔以最为极端的形式暴露了这种思想："由于享有正义的名声，他首先可以做官，统治这个国家，又可以从任何家族选择妻子，还可以让子女同他所中意的世家联姻。他可以同适合自己的人打交道，合伙经商，并在所有这些事情中捞取好处，因为他根本不用顾忌别人说他不正义。所以人们说，如果进行诉讼，无论公事还是私事，不正义者总能胜诉。这样他越来越富有，可以使他的朋友得利，使他的敌人受害。他可以隆重地向诸神献祭，用丰盛的供品适时祭祀。无论是敬神还是待人，只要愿意，他总是做得比正义者好得多。"（[译注]中译文参王晓朝译本，人民出版社 2003 年）

政的古代睿哲。提贝里乌斯在 Capri 隐居时写了一封信,阻止元
老院完成一套它正在进行的对于提贝里乌斯的一个犯罪的朋友、
臭名昭著的告密者的起诉。在介绍这封信的过程中,提贝里乌斯
得以揭穿自己的秘密。因为提贝利乌斯在一个不设防的时刻说出
的自己内心深处的想法。塔西佗说这封信的开头部分"特别引人
注意":

> 元老们,如果在这个时候,我知道我要写给你们什么,或
> 是怎样写它,或是根本不写什么,那末就让上天的男女诸神使
> 我遭到比我自己每天感到的毁灭更惨的毁灭吧! (Ⅵ. 6.1)①

在塔西佗看来,这是证明柏拉图正确的决定性证据。在《王
制》和《高尔吉亚》中,柏拉图教导僭主是最恶劣的人。②

> 僭主也让自己可耻的行为受到惩罚——每一天都感受到

---

① *Di me deaeque peius perdant qua perire me cotidie sentio, si scio.*

② 《王制》578b,《高尔吉亚》524e。塔西佗的脑海中或许还浮现出柏拉图最伟大的罗
马学生西塞罗的段落:"我不知道,按照一般人的看法,还有什么比当国王更有利的
呢;但是,当我开始回过头来对这种看法的正确性产生疑义时,我发现,对于一个人
来说没有什么比用不正当的手段窃取那种高位更不利的了。因为如果一个人一天
到晚都得处于焦虑烦恼之中,担惊受怕,整个生活充满了阴谋和危险,那么这对他
来说能是有利的吗? 阿克齐乌斯说:"君王有许多敌人和不忠实的朋友,而忠实的
朋友却寥寥无几"。但他说的是哪种君王呢? 当然是一种合法地继承从坦塔罗斯
和珀罗普斯传下来的王位的君王了。那好,你想,那种用罗马人的军队镇压罗马
人、并且强迫一个不仅曾是自由的而且还称霸世界的国家做他的奴隶的君王,不就
有更多的敌人吗? 你想,他的良心能不受自责,他的心灵能没有创伤吗? 即使只有
采取这种生活方式才能得到莫大的荣誉和人们永久的感恩,他的这种生活对他本
人来说能是有利的吗? 但是如果这些看起来似乎非常有利的东西,由于它们充满
了耻辱和邪恶,因而不是有利的,那么我们应当完全相信,凡是不符合道义的事情
都不可能是有利的。《论义务》Ⅲ. 21) [译按]这里采用徐奕春译文,参《论老年
论友谊 论责任》,商务印书馆 2003 年。

毁灭。最聪明的人坚信倘若能把僭主的心灵剖开,我们将看
到伤口①和裂痕(laniatus et ictus)。正如肉体会被鞭笞得支离
破碎,心灵也会被残酷、肉欲和阴谋诡计撕成碎片。提贝利乌
斯的运气或他的孤独自然保护不了他,相反他自己也承认他
心中的煎熬和自己遭受的惩罚。(Ⅵ.6.1—2)

　　僭主所犯的罪行、所做的无耻行为最后传化为惩罚,但这种惩
罚并不意味着僭主为自己对他人所施的恶行感到内疚。他们的顽
固以及卑劣的自私自利之心让他们不会想到这一点。说这些罪行
最后成了惩罚,是因为不健康的心灵对权力和满足的渴望永远无
法满足。残暴、肉欲和阴谋诡计成为这种心灵的构成要素,而这些
事物无法带来自足的感受;它们仅仅催生新的欲望,从而成为新的
折磨。塔西佗并不认为僭主有良心,因为这样将混淆僭主与道德
人士。僭主更容易沉溺于彻头彻尾的利己主义,这种利己主义是
如此强烈,以至于无视自身欲求它物的欲望产生的后果。不过,还
有更多证据表明,这样的人是邪恶的,因为他试图摆脱道德的束
缚,但完全失败了。这种对于僭主良心的否定或许可以和下述事
实联系起来:除了某人直接谈论灵魂不朽的特例而外,塔西佗在所
有涉及心理的语境中从未使用过"灵魂"(anima)一词,而代之以在
宇宙论上更为中性的"心灵"(animus)。他这样的做法是否在暗示,
在他看来有必要假定柏拉图神话的宇宙论以及个体的不朽,从而
让人确信人有灵魂? 他从不曾以自己的名义谈到神义的惩罚会降
临到恶人头上;他只谈到他们的悲惨生活,同时用自然或非神义的

---

①　Lewis 和 Short 的《拉丁字典》错误地把这里的 laniatus 看作独特的比喻用法的一
　　个例证,将它译为"苦恼、悔恨",而实际上不是这样。塔西佗指责僭主的心灵被他
　　们邪恶的欲望,而不是良心撕裂。牛津的译文"伤口和列痕"一如往常那样更为精
　　确。(《塔西佗作品集》[Works of Tacitus],Ⅰ:215)

原因作出完整的解释。① 因此，与柏拉图不同，塔西佗并不依靠良心或对死后惩罚的恐惧来阻止政治人物为恶。这与其说是他们二人关于灵魂构成的自身思想不同的标志，毋宁说是他们在社会中表达自己学说的方式不同的标志。或许柏拉图比塔西佗更加借助宗教信仰的力量？

在问这样一个问题——"塔西佗怎样认为自然为好人提供了幸福"之前，笔者想先考查他在揭露提贝利乌斯的秘密之后紧接而来的一个段落。这个段落的语境是有一大批声名显赫的元老参与了提贝里乌斯王朝的邪恶统治。在这个段落中，一个莽撞无礼的坏人因为曾经从谢雅努斯——提贝里乌斯极具权势、腐化堕落的宰辅那里寻求庇佑而进行辩解。在谢雅努斯的阴谋败露、提贝里乌斯开始不加区别地打击与之有联系的人（无论他们是否参与过阴谋）之时，他发言为自己辩护。特伦提乌斯并不是那样的人，但是在他的辩护性发言中，我们看到了无视美德、从提贝里乌斯的宠臣那里寻求影响和权力的人的品质。这里最深刻地揭示了在塔西佗的所有作品中寻求权力的人的动机，同时也让我们洞见为了权力牺牲正义的人或是作出塔西佗刚刚完整地揭示其愚蠢的选择的人的行为。

> 然而不管后果如何，我也愿意承认，我不仅仅是谢雅努斯的朋友，而且我还曾努力争取他的友谊；当我取得这种友谊的时候，我感到十分高兴。我曾经看到他和他的父亲一道统率过禁卫军。后来，我又看到他主持民政的和军事的事务。他的亲人和姻亲都担任了显要的官职；一个人和谢雅努斯的关

---

① 塔西佗现存的作品中只有四处谈及"灵魂"。有三处是在讨论关于灵魂不朽的哲学学说（XVI. 19,34；《阿古利可拉传》46）。还有一处是某人在宗教仪式上谈论死者的"灵魂"。

系越是密切,他也就越有资格说他取得了皇帝的友谊;但是另
一方面,谢雅努斯的敌人却陷入了危险和乞求宽恕这样一种
惴惴不安的命运。我不以任何人作为我谈话的例证。他们和
我一样都没有参加过谢雅努斯的谋叛计划,但我只为自己辩
护,一切风险均由我自己承担。因为我们所尊重的并不是沃
尔西尼人谢雅努斯,而是谢雅努斯通过联姻手段而得以参加
进来的、克劳狄乌斯家族和优利乌斯家族的成员;我们所尊重
的是你的女婿凯撒,是和你一同担任执政官的人,是在国内代
你执行政权的人。我们没有资格来评论被你提拔得比别人要
高的人,也没有资格来问你为什么把某人提拔起来。诸神使
你成为一切事物的最高统治者;对于我们来说,我们只有服从
的光荣。此外,我们所看到的只是我们眼前的东西,也就是
说,从你那里取得了财富和高位的人,是那些有极大的权力去
做好事或是坏事的人,但是谢雅努斯却兼有这一切,这一点是
没有人能否认的! 要想探索皇帝内心的想法和他暗中拟订的
计划,这是不合法的,也是危险的:探索的人也不一定会有什
么结果。

　　这里展现出普通人是多么依赖政体的性质。这些人认为成功
是最值得欲求的事物,为了获得它而不择手段。他们被腐败的政
治和意见腐化,但他们是被不同寻常地腐化的那类人。这里全然
暴露出渴求成功、财富和荣誉的欲望的强大力量,因为说话的这个
人似乎已经遗忘了谢雅努斯所犯的罪行或以他的名义所犯的罪
行。提贝里乌斯的信可以视作对这个机会主义者的希望与渴慕的
回应。但笔者认为,塔西佗并不过多地指望他或与他类似的人读
了这封信就会有所改变。这就是所谓被一个卑劣的灵魂诅咒的含
义。在提贝里乌斯治下,对这样的人毫无办法。在更好的政体之

下,他的欲望或许可以被好的法律或更为公义的公众舆论抑制;会有更好的人成为他倾慕的榜样。他可以在不发现自己欲望的情况下生活。我们值得审视一下这样一个人,因为他的选择在那些时代过于普遍。这是否在向我们暗示,塔西佗为什么写作? 他的写作有没有可能是为了对抗堕落的公众舆论对易受影响的年轻人的影响?

现在,我们可以转向更为重要的问题。塔西佗认为自然提供了什么,以激励好人践行美德? 我们已经看到他甚至愿意和柏拉图采取同一立场,认为坏人,而是首先最坏的人——僭主自然就是悲惨的。但是我们依然疑惑自然是否保护好人。我们已经从塔西佗严肃对待的"伊壁鸠鲁"的观点中发现,塔西佗并不认为好人总是从仁慈正义的诸神那里获得好的回报。我们选择了塔西佗在他的宇宙论段落附近讲述的阿伦提乌斯的例子,正如在其他关于好人和坏人的不可胜数的例子中,宇宙论问题一直是塔西佗的一个指导性主题。

我们已经提到过阿伦提乌斯。关于奥古斯都是否在临死前提醒过提贝里乌斯提防阿伦提乌斯存在着争议。有些人说奥古斯都认为他"有能力成为帝国的统治者,而且在有这样机会的时候,他会冒险一试"。提贝里乌斯因为他是"一个有钱财、有魄力、才华出众、素负众望的人物"而猜忌他(I. 13. I)。尽管阿伦提乌斯被奥古斯都和提贝里乌斯视作潜在的对手,塔西佗并不认同他们对其品质的评价。在他看来,阿伦提乌斯是远比想成为罗马僭主的潜在阴谋者更高的人。塔西佗以自己的名义谈到阿伦提乌斯纯净或圣洁的品质(VI. 7. 1)。① 他对阿伦提乌斯的评价与后面对阿伦提乌

---

① 阿伦提乌斯的品质和信仰类似于修昔底德《历史》中虔敬的将军 Nicias. 参 Leo Strauss,《城邦与人》(*The City and Man*, Chicago: Rand McNally, 1964),页 208—209。

斯成就的提及相呼应："他获得了最高的荣誉，但是他的生活或他的辩才却没有任何污点"（XI.6.2）。上面这句话出自在克劳迪乌斯统治下一个正义捍卫者之口。阿伦提乌斯是一位贤人，他在政治上有所作为并且获得了成功。他甚至被任命为西班牙行省的地方总督，尽管提贝利乌斯出于自己的考虑，十年之久都不允许他去那里赴任。从我们正在探究的问题的视角出发，在《编年史》卷六中不惜笔墨描述的遭遇提贝里乌斯的恐惧和狂怒的不可胜数的受害者中，阿伦提乌斯的命运具有最为重要的意义。因为超越绝大多数人的纯净、圣洁的阿伦提乌斯最应该获得幸福。他成为验证塔西佗异常严肃地对待的那条"亚里士多德式"学说的例子。倘若阿伦提乌斯在那样的黑暗时代还能幸福地生活，塔西佗将有充足的理由猜测，在自然中有一条支持道德美德的原则，尽管他已经表明自然惩罚邪恶。塔西佗讲述阿伦提乌斯的例子的细致程度远远超过他笔下的大多人，这一点清楚表明他对阿伦提乌斯十分感兴趣。我们能够听到阿伦提乌斯自己的话语，他对自己整个人生的总结——在塔西佗作品中非常稀有但又十分重要的情况。①

　　阿伦提乌斯和另外两个高贵的人被指控与一个女人通奸，这个女人私生活混乱、对第一公民"不虔敬"——这种情况经常发生。据说发起指控的人是玛克罗，禁卫军长官、谢雅努斯的邪恶的继任者。他的恶势力在那时逐渐上升，而他对阿伦提乌斯怀有敌意已经是众所周知的事情（VI.47.3）。由于提贝里乌斯在那个时候已经身患重病、奄奄一息，其他人就鼓励鼓励阿伦提乌斯拖延（元老院已经下令的）自己的死亡，因为他有可能在提贝里乌斯死后幸存下来。阿伦提乌斯却决定自杀，并告诉那些"劝自己拖延时日的人"理由：

---

①　一个十分重要的类比是高贵但又简单的日耳曼尼库斯的过早逝世。（II.71—72）

他回答道，同样的行为不一定对所有的人都适宜（decora）。至于他本人，他已经活得够长久的了。而他感到悔恨（paenitendum）的唯一一件事就是，他命中注定要在嘲笑和危惧中度过忧虑重重的晚年；他长期为谢雅努斯所厌恶，现在玛克罗又不喜欢他，反正总有这个或那个当权的人物对他恨之入骨，不过这不是因为他的罪过（culpa），而是因为他不能忍受可耻（flagitiorum）的罪行。（VI. 48. 1）

以这段话为基础，我们很难坚持"好人是幸福的，尽管被许多厄运困扰"。阿伦提乌斯用"适宜"的行为来统治自己的生活，而正是因为他虔敬并且有美德地生活，他被那些有权力但并不遵循这种生活方式的人盯上并恨之入骨。他的语言难道不是宗教式的——悔恨（paenitendum）、罪过（culpa）、适宜（decora）、羞耻（flagitia）？确乎如此。他确实不用遭受一个病态灵魂不可抑制的欲望的内在折磨，从这个有限的意义上讲他可能是幸福的。但是他自己谈到自己忧心忡忡、多灾多难的晚年。他总是在担心来自某些当权人物的威胁或不公正待遇，并且最后被迫考虑自杀。或许我们不得不说塔西佗声称他迟疑要不要接受的那种"亚里士多德"意见过于荒谬或是过于"哲学"，它过高地估计了人在外在环境、尤其是政治环境面前控制自己的力量。塔西佗从诸如圣洁的阿伦提乌斯这样的例子中看到，即便是一个纯净的人、而且特别是一个纯净的人，容易在劣等的政体之下遭受政治迫害的危险。"反正总有这个或那个当权的人物对他恨之入骨，不过这不是因为他的罪过，而是因为他不能忍受可耻的罪行"。似乎只有在非常有限的意义上，美德才是构成心灵健康的核心要素、自然才支持或是认可美德。由此可以看出劣等的政治——人的政治，是人最大的敌人。

阿伦提乌斯严肃地、甚至凄凉地谈论自己的命运。在他看来，对于像他那样不能忍受邪恶、同时希望能够高贵地生活的人而言，自杀是最好的选择：

> 不错，在皇帝去世之前的这段日子里，他是可以对付过去的，但是对于即将继承王位的年轻的皇帝，他又怎样回避呢？而且，如果说，至高的主宰在提贝里乌斯取得了处世方面的大量经验之后，有力量扭转和改变他的性格的话，那末不过是刚刚成年，什么事还都不懂或是在坏人坏事中间长大的盖乌斯·凯撒在玛克罗的监护之下难道能够做好事吗？要知道，玛克罗同谢雅努斯相比，是更坏的恶棍，但玛克罗却被选出来摧毁了谢雅努斯，他用比谢雅努斯更多的罪行折磨了他的国家。甚至在目前，他便预见到一次更加苛刻的奴役，因此他是愿意同时摆脱过去和未来的。他用一种类似预言的口吻讲了这些话之后，就割断了自己的血管。（Ⅵ.48.2）

塔西佗判断阿伦提乌斯"死对了"。这是一个既可悲又可怕的例子。看到一个好人被比他低劣的人逼死是悲剧性的。尽管如此，塔西佗的信念依然从未动摇：即便是在这样可怖的环境之下，德性的生活和政治的生活依然是最值得选择的生活。他的作品异常地庄重严肃，我们却被它打动，沉浸在幻想破灭的忧伤之中。我们最深切的希望被阿伦提乌斯这样的例子打破。不过，阿伦提乌斯并不是塔西佗笔下的英雄中最高贵的人物，他的发言也并不代表塔西佗关于好人在危险政治中的最后言论。我们在下一章将集中处理是否好人和聪明人在改善政治环境方面无可作为。在诸如阿伦提乌斯这样的例子中，我们发现他们的作为非常有限，但是或许并非所有人都在能力上有受到限制、不能处理一些事物；或者他们可以在这些限制之内有所作为,因为他们和彻底坚持远离恶的纯洁的阿伦提乌斯不同。或许正是在这个意义上,塔西佗称阿伦提乌斯为"最圣洁的人",而最后这种赞誉或许并非名不副实。①

　　塔西佗挑选的来标识阿伦提乌斯纯净品格的词让我们联想到虔敬之人的意见,尽管他们的意见被伊壁鸠鲁派否认——诸神将关爱有德性的人。阿伦提乌斯或许想到了这类意见,因为他并没有积极地对抗恶,或是为了自身而警惕恶。他仅仅是一个好人,而且明显认为做一个好人就足够了。塔西佗呈现了伊壁鸠鲁派对这个意见的否定,并认为伊壁鸠鲁派的观点值得被严肃对待。不过,塔西佗时代的很多人都相信诸神将关爱好人。他们把预兆看做诸神意志的表达,认为它们十分重要。塔西佗把这种信仰也看作政治的部分,并且忠实地记录了伴随着重大政治罪行的预兆。在关于尼禄的章节中塔西佗最为集中地记录了这些预兆。② 认为引发这些预兆的最主要事件是尼禄谋杀自己同母异父的兄弟不列塔尼库斯(Britannicus)和母亲阿格里皮娜,以及提盖里努斯举行的奢侈荒唐的宴会(XV.38—43)。这些都是尼禄犯下的特别不虔敬的罪行。在这场宴会之后罗马城发生了大火,许多人认为是皇帝的罪行引发了灾难。塔西佗记录了许多虔敬之人的这种想法,不过他也在一个地方悄悄插进了自己的思想,同时还讲述了自己怀疑那种看法的理由。考虑塔西佗对尼禄弑母的后续事件的论述:

---

① 塔西佗在另外一个例子中再次提到诸神不关心人事。在这个例子中,有个人在德高望重的索拉努斯被尼禄搞垮之后,依然对他表示忠诚:"但是在这一天里,我们却又看到了一位崇高人格的典范,这个人就是阿司克列皮奥多图斯,他很有钱,在比提尼亚是首户。在索拉努斯的全盛时代,他对索拉努斯就十分尊重,但是在索拉努斯即将垮台的时候仍然不肯背弃他。为此他被剥夺了全部财产,并遭到放逐——这一点证明上天对好人和坏人是不作区分的。"(XVI.33.1)

② 《编年史》XIII.17,24,58;XIV.5,10,22;XV.34,47;XVI.13。

> 这时出现了不少并不灵验的朕兆：一个女人生了一条毒蛇；另一个女人在她丈夫的怀抱里被雷击死；太阳又一次突然被遮住了；首都的十四个市区都遭到了雷击。不过这些朕兆看来并没有任何意义，它们并不代表诸神的意旨，因为尼禄在这之后又统治了多年，又做了许许多多的坏事。（XIV.12.2）

尽管我们不能说塔西佗认为诸神关爱好人，正如我们不能说自然惩罚坏人；但是我们可以说有德性的人并不像圣洁但又遁世的阿伦提乌斯那样无助。我们现在将转向塔西佗对在那个堕落的年代积极参与高级政治的有德性的人和聪明人的探究。在我们已有研究的基础之上，我们可以说除了他们自己的智慧和政治技艺带来的力量，他们显然不可能凭靠任何其他力量可以来保护自身和其他有美德的人。

第五章　僭主统治下美德的位置

1.　塔西佗的教诲：在积重难返的腐化前的中道

自提贝利乌斯统治晚期伊始，直至纳尔瓦成为一国之君时止，中间这些帝王都实行血腥的僭政统治。虽然当中确实有过几年清平时期——尼禄朝早年，塞涅卡与布路斯正义地统治；维斯帕先统治的部分时期，提图斯的短暂统治期间；但是总体而言，尤利安—克劳迪乌斯王朝的皇帝和弗拉维安（Flavians）朝的皇帝都是僭主，而在近四分之三个世纪里，罗马因为他们的残酷和嫉妒遭受了无可言说的屈辱。我们从塔西佗那里了解到，绝大多数公共人物把他们的事业建立在阿谀奉承或参与僭主罪行的基础上。不过，认为这些皇帝能够腐化所有的独立精神或是毁灭所有美德的想法过于轻率。只要人类和阳光存在，好人就会生生不息。在静穆的庄严中，塔西佗让我们理解寥若晨星的杰出之人的策略，并珍藏对他们的记忆——他们在积重难返的腐化面前，维系了一条稳固的道路。现在，且让我们怀着渴望了解他们的热切愿望，着手考察他们的事业。因为，他们不仅是能够激励我们的展示人类美德力量的光彩夺目的榜样,同时塔西佗还让我们从他们的政策中收集关于审慎的教诲。在他们身上,我们学到在普遍的僭政统治之下,谨慎、伪装甚至妥协如何成为必要。因为,在邪恶如此猖獗的地方,简单或直接地追求好并不总是可行。通过他们,塔西佗给我们上了关于政治中道的一课:因为没有什么比过分地希望更容易导致失败和绝望。倘若一个人期待善的简单胜利,这只能证明他不谙世事。人们应该学着去接受在这些环境中显露出来的人性的困境和腐化,但是人们也会被那些高贵地坚持美德和文明道路的人的例证所鼓舞,不屈从于这样的困境和腐化。

塔西佗以无以伦比的沉肃凝重,描述了一位高贵之人的自然死亡,这个人活过了提贝利乌斯统治的恐怖时期。塔西佗对这个人既满怀仰慕之情,但同时又清醒意识到这样的一个好人在那样的恐怖年代岌岌可危的处境。

　　大约就在这个时候,祭司路奇乌斯·披索居然得到了善终,对于象他这样有名望的人来说,这实在是一件罕见的事情。他从来没有自动地提出过任何阿谀奉承的建议,而在不可抗拒的打击面前,他仍然能保持自己的审慎的和有节制作用的影响。(VI. 10. 3)

我们希望更充分地理解个体如何明智或审慎地在"不可抗拒的打击"面前保持节制。因为塔西佗很显然在非常用心地措辞。奴颜婢膝、安抚甚至诌媚僭主的需要对身居高位的正直人士来说是一种持续的打击。问题是,应该如何避免这种必然性以及如何采取最有效的手段来改善这种状况。后来的霍布斯曾经说,在僭

政统治之下最好从政治中抽身而出,塔西佗对这种观点不置一
词。① 我们将在接下来的一章表明,这不是塔西佗最后的言论,因
为在他最为政治的作品《编年史》和《历史》中,他并没有把自己的
学说全盘托出。塔西佗是具有公众精神的人物。他知道有可能高
贵地或哲学地从政治生活中抽身而出。但是,他把这些作品作为
对自己时代年轻的政治家开展审慎和爱国主义教育的手段。因
此,他尝试着激励他们不要把公共竞技场拱手让给低劣的人。哲
人能够找到自己的位置,他们不需要塔西佗的帮助。如果说有的
话,塔西佗时代的问题是,许多人过于轻易地对政治生涯感到绝望
并抽身而出。塔西佗试图用自己的方式去对抗这种潮流。而且,
君主统治的问题之一是,哲学已经变得四处扩展、过分降格。塔西
佗知道,严格的哲学思考对品质的要求多么严苛! 而在他的时代
实践这项科学的绝大多数人都不具备那样的品质。相反,哲学变
成了教条。那些希望从政治生活中抽身而出的人过于热衷地支持
某些流派的观点,同时简单地用一种狭隘或宗派式的方式表达自
己的信仰。同样出于这个原因,我们将看到塔西佗十分保留地呈
现哲学这一替代的选择。他并不希望促进这一高贵的替代选择进
一步世俗化。在第六章中,我们将研究他如何呈现哲学的生活方
式。为了做到这一点,我们必须离开《编年史》,转向较少人关注的

---

① "在独夫统治之下的臣民比在民众统治之下的个体更不容易经常遭到不义的谴责。
因为国王只对那些用莽撞的建议惹恼他们、用责备的话语谴责他们或是控制他们
意志的人冷酷无情。但是他们是某位臣民对另一个人可能拥有的极端权力变得无
害的原因。因为在某位尼禄或卡里古拉统治时期,只有皇帝知道的人,即朝臣才会
遭受不义的苦难,只有那些显赫的人才会遭到重大的指控,而不是所有人;只有他
们拥有皇帝渴望享有的事物,因此他们容易引起皇帝的厌恶,并且因为不听皇帝的
命令而受到应得的惩罚。因此在君主专制下生活的人应该过退隐生活,让统治者
随心所欲,这样他们就脱离了危险。因为只有野心勃勃的人遭受苦难,而其他人则
免受比他们更有能力的人的伤害霍布斯。"(《论公民》,Sterling Lamprecht 编[New
York:Appleton-Century-Crofts, 1949], 页 119)

《关于演说家的对话》。在《编年史》中,塔西佗选择坚持政治的视角,他在那里极富公共精神。

他借着描述提贝利乌斯时代的一位杰出元老,更为充分地解释自己为何传授政治美德:

> 我发现这个列庇都斯在他一生的行事中,是一个既有原则又有智慧的人物。对于别人由于讨好而提出的许多残酷不仁的建议,他都能从中进行公正的斡旋。但是,另一方面,他做事又是很有分寸的,因为他一直是受到提贝里乌斯的器重和喜爱的人物。这种情况使我怀疑,是否和所有其他的事情一样,国王的同情和反感是受制于人们的注定的命运和降生时的星象,是否我们能够掌握自己的命运,能够在鲁莽的执拗和卑鄙的奴才气中间走一条不受阴谋和危险的侵害的直路。
> (IV.20.2—3)

运用自己的影响力追寻良善的人是否可以通过自身的努力获得这种影响力,还是第一公民对他的好感取决于神秘的命运,在塔西佗看来,这是一个问题。我们将发现,当我们研究塔西佗更为细致地处理的例子——塞涅卡与特拉塞亚在尼禄朝的崛起时,这个问题变得更加难以决断。我们将会在那里、特别是在特拉塞亚的例子中发现,这样的政体让独立的政治生涯变得不可能。无论愿意与否,要取得对事务的真正影响力,个人就必须与第一公民建立联系。在这里我们可以看到塔西佗至少认可这种可能性——拥有伟大政治能力的好人可以追求一条"不受阴谋和危险"侵害、同时指向共善的道路,认识到这一点至关重要。塔西佗暗示,这是在卑鄙的奴才气和莽撞的执拗之间的一种方式。好人为了获得统治者的信任,或许会对统治者的局限做一些让步,但是他自己必须独立于这些局限之外，这样，他才能够在任何可能的程度上与之对抗。塔西佗不报任何幻想，因此，他接受这种妥协的作为，它好过无所作为；而将统治者留在自己卑鄙道路上的退隐将一事无成。正如我们经常所见的那样，塔西佗谴责奴性的顺从，不过，他在这里还隐晦地谴责轻率或莽撞的执拗，因为这种做法不太可能有成效。塔西佗想要探寻的道路是卓异的政治道路，它适合掌权者的天性，同时由一个具备完全的政治审慎的人掌握。这条道路并不是所有人都能追求的道路。

那个时代产生的阻碍尤其强大。罗马毫无疑问地陷于绝对的、无法抵挡的僭主之手。他们中的绝大多数既虚弱又残暴。人们期待能够产生一些抵抗的元老院在那个时候奴颜婢膝、软弱顺从，心甘情愿地丧失权力。士兵愚昧无知，但是对皇帝忠心耿耿。帝国大规模地扩张，成为名副其实的宇宙帝国。没有人可以求助，没有地方可以遁入避难。革命是无法想象的事情，因为城邦堕落、轻佻的氛围不再为维持自由共和制度提供必要的道德基础。这些都是塔西佗探究某些时代可行的改良时，那些时代令人沮丧的条件。他的沉思成为教育后世注定在黑暗时代生活的人的有力工具。这对我们难道不是一个及时的提醒？——因为另一个普遍僭政的阴影将在东方积聚势力。

审慎是塔西佗学说的核心。关于不审慎的最佳例证是某位披索的行为（我们提到过和他同名的大祭司，但二者不是同一个人）。在提贝利乌斯统治早期，他就已经无法忍受国家的实际状况：

在辩论的时候，披索痛斥集议场上的欺诈行为、法官的贪污和辩护人的那种不断以告发相威胁的专横行为；他声明他将要退休，离开罗马住到一个偏僻、边远的乡村去。在说这话时，他就要走出元老院。提贝里乌斯为此深感不安。（II. 34.1）

塔西佗称这个人"高贵"、"不畏强暴"。我们可以同情他无法忍受这个时代四处蔓延的腐化堕落,但是他的发言与此毫无关系。他并没有提出具体的改革措施,而提贝利乌斯永远都不会原谅他毫不政治的言论。在后来,披索被指控犯了大逆罪,他以自杀的方式回应了这一指控,而他之前的言论是他遭受指控的原因(IV. 21. 1—2)。他缺乏世俗智慧的单纯的高贵导致自身的死亡。塔西佗最热衷于探讨正直人士的更为复杂的类型——既高贵又善良、同时还富有计谋、明智审慎。我们将着手研究《编年史》第十三卷尼禄朝的情况。因为记录盖乌斯王朝的书卷已失佚,而关于克劳迪乌斯王朝的记录仅剩残篇,难以阐释。

2. 塞涅卡与布路斯——尼禄的傅保与总理大臣

对于真正精彩地研究身居第一公民顾问高位的审慎和美德之人,塞涅卡与布路斯在尼禄王朝扮演的角色提供了素材。塞涅卡是尼禄的傅保与总理大臣,布路斯则是禁卫军长官。两人都由尼禄的母亲、第一公民克劳迪乌斯的侄女与最后一位妻子——阿格里皮娜任命(XII. 8. 2;42. 1)。阿格里皮娜是一个野心勃勃的危险女人。克劳迪乌斯与她的乱伦婚姻导致了自己的死亡,而且被后人称为"一位一世纪的罗马人犯的最大的简单错误"。① 她首先让自己的儿子尼禄与克劳迪乌斯的女儿屋大维娅联姻;然后劝说克劳迪乌斯废除自己亲身儿子不列塔尼库斯的继承权,喜欢上她的儿子;最后她毒死了克劳迪乌斯,同时以尼禄的名义获得了治国大权。塔西佗在记录尼禄王朝的第十三卷开篇就记叙了阿格里皮娜在自己儿子不知情或是违背自己儿子意愿的情况下策划的两场谋

---

① Bolotin, "political succession", 页 38。

杀行动。她已经控制了尼禄，并且通过他控制了整个帝国。但是，当她实施自己的计划时，她不曾想到塞涅卡与布路斯潜在的独立。她认为他们是她的傀儡，因为是她提拔了他们。是她将塞涅卡从流放之地召了回来，由于她的前任美撒里娜的毒计，塞涅卡不公正地遭受了长达八年的流放生涯。但是，塞涅卡与布路斯认为更高的义务要比对肆无忌惮的实惠者的感恩更为重要。一个卑劣的灵魂无法辨识一个更高类型的灵魂的天性，这已经不是第一次。①

> 皇帝少年时的这两位教师（塞涅卡与布路斯）意见一致地——在共同掌权的两个人来说，这样意见一致是很少有的——通过不同的方式对皇帝施加同样的影响。布路斯的军事才能与严肃性格和塞内加在演说术方面的教导与谦和凝重的风度相辅相成，使得皇帝在血气未定的青年时代，即使有不合道德规范的地方，也只能被限制在尚能容忍的放纵享乐的范围以内。（XIII. 2. 1）

---

① 在他的塞涅卡全集的伟大版本中，Justus Lipsius 为昆体良对塞涅卡的指责——"他在哲学上几乎没用过功"辩护。《修辞学原理》(X. I. 129)："……昆体良似乎想说，塞涅卡并没有把道德作为一个问题来研究。他简单地把道德当做"好"，并督促他人去践行。按照源自苏格拉底传统的观点，这种方法是有缺陷的。但是基于同一理由，难道它不可以作为政治家的一种力量？"Lipsius 的评价如下："昆体良指责塞涅卡在哲学上几乎没用过功。这是指什么？或者我应该认为，他指的是哲学的哪一部分？我并不认为他指的是逻辑学。难道是自然哲学？他有一部六卷本的讨论自然哲学的作品名叫《探天集》，非常精确、充满求知欲而且精微，因此它挑战甚至战胜了亚里士多德的作品。不过，我想昆体良的意思是，塞涅卡的研究不够深入、或者说没有洞察到哲学的内部。他满足于外部的、流行的或是治疗性(medicante)的哲学。我承认这一点，而且我们的塞涅卡自己也经常声称，这就是他的意思和他的目标——与其追求精微的哲学、毋宁追求有用的哲学。塞涅卡这么说，我也认同。希望所有的哲学家都这么做！"(Justus Lipsius 编，《塞涅卡全集》第二版 [Antwerp：Plantiniana，1615]，页 X)

　　塞涅卡是所有时代最伟大的道德哲人之一。他偏好的教学方式是通过箴言唤醒灵魂摆脱由它的自然欲望和公众意见引起的怠惰和满足，走向美德和自足。① 这样的教学方式假定，学生拥有某种品质。但是，从塔西佗那里我们得知，塞涅卡应对尼禄的任务还需要更多的政治才干。尼禄那时非常年轻。塞涅卡成为他傅保的时候他只有十一岁，他在公元 54 年十七岁的时候成为第一公民（XII. 58. 1. 对勘 XIV. 53. 2）。他是否会追寻一条美德的道路并不确定、甚至极为可疑（参 XIII. 2. 3）。因此，塞涅卡并不能依靠诉诸尼禄对高贵事物的渴望，而必须保持对尼禄的控制，即便"有不合道德规范的地方，将其限制在尚能容忍的放纵享乐的范围以内"。阿格里皮娜选择塞涅卡做尼禄的傅保——而不是仅仅教育尼禄成为

---

① Lipsius 提到的塞涅卡格言如下："他创造了许多流光溢彩的格言。单这一点就值得我们夸耀，而且认为他在希腊或拉丁书信作家中难逢对手。他的对手找一个与他接近的人都不容易。他的这些格言犀利、敏锐、极富穿透力，而且最重要的是极其有用。他的一本小书、一封书信将塑造或纠正一个人的生活，只要那个人自己愿意接受治疗。"（Lipsius,《廊下派作品卷三塞涅卡与其他启迪作家》[*Manuductionis ad Stoica philosophiam libri tres I, Annaeo Senecae aliisque scriptoribus illustrandis*, Paris: Officina Plantiniana, 1604]，页 ix）下面的段落对于从塞涅卡的角度来理解哲学也有帮助："古代人自己认识到有两种教学方法，第一种对应沉思的哲学，第二种对应积极的哲学。当有人展示一种学说、有人规定至善的性质、有人定义美德……总而言之就是有人创立体系的时候，他是在从事沉思的或教条的哲学。但是，当有人从这些高等级的归纳和这些宇宙真理中下降，教导特别的义务，例如做父亲的义务、做儿子的义务以及主人对奴隶的义务时，他就在从事积极的或实践的哲学。前者提供普遍的教条、后者提供特殊的箴言，根据人们所处环境的不同而不同……教条只关注理性，而以实践为目的的箴言必须完全把人吸引住，刺激他们的想象力、诱惑他们的心灵，装备上各种形式以让人信服并打动他们……塞涅卡的道德哲学是箴言的学说而不是道德的学说。因为我们不应当向他所求多于他希望给予的事物。他希望在指导心灵的同时感动心灵，有时将他的学说压缩、有时根据学生的需要适当放松严厉的原则。他并不担心人们谴责他不精确，只要他能找到进入心灵并激励它们朝向廊下派美德的通道。"（Constant Martha,《罗马帝国的道德家——哲人与诗人》[*Les Moralistes sous L'epire romain, philosophes et poetes*, 6ᵗʰ ed. Paris: Hachette, 1894]，页 12—13）

圣哲,我们可以从这一事实上推测塞涅卡具有政治才干。她希望塞涅卡能成为自己权力争夺战场的重要同盟军,倘若塞涅卡对宫廷政治毫无经验,阿格里皮娜不会选择他。是她把塞涅卡从流放之地召来:"同时她又很想给她那即将长大成人的儿子多米提乌斯找个杰出的导师,而且塞涅卡的意见还能帮助他们策划夺取皇位的事情"(XII.8.2)。塞涅卡确实足智多谋,他在很长一段时间内超越了尼禄。人类的幸福取决于塞涅卡与布路斯对尼禄的控制,因为阿格里皮娜也有谋取王权的野心,而她的双手已经沾满了鲜血。阻止罗马落入她的手中是最重要的事情。"他们两个人还必须联合起来应付由于盛气凌人的阿格里披娜而引起的麻烦,由于非法谋取的政权而燃起了各种各样欲望的阿格里披娜"(XIII.2.2)。尼禄高兴地照办的他们的策略——取悦阿格里皮娜,在公共场合赋予她荣誉,同时剥夺她所有的实际影响力。对尼禄而言,她与其说是母亲不如说是对手。

这项策略的成功取决于尼禄。因为只有通过控制尼禄,塞涅卡和布路斯才能发挥他们的影响力。那么尼禄,这位由命运和阿格里皮娜通过士兵送上宝座的新皇帝的品质又如何呢? 他在最初的时候还是个孩童,愿意接受塞涅卡的管理。塔西佗告诉我们,尼禄是第一个需要借助别人口才的罗马公民,这一点值得注意。塞涅卡为尼禄撰写演说辞。这不仅仅说明尼禄年轻,而是在他早年就表现出来的决定性的偏好:"但是尼禄即使在年幼的时候,他那活泼的头脑却被吸引到别的方面去了。他雕刻、绘画、练习歌唱或驾马车,有时也写诗,这些诗表明他是有点文化根底的"(XIII.3.3)。尼禄的这些爱好都是他的个人喜好。年轻的尼禄像是一个涉猎广泛的业余艺人。他的品味和天性让他并不喜好政治或同伴。即便在那个时候,演说术依然在统治阶层享有最高的声誉。尼禄对它的无动于衷暗示出他对人们意见、尤其是对高贵之人见解的无动于衷。在一个罗马人、一个统治者身上出现这样的事情是不好的兆头。塔西佗认为,尼禄对赛马和唱歌的痴迷相当低俗。但是,在那样的时刻,他的嗜好让塞涅卡和布路斯更易于行事。由于对政治的无动于衷,尼禄愿意让他们二人施行统治。

在尼禄朝初年,通过尼禄之口,塞涅卡颁布了他与布路斯摄政时期的纲领。正是由于他们长存的声望,这些纲领在尼禄统治初期,在长达八年的时间内,在整个帝国广阔的疆域内确立。由于塞涅卡与布路斯,提贝利乌斯王朝一系列悲惨的叛国审判与克劳迪乌斯王朝任意的谋杀与放逐从《编年史》第十三和十四卷描述的那些年头中销声匿迹。确实,尼禄的直系家族中依然罪行累累,但是当我们审视它们的时候,我们发现它们并不能玷污塞涅卡与布路斯。这些罪行令人不快地提醒我们,尼禄天性中的局限。

在尼禄登基之初,塞涅卡借助自己为尼禄撰写的在元老院发布的演说辞,通过尼禄之口向元老院和尼禄颁布自己的施政纲领:

> 不过,尼禄在装模作样地哀悼完了以后就谈起元老院。他首先提到元老院对他的支持和军队的全体一致的声援,接着说,他身边不乏有益的劝告和杰出的榜样,足以使他能够进行良好的统治。他的幼年并未因内战或家庭的纠纷而受到毒害:因此他在继承皇位之际,没有私人的仇恨,没有受过任何侮辱,因而也没有复仇的愿望。随后他就简明扼要地叙述了他今后的施政方针,不过他却特别避开了那些在不久之前引起人们的强烈不满的事情。他说他决不会把处理一切案件的权力一人独揽,他不会把原告和被告关在他个人的私室之内而任凭少数几个人在那里为所欲为地滥用自己的权力。他家里不会发生贪污受贿和徇私枉法的事情。宫廷的事和国家的事将分得清清楚楚。元老院依旧要保持它过去的特权。意大

利的、属于元老院的各个行省的人民都要向执政官提出申诉，而执政官则应当允许他们到元老院来。至于委托给他的军队，他自己是会负责的。(XIII. 4)

从塔西佗描述的克劳迪乌斯王朝的残篇来看，我们推测塞涅卡首先就在批判那个腐化王朝的政策。塔西佗把那些政策称作"在不久之前引起人们的强烈不满的事情"。克劳迪乌斯从执政官和元老院那里篡夺了司法权。之前那些被指控犯了叛国罪的人还会在元老院受审。正如我们在提贝利乌斯王朝所见，至少有一套法律程序允许被告在判决之前为自己辩护，尽管元老院总是无一例外地证明其有罪。在克劳迪乌斯统治时期情况更加糟糕，倘若那是可以想象的情况。我们可以通过阅读 Valerius Asiaticus (XI. 1–3)的例子来感受这一点。他因为被指控犯了叛国罪单独接受克劳迪乌斯的审讯，在场的只有控告他的人和克劳迪乌斯的妻子美撒里娜，她对 Valerius 家漂亮的花园早就垂涎已久，这才是导致这项指控的真正原因。尽管 Valerius 在为自己辩护时引得美撒里娜潸然泪下，她依然不容许 Valerius 从她不安分的贪婪欲望中逃出，她极富技巧地影响自己软弱的丈夫宣判 Valerius 的罪名成立。这种对正义的嘲弄正是塞涅卡通过尼禄所批判的。而且尽管他没有公开声明这一点，在塞涅卡当权时期从未有过叛国罪的审判。

塞涅卡接下来提到贿赂和野心的问题。他提到克劳迪乌斯的几个被释奴的肆无忌惮，他们统治了克劳迪乌斯，又通过克劳迪乌斯统治了整个帝国。Palla, Narcissus 和 Callistus 几个人既互相竞争，又同美撒里娜竞争，以获得第一公民克劳迪乌斯的决策权。他们的动机几乎全是个体性的——贪婪与鄙俗的野心。塞涅卡宣称，在尼禄朝卑微的自由民——第一公民的被释奴不会统治帝国，这是对克劳迪乌斯时期引起民愤的行为的批判。与此类似，以一种更为间接的方式,他提到了克劳迪乌斯的妻子们对他的过分影响,她们在被释奴没有统治他的时候统治。这种状态也必须停止。

塞涅卡提到应该恢复元老院古老的义务。他的意思是,元老院只要在自己认为合适的情况下,就应当独立地立法。塔西佗举出元老院在后来通过的几项好法令的例证(XIII. 5. 1)。这是塞涅卡政策的试金石——第一公民将作为仁慈的君主,在法律许可的范围内施行统治。这样在他无法控制的家庭内部将不会再出现僭主式的恣意妄为。塞涅卡的意图属于最高的类型,他希望将遵从法律和正义的良好统治重新带回罗马。但是,我们将看到,在那个腐化的时代,即便是身居最高位的最好人也存在着可怕的局限。塞涅卡并没有宣称恢复共和制,因为他十分清楚罗马人不再有能力享有过多的自由。军队依然效忠尤利安—克劳迪乌斯王朝,而且它们也必须掌握在皇帝手中。否则,取而代之的将不是共和国而是内战。但是,由于无法控制军队,元老院所恢复的任何自由最终都不是决定性的。我们将在追溯尼禄王朝的过程中看到,元老院继续对朝廷言听计从,而且由于在恶人统治帝国的时候,元老院充满了低劣的人,只要塞涅卡当政,这些人就会潜伏在元老院中;但是一旦塞涅卡大权旁落,而尼禄重新恢复可怕的叛国法,那些在元老院中赞同这条法律的人就会占上风。塞涅卡在当政的八年期间行的善在他下台后不到一个月的时间就踪迹全无。所有这一切都取决于统治者的品质,塞涅卡无法改变。不过,我们已经远离了我们本来的意思。因为目前我们足以说塞涅卡恢复了元老院的重要性,并且为其他政府部门设立了一个基调,它们听从元老院,并得益于它只要能够就实行良好统治的自由。

正当塞涅卡与布路斯开始稳固统治的时候,帕尔提亚人入侵罗马的附庸国亚美尼亚,挑起了边境冲突。统治圈子内四处弥漫着忧虑的气氛,不过在任命当时杰出的将领科尔多巴的时候,危机已经解除了。"除去例行的谄媚词句之外,他们对这样一点却感到衷心的高兴,即尼禄指派多科尔布罗去拯救亚美尼亚。这种做法说明,人们是有可能凭着个人的功业而求得晋升的"(XIII.8.1),注意塞涅卡不能一举消灭元老院根深蒂固的陋习——阿谀奉承。正如在朝廷内一样,他的权力在朝廷外也存在着局限。我们在研究特拉塞亚的元老生涯是将进一步探讨这个问题。

在另一方面,元老院有时又与塞涅卡竞争,营造一种尼禄可以作为荣耀的统治者骄傲地生活在其中的氛围。当尼禄制止与自己共同担任执政官的同僚向他本人宣誓效忠,并似乎意识到这一制度的共和形式时,元老们大大地赞美了他一番:"他们这样做的目的是要使这个年轻人由于甚至是小事也得到好评而感到高兴,这样他今后就愿意做更大的好事了"(XIII.11.1)。他又宽大地赦免了克劳迪乌斯的第二位妻子美撒里娜的一位奸夫,"尼禄在一系列的演说中都保证了自己的宽大仁慈。这些演说都是塞涅卡起草的,他借用皇帝之口向公众显示了自己,或者是为了证明他的教导有方,或者是为了表明塞涅卡的写作才能"(XII.2.2)。至少,塞涅卡对政治荣誉并不是毫无知觉,尽管我们将会看到他为了更高的善愿意牺牲政治荣誉。但是,那个时候所有高尚头脑思考的大问题都是:尼禄是否也如此?因为有朝一日尼禄必须单独统治整个帝国,而在那样的最要时刻,除了他自身的荣誉感之外,再也没有可以约束他的事物。我们已经在提贝利乌斯的例子中看到,荣誉感在一个人身上可能变得多么软弱,而这种软弱将导致什么样的灾难。

不过,尼禄暂时在公共生活中表现得中规中矩,并且听从塞涅卡和布路斯的教导。或许他觉得只有用这种方式,他才能掌握帝国的大权或是(几乎是同一件事)摆脱他母亲的控制。倘若我们留意尼禄的私人生活,我们将会看到他的另一面。他在公共场合表现得谦逊有礼,貌似崇尚美德。但是在私底下,他懒散淫逸、恣情纵欲、性好奢侈、沉溺享乐。尼禄缔结的友谊都以享乐和奢侈为目标,并且不惜为了这样的友谊冲撞自己母亲阿格里皮娜的影响。阿格里皮娜担心尼禄会听从他朋友的意见而疏远自己和自己的傀儡,她已经在尼禄周围遍插了这样的人。尼禄憎恨自己的妻子、高贵坚贞的屋大维娅,"不知是命该如此,还是因为非法的通奸比合法的结婚更有意思"(XIII. 12. 2),尼禄爱上了一个名叫阿克提的被释女奴隶。塞涅卡和布路斯对此并不反对,"因为如果他对阿克提的爱情受到阻挠,他那情欲一旦爆发出来,别的贵族妇女就要遭殃了"。有些人指责塞涅卡和布路斯纵容这种离经叛道的行为,但是这些人似乎在政治上过于天真,他们没有意识到其中涉及的赌注。尼禄是罗马的第一公民,他被赋予了无上的权力、可以为所欲为,而不仅仅是一个对自己妻子不忠的男人。塞涅卡和布路斯认为,必须允许尼禄沉溺肉欲,这样他才可能在更重要的事情上听从他们,让他们可以及时地关注这个世界的命运。① 因为从后面的分析来看,他的需求这么少是好事情。"甚至他的老朋友也不反对这样的情况:这样身份的一个女孩子一定会满足皇帝的需要,但不会使任何人受到伤害"(XIII. 12. 2)。我们可以看出,尼禄的愿望非常

---

① 研究塞涅卡政治的为数不多的作品之一是狄德罗在 1776 和 1782 年之间写成的令人兴趣盎然的优秀论文。据我所知,它比任何现代作品都更具有塔西佗的审慎精神。在已经由单纯的道德家的中伤累积起来的关于塞涅卡的记忆中,它既充满激情又有理有据地为塞涅卡的事业辩诬。关于阿克提事件,他评论道:"塞涅卡生活的环境并不是我所见的唯一恶劣环境——无论这位哲人、教育家和首相大臣从事什么活动,他都难免遭受恶毒的攻击。至于我自己,我并不觉得我比塞涅卡和布路斯更具美德、或是受过更好的教育、或是思虑更为周全;我假定,这两个人已经做得最好,我保留着勇气和关切,为谴责他们的人上关于审慎的一课。"(狄德罗,《克劳迪乌斯与尼禄王朝及塞涅卡之道德与作品论文集》[Essai sur les règnes de Claude et de Néron: et sur les moeurs et les écrits de Seneque],载狄德罗全集[Euvers Completes,Paris:Club Francais],13:342)

简单乃至鄙俗,而他非政治的品格展现出一个微小灵魂的缺陷。

阿格里皮娜是塞涅卡的行动针对的真正目标,而她倘若未遇抵抗,绝不会放弃她对帝国的欲望。因为尼禄痴迷阿克提,她觉得自己被冷落。她因为尼禄的新欢而咒骂尼禄。但是,她那种女人的喋喋不休和暴躁狂怒却将尼禄的激情越煽越旺,最后完全违抗她的命令。阿格里皮娜的行为告诉我们在这样的环境下不应该做什么,同时充分证明了塞涅卡与布路斯所选择策略的合理性。在第一种方式失败之后,阿格里皮娜又开始讨好尼禄,"甚至把她的寝室私处都让出来给尼禄作为寻欢作乐的场所,以掩饰他在刚刚成年和身为帝王时对女色的必然沉迷"(XIII.13.2)。在追求权力的过程中,她不惜忍辱负重。但是,纵容尼禄的肉欲并不见得比谴责他更为有效,最后她只有借助于恐吓。

她对尼禄的恐吓导致尼禄犯了第一桩大罪——谋杀自己同母异父的兄弟不列塔尼库斯。① 阿格里皮娜威胁尼禄,她将公开承认自己以前犯下的罪行,并在军队面前向众人表示,不列塔尼库斯才是"(克劳迪乌斯的)真正继承人,应该继承他父亲的帝国"(XIII.14.2)。尼禄对此感到"非常恼火",因为阿格里皮娜过去的所作所为表明,她的欲望没有限制。阿格里皮娜的这种行为将导致可怕的后果。"一会儿考虑他母亲的暴烈性格,一会儿又考虑他的竞争对手的性格",而且不列塔尼库斯那时就快十四岁了,尼禄决定毒死他。塞涅卡和布路斯在尼禄下毒手之后才得知这件事情。塔西佗绘声绘色地描绘了这场阴谋和它的结果,以及在场的阿格里皮娜在见到这一切之后难以掩饰的惊骇,并且从中看到弑母的前例已经树立起来。

---

① 塔西佗评论"这是新王朝的第一桩谋杀",紧接着的另一桩谋杀则由阿格里皮娜授意。(XIII.1)

之后,尼禄把被害人的财产分给了自己的朋友。在被迫接受这种不受欢迎的馈赠的人中间,或许也有塞涅卡和布路斯。且让我们假定他们也在其中。他们在那个时候还没有辞去公职,尽管尼禄在那时已有犯罪的迹象,而他们为此遭到世人谴责。但或许正是因为尼禄是其所是,他们才继续留了下来。倘若尼禄自己施行统治,他便不能正义地统治。他如何对待不列塔尼库斯,他也可能如此对待他猜忌的任何人。塞涅卡和布路斯留在他身边,阻止他的猜忌和暴行难道不是一种必须? 通过接受尼禄的礼物(倘若他们确实这么做了),他们只不过假装接受了来不及阻止的罪行,而实际上,他们在坚持阻止其他类似的罪行。此外,塞涅卡和布路斯或许站在某些人一边,他们认为不列塔尼库斯——王位合法继承人的存在是在未来的某一天引发内战的一个因素。"不少人为这一罪行进行辩解,他们说从古以来兄弟就是仇人,而专制大权是不能分享的"(XIII. 17. 1)。不过,很难相信塞涅卡和布路斯也站在这些人一边为尼禄辩护。塞涅卡和布路斯既"分享"(societate, XIII. 2. 1) 权力,又同心协力。但是他们也清楚,像尼禄这样的普通人只会把同志当做对手。正如塔西佗所说,人们之间的权力分享十分罕见。

事实上,我们认为,他们继续留下来的决定从结果来看是充分合理的。在《编年史》第十三卷中,依然不见令提贝利乌斯王朝罪行昭彰的叛国审判的踪迹,也不见克劳迪乌斯允许的任意谋杀和放逐。[1] 谋杀不列塔尼库斯导致的直接后果依然是正义在这个帝国的普遍统治,以及在帕提亚(Parthian)前线进行的士气旺盛、指挥有度的战争。塞涅卡与布路斯巧妙地让尼禄不再疑心他母亲在制造另一场阴谋(XIII. 19—21)。他们至少暂时阻止了同一种类型的

---

[1]　除了一个例外——对苏拉(Cornelius Sulla)的放逐。尼禄错误地认为他策划了一场阴谋(XIII. 47)。塞涅卡或布路斯在这个例子中或许无法消除尼禄根深蒂固的猜忌心。但是他们成功的例子又有多少?

家族罪恶。我们还能对这两个人要求更多吗？因为政治难道不是天生就是非理性的？而一系列的危机和问题永远无法一劳永逸地解决？能否公义地统治世界取决于能否控制孩童尼禄的恐惧和恣意妄为，这是多么奇怪的事情！尼禄当然不配成为统治者，但是鉴于他已是公认的统治者，就没有理由再取代他。塔西佗对于阴谋政变的态度非常保留。我们可以说，审慎的塞涅卡和布路斯把它当作充满危险的重要一步，而不是不可想象的一步。在他的《历史》中，塔西佗描述了尼禄朝王权更迭时导致的血腥内战，而这确实是无嗣的尼禄死后发生的情况。

另一次家庭危机由尼禄的第二任情妇波培娅挑起。这个"拥有一切，唯独没有拥有高贵灵魂"（XIII. 45.2）的飞扬跋扈的女人威胁尼禄，要他除掉自己的敌人和对手——他的母亲，否则就和他一刀两断。这个女人争夺的是帝国。因为阿格里皮娜反对尼禄休掉自己的妻子屋大维娅，而波培娅希望在尼禄离婚之后自己成为皇后。波培娅鼓动这场罪行的动机是政治野心。尼禄也赞同她的做法。这里读者或许会注意到年轻的尼禄同狡猾、政治的提贝利乌斯多么不同。提贝利乌斯出于猜忌心和巩固权力的欲望杀人；而尼禄的动机全是私人的、肉欲的——他希望满足波培娅的欲望，这样波培娅就可以继续为他提供快乐。尼禄那时已经二十二岁（参XII. 58），而且在统治五年并且因为长期掌权变得刚愎自用之后，他不能容忍任何事物阻挡他获得那种快乐——即便是他母亲的生命。不过，他自己也在考虑这个罪行，因为阿格里皮娜的掌控欲太强，而且坚持毫无节制地追求影响力，甚至试图引诱尼禄与她乱伦。"尼禄决定不再将蓄谋已久的罪恶计划拖延下去。因为长时间的统治助长了他的胆量，而且他对波培娅的情欲也一天比一天更加热烈地燃烧起来"（XIV. I. I）。在重复了波培娅令人难以置信的对尼禄的责备之后，塔西佗总结道：

通过眼泪和媚术而步步进逼的诸如此类的攻势不曾遇到任何反击：所有人都渴望阿格里皮娜的势力能被打垮，但是谁也不会相信儿子的憎恨会发展到杀死自己亲生母亲的地步。（XIV. I. 3）

塔西佗似乎在这里隐晦地批评塞涅卡与布路斯，因为他们没有预见，尼禄会倒行逆施到何种程度。或许他们应该为他找一个更好的情妇，而不是野心勃勃的波培娅。但是，在她展露自身之前，他们如何能得知她的天性如何？为了避免众人的怀疑，尼禄没有使用毒药或刀剑。他将阿格里皮娜骗到那不勒斯海湾，在那里举行盛大的宴会，然后安排她上了一艘事先就已经脱落、并将她抛在海里的船。这场阴谋计划周密、引人入胜（XIV. 3—6）。但是阿格里皮娜从船上逃脱，只受了点轻伤，并且游上了岸。塞涅卡和布路斯在这个时候才被牵扯到这场阴谋中来。因为那时尼禄得知母亲生还的消息后吓得近乎绝望。现在的阿格里皮娜比以往任何时候都更加危险——谁能料到激怒她会发生什么样的事情？

吓得半死的尼禄坚决认为，渴望复仇的阿格里皮娜随时都可能来到这里。她可能把她的奴隶武装起来，可能煽动军队，也可能到元老院或人民那里去控诉他在船上布置的谋杀和使她负伤与杀害她朋友的罪行。但不拘她是怎样做法，他这一方面的对策是什么呢？塞涅卡和布路斯也许有办法！

随后他派人叫醒塞涅卡和布路斯并召见他们。塔西佗说不清楚是否他们那时对此事全然无知。在笔者看来，他们确实不知情，因为塔西佗在《编年史》卷 XIV. 1 中提到他们并不反对波培娅对

阿格里皮娜的攻击,因为他们不相信"儿子的憎恨会发展到杀死自
己亲生母亲的地步"。倘若他们事先知道这个阴谋,他们无论如何
也不会答应;因为倘若尼禄咨询他们,他们或许能够劝说尼禄放弃
让自己更加蒙羞的罪行(参 XIV.13.2)。而到了现在这个时候,塔
西佗暗示劝说尼禄为时已晚。在尼禄向他们咨询意见的时候:

> 两人沉默了良久。这或是他们不愿作无益的劝告,或是
> 他们认为事情已经发展到这样一个地步:尼禄必须先下手弄
> 死阿格里皮娜,否则他自己也活不成。(XIV.7.3)

他们在良久的沉默中想些什么呢?他们知道,尽管阿格里皮
娜和尼禄都非常坏,尼禄因为杀了自己的母亲会变得更坏。塔西
佗似乎同时也在暗示下述事实:由于无知的士兵敬畏阿格里皮娜
的家族,她或许能够鼓动他们中的一些人发动内战反对自己的儿
子。这个世界的和平难道不是维系在双方权力制衡的基础上吗?
倘若发生战争而阿格里皮娜又取得了胜利,情况当如何?这个乱
伦的谋杀者能够成为什么样的统治者?现在,尼禄已经走得太远,
没有办法阻止了。如果不帮尼禄完成这个计划,帝国就极有可能
遭遇战争和阿格里皮娜的统治。他们迟疑地决定必须除掉阿格里
皮娜。不过,他们首先关心的是,劝说尼禄不要让军队介入这场纷
争之中。笔者认为,这一点是塞涅卡向布路斯发问的目的:"过了
一会儿,塞涅卡才敢于先望望布路斯,问他是不是要给军队下令把
她处死"(XIV.7.3)。我们可以从中推测,塞涅卡向布路斯表示他
赞同谋杀,但同时提醒他。布路斯会意,他按照塞涅卡所希望地那
样回答,以阻止尼禄使用军队并潜在地挑起内战:

> 他回答说,禁卫军是对恺撒全家效忠,并且是十分怀念日

尔曼尼库斯的,因为他们必定不愿对他的女儿下这样的毒手。
看来阿尼凯图斯必须实践他的诺言了。（XIV.7.4）

舰队长官阿尼凯图斯是一个机会主义者,就是他之前向尼
禄出主意安排那艘诡诈的船。他毫不迟疑地执行这个计划,而塞
涅卡与布路斯则在维持帝国其他部分的秩序。但是这个行动并
不是没有反响。它标志着尼禄生命的转折点,以及塞涅卡与布
路斯执政生涯的转折点。因为,从此之后,尼禄变得更加难于控
制。虽然没有发生内战,塞涅卡与布路斯依然付出了沉重的代
价,整个罗马也付出了沉重的代价。事实上,正是罗马人的奴性
导致了这个问题,因为他们欢呼着迎接尼禄,塔西佗似乎对此
深恶痛绝:

> 　　征服了一个奴性十足的民族的胜利者尼禄于是满怀着自
> 豪的心情到朱庇特神殿去,在那里向神感恩还愿。在这之后,
> 他就肆无忌惮干起各种各样的坏事来了。到现在为止,他对
> 母亲的一点尊敬,尽管几乎未能约束住他干坏事,至少推迟了
> 他的行动。（XIV.13.2）

塔西佗还提到一个类似的现象:老年提贝里乌斯在丧母之
后变得更加肆无忌惮（VI.51.3）。似乎在最坏的凡人身上依然存
在着某种与生俱来的敬畏之情,即便他们挣脱掉其他所有束缚
也难以摆脱这种情感。当然,提贝里乌斯更加政治,而他的无可
约束包括基于猜忌心和所有不正常欲望之上的谋杀。我们已经
发现,尼禄就其天性而言不那么政治,而且愿意将绝大多数政治
事务交托到干练的塞涅卡与布路斯手中。现在,尼禄开始将他
对快乐的追求变得政治化,但是这一转变并不十分剧烈。在公

元59年阿格里皮娜逝世之后,塞涅卡与布路斯又继续统治帝国三年,但是他们的统治的难度逐渐加大。在这几年的绝大部分时间中,依然不曾发生政治谋杀,而且元老院继续保持独立。但是,在这几年中,尼禄坚持通过奢靡的角斗表演、剧场演出、诗歌朗诵和赛马等活动来腐化罗马民众(XIV. 14－16, 20－21, 47),并以此表明自己不再受约束:

　　　　尼禄很久以来就有一个愿望,这就是驾着四匹马的马车参加比赛。另一个同样令人作呕的愿望就是在竖琴的伴奏下登台歌唱……现在谁也不能劝阻他了。但塞涅卡和布路斯想对他的一种想法让步,而不让他在两种事情上都称心如意。于是在梵蒂冈谷地圈出了一块场地,这样他就可以在不被人们看到的情况下表演他的驾车技术了。但不久之后,罗马人民便被邀请来参观,并且对尼禄大加赞扬起来。要知道,群众就是这样,他们渴望看到各种表演和比赛,而如果皇帝也有同样嗜好的话,那他们是会非常高兴的。但是这种可耻的公开露面并没有给尼禄带来象他身边的顾问们期望他会取得的那种满足,而是进一步刺激了他。由于他相信,如果他把别人也引上堕落的道路,这便会冲淡他本人的耻辱,所以他便使那些显要家族的子弟,也就是那些因贫穷而堕落的人也登上了舞台。这些人现在都已经不在人世了,我看在这些人的祖先的面上,不把他们的名字列举出来。虽然他们的行动是可耻的,但是那给他们钱要他们干坏事、而不是要他们不干坏事的人也并非不可耻。(XIV. 14. 1－3)

尼禄十分精通如何腐化民众,但是我们在描述提贝利乌斯的书卷中已经看到,罗马人早就非常严重地腐化了。① 尼禄摆脱束缚的后果是增强了这种疾病。好人出于恐惧,被迫接受和挥霍尼禄的礼物;那些喜好奢侈逸乐的人则沉迷于其中:

> 人们还赏赐金钱:正派的人是不得已才这样做,但那些花花公子这样做却是出于虚荣心。荒淫无耻的丑行层出不穷;罗马人的道德早就败坏了,然而从来还没有过象今天的恶棍们这样助长着人们的堕落。甚至在高尚人士之中,谁想保持清白都不是一件容易的事情。在大家争相作恶的环境里,那就更谈不到任何贞操、谦逊或哪怕是一点点的清白了。(XIV. 15.2—3)

我们很容易想象擢升到尼禄宫廷中的那类人的品性。塞涅卡和布路斯没有办法将自己的品味和高尚的热望灌输给尼禄(他们不应因此遭受谴责),最后导致一系列严重的后果。② 他们自身表现出

---

① 狄德罗比任何人都更好地分析了尤利安—克劳迪乌斯王朝统治的恶劣影响:"我大胆断言,提贝里乌斯通过他的政策、卡里古拉通过他的骄奢淫逸、克劳狄乌斯通过他的孱弱、尼禄通过他的残暴对罗马民众产生了致命的影响。这不仅是因为他们让最杰出的家族血流成河,更因为他们腐化了那些他们赦免的人。尼禄无疑通过谋杀除掉了国家中杰出的人;但是通过腐化,他笼络了一批毫无品性的人。他的前任开始摧毁道德,到他这里全部完成。倘若我们同意这一思考中折射出的真理,那么有多少君王,尽管他们没有尼禄那么残暴,但是依然和他一样劣迹斑斑,令人鄙夷。大屠杀的后果可以及时补救,然而对整个民族所行的恶,尽管有提图斯、特拉塞亚、奥勒留和尤利安的榜样、管理、箴言和法令,却依然持续下去。"(《狄德罗全集》,前揭,13;382)

② 狄德罗关于塞涅卡和布路斯为何不在阿格里皮娜被害后退隐的解释也能同样有力地运用在这里:"但是留在这里对塞涅卡的帝国、对他的家族、对他的朋友、对那些好公民有利。什么? 难道在阿格里皮娜被害之后,这位博学、坚毅、正义、公务繁重的人,这位能以他的权威、他的洞识、他的勇气、他的仁慈施以帮助、赋予恩典、治疗悲伤、阻挡苦难、终止掠夺、疏远无能者、擢升德才兼备者的人就无可作为了? 宫廷的高墙并没有成为阻碍这位哲人的界限。他不只是一位傅保——将他的(转下页)

的庄严厚重本身就是对这个热爱享乐的宫廷的谴责。在这个宫廷中,并不乏怀着卑劣野心的人物,他们试图像阿格里皮娜曾经尝试过的那样,对更加年长、更为大胆的尼禄施加影响,从而摧毁塞涅卡和布路斯的权力。这场无声的战争进行了三年。公元 62 年发生的两件事情标志着塞涅卡和布路斯的倒台以及罗马多年之后才再次获得的优良政治的结束。这些事件中的关键人物是提盖里努斯,一个生来就淫邪放荡、不知羞耻的人,因此和尼禄甚为相契。通过提盖里努斯的女婿卡皮托,叛国法得以恢复(XIV. 48)。另一个重大事件是布路斯的死亡,他可能是被毒死的(XIV. 51)。提盖里努斯和无能但颇受群众爱戴的笨人路福斯接替布路斯成了禁卫军长官。提盖里努斯成为操纵尼禄的新力量。

现在,塞涅卡被那些长期觊觎他的地位、而毫不关心他作为统治者所具备的德行和才干的人视为眼中钉。这些人总是试图破坏他和尼禄的关系。无疑这样的人有很多。塔西佗记叙了其中一个人对塞涅卡的指控(XIII. 42—43)。在那个时候,因为朋友的帮助,因为尼禄站在他的一边,塞涅卡战胜了对手。对控告他的人的惩罚比较温和,并没有有意报复,而是严格限制在他应受的惩罚的范围之内,这是塞涅卡的一贯作风。但是正如我们所见,四年之后,情况起了变化。令尼禄惧怕、令他依靠塞涅卡和布路斯的阿格里皮娜不再存在。尼禄比从前年长,也更加自信。布路斯也死了,取代他的恶棍占据了最高的位置。在这个时候,那些心怀鬼胎、嫉妒塞涅卡的人的指控就变得更为严重。尼禄显得日益和他疏远起来

（接上页注②）学生从女人手中夺回来,而学生对此毫不感恩,他是一位成为总理大臣的教育家。塞涅卡自己说道:天命将我放到这个位置上。无论是波培亚的憎恨、奴隶们的阴谋诡计、还是因为我的存在所引起凯撒的震怒,都不能阻止我尽忠职守。如果他们希望置我于死地,我葬身的地方不在别处,就在这个宫廷。"(Essai, Euvres, 13.370—71)

（XIV.53.1）。尽管这些指控不太重要，但它们都针对着尼禄的虚荣心。他们并没有指责塞涅卡是一个坏的统治者，因为他们知道这样的指控无疑是顶撞更为糟糕的统治者尼禄。塞涅卡被指控拥有过多的财富，并且他的别墅在"雄伟"方面还想胜过第一公民。还有人攻击他把演说术的荣耀都加在自己一个人身上——因为他现在依然不得不继续为尼禄写演说辞。他写诗的动机也受到责难。"在尼禄爱上诗歌之后，他也就更加频繁地写起诗来"（XIV.52.3）。他胆大包天，想要和皇帝竞争。他还公然敌视尼禄和奚落尼禄的赛马和歌唱本领。甚至还有人指控塞涅卡嘲笑尼禄的嗓音——这一点一定正中尼禄要害。塞涅卡的厄运由此注定。无论尼禄是否真正政治，他无疑非常虚荣，而那些再三重复的暗示塞涅卡蔑视他的指控最终不可能毫无效果：

> 在罗马，只要不是塞涅卡发明的东西，就不能被认为是杰出的，这种情况要持续到什么时候呢？毫无疑问，尼禄已经度过了他的少年时代，他已经是一个精力旺盛的成年人了。他应该把他的教师打发走，他是可以在他自己的祖先里找到很多杰出的教师的。（XIV.52.4）

塞涅卡知道有人在攻击他、在罗织他的罪名，因为"还有一些荣誉感的人"把这些事情告诉给他。当尼禄开始疏远他的时候，塞涅卡知道自己对尼禄的影响到了尽头，因为他并不是通过有制度保障的职位提升获得的高位。尼禄是位专制统治者，而塞涅卡的权力建立在尼禄对自己的敬畏和信任的基础之上。到目前为止，塞涅卡巧妙地维持着尼禄和他的良好关系，而且已经维持了十四年！但是，塔西佗在阿格里皮娜不再被尼禄所喜时说的话无疑也适用于塞涅卡："世上万事万物中最不可靠、最易消逝的，莫过于从一种并非以本身的实力为基础的权力而得来的声誉"（XIII.
19.1）。① 到目前为止，支持他的只有他的政治美德和世俗智慧。

　　塞涅卡并不像提盖里努斯的第一个受害者或第二个受害者
（倘若他是毒死布路斯的凶手）那样明知结局不好依然继续恪尽职守，
他最后决定退隐，他长期掌握的大权现在从他手中滑落！他竭力
请求第一公民同他晤面，塔西佗记录他在这次会面中做了一番引
人入胜的演讲。这篇演说辞比其他任何段落都更好地向我们展示
了塞涅卡的"统治秘术"（arcana imperii）—— 他长期控制尼禄的秘密
技艺。其中之一是反讽式的奉承。塞涅卡颂扬了尼禄，并假装无
限崇拜和感激他。他掩饰自己的才干，但是又时不时地暗中吐露
自己遵循的正确准则. 尼禄或许对此略有所知，并且保持着一种
半自觉的敬畏。

　　他在这篇演讲中解决的修辞问题是，将自己因失宠于尼禄所
导致的大权旁落表现为一种福气。因此，他的被迫退隐将得到尼
禄的保护——倘若尼禄意识到塞涅卡的退隐承蒙自己授意并依靠
自己。同时，他一定不能让尼禄感觉到自己的退隐意味着现实权
力的改变。特别是由于尼禄当然意识不到塞涅卡代表正直与美
德，提到尼禄改变态度将是一种危险的责备。塞涅卡必须把他的
失势表现为追求从他那可爱的学生而来的一种持久的巨大恩惠；
他自己所享有的一切全来自这位学生，而他也通过全然的奉献和
服务来报答自己的学生。因为尽管尼禄依靠塞涅卡和布路斯给与
政治指导，他又非常没有自知之明，他会把不依赖于自己的事物看
作没有价值。

　　在这篇演讲的开端部分，塞涅卡让尼禄想到他们的长期合作。

_____

① Nihil rerum mortalium tam instabile ac fluxum est quam fama potentiae non sua vi
nixae.

但是通过他修辞性的呈现，所有的好处都被说成是尼禄赋予的。塞涅卡成为尼禄的傅保已经有十四年，尼禄成为皇帝已经有八年，在这期间，尼禄让塞涅卡荣誉加身、富可敌国。对于塞涅卡为尼禄所做的事情，这里只字未提。但是，尽管在这里塞涅卡也不是一味奉迎尼禄，他提到节制，如若没有节制，尼禄赐予的财富和荣誉将变得毫无意义。塞涅卡善于在奉迎中委婉地陈述真理，而即使在现在他也没有停止鞭笞尼禄。尽管他表现得谦卑到无以复加的地步，他依然在隐晦地暗示自己高于尼禄：

> 你把这样多的荣誉、财富赐给了我，而我所需要的只是节制地利用这些荣誉和财富，以便享受完满的幸福。(XIV. 53.2)

他提到奥古斯都的两位重要同僚的例子，奥古斯都允许他们退隐，以报答他们卓越的服务。但是，他一直注意到，当提到他人的功业时尼禄表现出的烦躁。为了避免尼禄认为自己骄傲地自比迈凯纳斯和阿格里帕，塞涅卡赶紧补充：“我能效仿这些榜样，不是因为自己的运气，而是全蒙你的恩典”(XIV. 53.3)。这位在别处声称自己的哲学写作能让自己的朋友不朽的塞涅卡，在这里自贬身价地诋毁作为自己生命核心的哲学：

> 至于我本人，我之所以取得了你这样慷慨的赠赐，只不过是因为我有一些书本上的知识，而且应当说，这些书本知识又只是我一个人独自在寒窗下取得的。但是这些知识所以使我得到了荣誉，是因为我曾经在你幼年的学习中帮助过你，我的这种服务取得的报酬是过多了啊！(XIV. 53.4—5)

确实，由于尼禄的慷慨赏赐塞涅卡变得非常富裕。从苏伊里乌斯的时代（XIII. 42.4）开始，这一点就成为反对者攻击塞涅卡的一项罪名——他是位野心膨胀的伪君子。他一面颂扬廊下派的自足，声称自己对财富毫不留心；一面又贪婪地强取豪夺，成为他那个时代的巨富之一。但是，这些头脑简单的控告者没有注意到，塞涅卡接受财富也是他控制尼禄策略的不可获缺的一部分。因为他对塔西佗在提到提贝里乌斯时表述的那条格言非常熟悉："而且一个人的服务，只有在看来能够给以报偿的时候，才是受欢迎的。如果把这种服务做得远远超过这一点的话，那末他们所得的回报就不是感谢，而是憎恨了"。无论他对尼禄说什么，他都知道是自己在维持这个帝国，倘若尼禄清楚地认识到这一点，"那他所得到的回报就不是感谢，而是憎恨了"。因此，塞涅卡的策略是欺骗尼禄，让他以为塞涅卡觊觎自己赏赐的荣誉和财富。因此尼禄似乎成了塞涅卡最大的恩人，而塞涅卡知道，人们都倾向于喜爱那些对自己心存感激的人。塞涅卡在他与尼禄的谈话中提到这一点，但是他说得如此隐晦，所以长年逃过了那些诋毁他的人的视线：

> 但是你又给了我极大的信任，给了我无数的财富。因此我就常常扪心自问：像我这样一个出生在外省的普通骑士家庭的人不是已置身于国内权要人物的行列之中了么？我的这样一个不见经传的名字不是也出现在那些出身于具有长久的光荣历史的门第的显要人物当中了么？我过去那种谦抑自足的精神到什么地方去了呢？修建这些华丽的庭园么？巡视郊区的这些别墅么？仰仗着广大的田产和取之不尽的资财过豪奢的生活么？我只能找到一个辩解的理由，那就是，我没有权利拒绝你的慷慨赏赐。（XIV. 53.5）

塞涅卡承认他的幸运给他带来了不幸的后果——让他饱受他

人的嫉妒。当然,他没有明确表示这层意义:若非尼禄不再认为自己需要塞涅卡,这些嫉妒就不能伤他分毫。因此,表面上为了消除朝中人士对他的嫉妒,他提出将自己的财产归还给尼禄。这时他告诉尼禄真相——他对这些东西毫不挂怀:

> 我这样做并不是想使自己重新去过贫苦的生活,我只是想放弃那些使我看了眼睛发昏的巨大财富,而把现在用于照料我的庭园和别墅的时光重新用到自己的精神活动上去。(XIV. 54. 3)

塞涅卡这么说,不过他还有一层意思未曾表达——倘若他还能够有效地管理国家,他将继续推迟他的哲学研究。不过,在这层关联上,我们应该注意到塞涅卡即便在当政的这些年,也有很多哲学作品问世——塞涅卡在统治的同时进行哲学思考。

尼禄假意拒绝塞涅卡的请求。他依然试图通过承诺赐予更多的财富来诱惑塞涅卡。不过就连这个承诺也是装出来的而不是出自真心。尼禄依然惧怕塞涅卡,而且担心塞涅卡的退隐将导致群众对他的谴责。但是尼禄知道自己必须除掉塞涅卡,而且他厌恶塞涅卡。"他说了这话之后就拥抱并吻了几下塞涅卡。本性使他(而习惯又训练得他)能够把他的憎恨掩盖在虚伪的亲切下面"(XIV. 56.3)。不过,塞涅卡并没有上当,他立即从积极参与的政治生活中抽身而出。尽管在这次谈话中不曾提到新的形势,但是两个人都知道他们的关系走到了尽头。

> 塞涅卡表示了谢意。这是在和专制君主的谈话结束之后的惯常做法。但是从此他一改一惯的有权有势的派头,不许大量的人到他家的前庭来向他问候,避开了他周边的人们;而

把不常来的理由归之身体不好，或是在家里研究哲学。（XIV.
57.1）

塞涅卡退隐的心意已决。因为这个新政体做的第一个决定就
已经彰显了提盖里努斯的品性以及他随后发挥的影响力。

提盖里努斯的势力也日益加强起来，他之所以取得权力
是因为他作恶有术，他现在认为只有在他把皇帝也拉进来同
他一道犯罪，他才能对皇帝发生更大的作用。（XIV.57.1）

相应地，提盖里努斯发现尼禄最害怕两位声名显赫的贵
族——Sulla 与 Plautus。他劝说尼禄杀了他们，尼禄听取了他的
建议。Sulla 与 Plautus 没有经过审讯就被处死，像随后发生的多
起案件一样，这是奉朝廷之命的谋杀。自塞涅卡退隐之后，提盖里
努斯当政的尼禄王朝长期充斥着对杰出人物的任意谋杀，对清白
无辜之人的合法暗算，奢靡的宴饮，肮脏与渎神的放纵肉欲。倘若
那些头脑简单的人试图质疑塞涅卡所采用的方法及其所做的妥
协，让他衡量一下尼禄在这些耸人听闻的行径中所展示出来的作
恶的能力，再来评判。

塞涅卡在退隐之后继续生活了三年。在这段时间，他撰写了
八卷本《探天集》，被 Lipsius 誉为可与亚里士多德媲美之作。在他
最后的年月里，他还创作了盖棺之作《道德书简》。在公元 65 年，
他被指控参与谋害尼禄的阴谋，最后奉钦命自杀。他高贵地走向
死亡，一直在口授极富教育意义的讲辞，直到临终的最后一刻。

倘若我们不曾意识到塞涅卡试图克服的巨大障碍——首先是
尼禄和阿格里皮娜的天性，我们就无法公正地评价塞涅卡。尽管
塞涅卡被阿格里皮娜擢升为太子傅保，当阿格里皮娜试图使他成

为犯罪的帮凶和工具的时候,塞涅卡没有让盲目的感恩之情凌驾于正义之上。他对阿格里皮娜的抵抗换来了这个世界在数年内不受僭政的侵害。不难理解塞涅卡基于对公共福祉的关心,接受了尼禄傅保的位置——即便在尼禄表明他不具备成为廊下派圣人的品质之后。他在尼禄统治初年向尼禄题献了一篇政论文《论仁慈》。在这篇文章中他试图用高贵乃至宛如诸神一般的骄傲来激励尼禄,让他善待并施惠于自己的臣民。或许尼禄在早年还表现出正直的迹象,但是塞涅卡依然不得不同尼禄在宫廷中遭遇的拍马溜须者和投机分子的腐化影响作斗争。我们无法指责他已竭力做到最好,但是一个人影响另一个人的能力毕竟有限。倘若塞涅卡已经尽量让尼禄变得尽可能好,最后接受尼禄的局限是明智之举。在一段时间之后,塞涅卡必然发现,他所能期待的最好结果是维持优良统治的原则同时掌握权力,尽可能长久地对抗他人对尼禄的恶劣影响。

　　为何当尼禄杀死自己兄弟和母亲的时候塞涅卡没有归隐？这些罪行是尼禄被阿格里皮娜永不餍足的统治欲望激怒导致的家庭犯罪。塞涅卡必然认为它们不会再重演,而且必定看到它们对尼禄亲自统治帝国的要求不会构成直接威胁。通过在自己的位置上恪尽职守,并以此来使尼禄远离政治的威胁(尼禄必定会以暴力来回应威胁),塞涅卡竭尽所能阻止这类罪行重演。阿格里皮娜至少在塞涅卡与布路斯默许她的死亡的时候构成了真正的危险,无论他们如果提前知道尼禄的计划时会说什么话。但是,无论这桩罪行本身多么令人发指,它并没有造成范围更广泛的堕落。这个世界暂时因为尼禄非政治的品格幸免遇难。真正的危险是,无人照管的尼禄将会被一些有野心的投机分子控制,他们将滋长他的恐惧,煽动他毁灭整个帝国。这是塞涅卡选择恪尽职守来捍卫的事物,而这一点被那些凭靠表面现象做判断的人误解。与此类似,认为塞涅卡施行统治是出于贪婪的指控一经审视就站不住脚。

　　塞涅卡确实为了掌握权力而被迫接受了一些令人不愉快的事物。但是在谴责他之前，我们必须负责任地探究他为何这么做。他的作品和塔西佗关于他统治的描述中有大量证据表明，他的行为是出于仁爱之心，同时致力于整个世界的共同福祉，这个宇宙帝国的和平与繁荣系于他一身。我们不应当谴责这样的一个好人觊觎财富或是参与了尼禄的弑母罪行，而应当认识到他做了某些看似卑下的让步，其目的是为了阻止更加恶劣的影响。塞涅卡是具有美德之人，但是同时他也非常审慎。他渴望自己倡导的正义能够取得胜利。他并不单纯或头脑简单，而政治的天性经常要求人在困难或不利的条件下对抗恶。那些时代是特别腐化的时代。元老院唯塞涅卡马首是瞻，它并不是真正独立。一个人所能够做的毕竟有限。但是，塞涅卡做得如此之多，做得如此之久，这正是他的伟大之处。

3.　特拉塞亚与自由在元老院的衰落

　　在尼禄统治初期，塞涅卡借尼禄之口宣告，元老院必须恢复它古老的权威（XIII. 4）。但是，在将近一个世纪真实地（尽管是掩盖起来地）对第一公民的卑躬屈膝之后，仅仅凭靠意愿并不足以恢复威严和独立的习惯。尽管塞涅卡仁慈地提出要为他们恢复自由，绝大部分元老却并不具有坚毅的品格，无法承受与自由相伴的责任。他们也不曾拥有任何政治力量，能够与效忠凯撒家族的军队抗衡。是否因为权力的丧失导致了品格的丧失？在尼禄统治初年，元老院曾制定了一些优良的规章制度（VIII. 5. 1），但是总体而言，元老院在那段时间并没有成为强有力的政治生活的中心。塔西佗很少记录元老院的议事活动，而他对哪怕提贝利乌斯早期的议事活动都有过描述。当塔西佗有一次记录尼禄朝真正的辩论时,他把它称之为"共和国的影子"(XIII. 28. 1)。那时元老们的普遍态度是沉默地接受朝廷颁布的政策。

这样的形势是不幸的,但是只要塞涅卡掌握朝政大权并制定这个帝国的政策,元老院就不至于完全堕落。但是元老院并不能永远保持独立。它不能坚持拒不听从不义或堕落的命令,尽管在尼禄尊重和听从塞涅卡的时日里,元老院可以不制定这样的命令。一切都取决于塞涅卡。一旦他大权旁落,一旦尼禄受到某些坏人的影响,没有什么可以阻挡它回复到卑躬屈节的阿谀奉迎状态——在被劣等的第一公民(提贝利乌斯、盖乌斯、克劳迪乌斯)统治的早些年月,这曾是元老院的特征。这是塞涅卡权力的真正局限之一。他一个人单枪匹马,无法在罗马恢复健康的政治生活。他能够为感恩、顺从的臣民制定优良的法律或实施公正的判决,但是他无法在他们身上培植美德。他无疑清楚这一点,因为没有迹象表明,他哪怕片刻考虑过恢复共和制。在这样的形势下,恢复共和制无异于痴人说梦!

但是,塞涅卡并不是唯一的在那个时代对抗四处弥漫的堕落风气的正直、勇敢之人。他在朝廷上的工作与一位卓异之士特拉塞亚(Paetus Thrasea)在元老院产生的影响相辅相成、并在一定限度内得以短暂地完成。与塞涅卡一样,特拉塞亚是塔西佗笔下真正的英雄之一。与塞涅卡一样,他的名字也和廊下派哲学联系在一起。塔西佗几乎只言及他的行为。我们不禁疑惑他的行为在多大程度上受他哲学的影响。从他的职业生涯中,我们看到甚至在最黑暗的年代,倘若与世俗美德和政治美德为伴,也能为心灵的纯净保留一部分空间。或许他致力于哲学研究的事实足以显露他的品格。

我们已经提到,元老院对朝廷所颁布政策平静顺从。但是随

着时间的推移,元老院被迫在特别关于享乐的事务上对尼禄作出
让步。尼禄成了各种竞技比赛和宴饮的最大推动者,进一步腐化
了好逸恶劳的罗马民众。但是,即便在一个伟大的帝国内部,政府
统治的核心要素依然是被模仿;无论统治者喜好什么,臣民总是倾
向于欲求同样的事物。遵从尼禄在罗马的政策,元老院殷勤地增
加了允许在叙拉古进行表演的角斗士数量。塔西佗说,倘若不是
因为特拉塞亚反对这件事情,他不会记录如此微不足道的小事。
特拉塞亚因为这件事情,遭到那些惯于在所有事情上逢迎尼禄的
人的反对。这是特拉塞亚在《编年史》这一伟大舞台上的首次亮
相。他的动机值得我们探究,因为我们可以从中学到高贵而且深
思之人如何应对那个时代无能堕落的元老院造成的困境。

　　特拉塞亚反对在叙拉古增加角斗比赛。他立刻就受到恶意诋
毁者的攻击,那些人认为,他的干涉意味深长。即便撇开这件事不
谈,他所坚持的信念早已众所周知,为他树敌不少。他们试图通过
把他的干涉行为暗含着的关联公之于众来削弱他的威信。他们察
觉他的行为暗含着一种意图:让元老院习惯性地表明独立于朝廷
的立场。他在批判那个时代在一个小问题上的道德宽容,但是,他
的原则可以运用到更重大问题上的事实并没有逃过尼禄朝臣的眼
睛。特拉塞亚反对这个小问题,是为了给自己的美德原则争取安
全的机会。他是否有可能在更大的范围内实施这些美德或者这些
美德至少有可能影响到个人? 他的敌人希望通过立刻说明这些原
则暗含的关联,让他的策略变得不安全,从而迫使他沉默。他们惧
怕在元老院恢复自由。在这里,正如在我们已经见过的许多其他
情况中一样,君主专制的原则不仅靠君主一个人维持,而且也靠那
些希望凭靠他的恩宠加官进爵的人维护。① 他们抱怨道:

_____

①　或许可以更为准确地说,责任应该由朝臣和统治者共同承担。

　　如若他相信共和制需要元老院的自由，他为何对这样微不足道的事情穷追不舍？……倘若不是尼禄，而是特拉塞亚来统治，帝国的所有其他部分也会变得同样优良？（XIII. 42. 2—3）

　　特拉塞亚并没有表现出取代尼禄的野心。他仅仅提醒元老院要有良好的道德意识。但是，他的敌人能够多么轻易地指控他有取代尼禄的念头。在风衰俗恶的年代，道德是一种危险，也是一项挑战。敢于坚守道德准则的人让他的时代那些随波逐流的人惊惧不安，因害怕他会剥夺他们的影响力和快乐而恨他。特拉塞亚勇敢地迈出了第一步。这一步或许会让不那么大胆的元老们习惯独立地思考。这是一个品行方正的榜样，必将给他们留下深刻的印象。这是在元老院，并由此在公共领域恢复某些高尚意识的开端。它暗示塞涅卡背着尼禄在某种程度上实践美德的朝廷也有了一定的独立。从这个意义上讲，特拉塞亚的策略是塞涅卡政策的完成——试图恢复对公众对高尚的意识：

　　特拉塞亚在他的朋友要求他对这种责难进行辩解的时候，他却回答说，并不是因为他不了解当前的情况，他才对这类性质的命令提出修正的意见。他只是以十分尊敬对方的方式要元老们晓得，只有在他们能够注意到甚至极其细微的事情的时候，才能够不忽视重大的事件。（XIII. 49.4）

　　塔西佗并没有报道特拉塞亚是胜利还是失败。从最审慎的观点来看，这一点和下述事实相比起来并不那么重要：尽管在四分之一个世纪里，数位僭主的野兽行径已经控制了罗马，美德再次拥有了一位代言人。高尚的人能够再次指出某人，他能够公开维护正义。①

人们很容易低估这么长时间的君主专制带来的恶劣影响。特拉塞亚致力的事业是如此基本，以至于作为自由民主公民的我们甚至无法理解。他试图在一个世界恢复关于美德与恶行区别的公共认识，这个世界已经遭受了彻底的腐化和价值转型，在至少二十五年的时间内唯有恶人才能在这个世界里平步青云或声誉卓著。在设身处地反思的基础之上，我们可以确定这种形势的压倒性影响在于挫败高尚公民的斗志，并且让他们完全地去政治化。特拉塞亚从事的是困难和危险的事业，因为实践它的人将得罪各方在确立的腐败环境中平步青云的人。尽管如此，特拉塞亚依然凭借人的勇气和良善给我们留下了深刻的印象，而他也确实考虑过要给后人留下印象。即便在最黑暗的时代，道德也拥有自己的力量。

---

① Arnaldo Momigliano 对于克罗齐（Benedetto Croce）在法西斯的意大利所起作用的评价似乎为我们评价特拉塞亚的影响提供了一个参照物："克罗齐认为自己是僭政和野蛮时代的特拉塞亚或波埃修（Boethius）。他预期法西斯的终结并不会出自人类之手，而是出自神秘的天意。尽管法西斯主义者、尤其是纳粹的所作所为迫使他承认某些历史阶段代表一种真正的倒退，他依然保持着对这个世界听之任之的态度。他把历史当做自由的历史，这从根本上讲是一种宿命论的观点：它依靠天意。因此，克罗齐无法指出摆脱法西斯主义的道路。不过倘若他能够这么做，墨索里尼将不会允许他出声。但是，克罗齐所说的自由并不仅仅是一个哲学概念，它是我们的先辈在'复兴'（Risorgimento）战场上为自己赢得的。克罗齐代表一种对法西斯的永恒谴责，同时将永远提醒我们失去了什么——自由以及思想的诚实，特别是在宗教、社会问题、对外政策、宽容、代议政府、、公正审判、尊重他国以及尊重自我方面。他为意大利文化代言，而他的言论更容易打动人，因为他有可能轻易地成为法西斯主义者。他是联接'复兴'的活的纽带。当纳粹主义开始变得更加残暴的时候，他的反抗更加激烈，他著名的笑话充满苦涩。他的评论——雅利安（Aryan）这个词有等同于'低能'（imbecile）的危险——并没有被世人遗忘。克罗齐在1925—39这些年头的重要性本身很难评价，不过在那些年头生活在意大利的任何人都可能会同意克罗齐阻止了法西斯主义在有教养的意大利人眼中成为可敬的意识形态。"（Momigliano，《重思克罗齐》[Reconsidering Benedetto Croce]，载 *Quarto contributo*，页 108）

倘若有人敢于展示这种力量，不管他人愿不愿意，它都会得到承认。但是，由于这种做法十分危险，这种展示必须非常巧妙地进行。现在我们转向这个问题。

特拉塞亚的一次发言并不能让元老院恢复自由，正如塞涅卡的发言也不能如此，尽管他通过尼禄之口宣扬自己的观点。阿谀奉承者和机会主义者为数众多，而那些憎恨他们的人经常被模糊的恐惧之情压制下去。在尼禄弑母之后，人们普遍的情绪是逢迎或恐惧，因此，在本该受到谴责的地方，尼禄却赢得了人们奴性的阿谀奉承。在庆典或夸张地表达对尼禄的衷心这样的场合，人们的行为最为卑劣。"在一场让人惊诧莫名的竞赛中"，罗马城的领袖人物竞相争着向诸神祈愿。他们让尼禄弑母的那一天成为一年一度的节日，因为"阿格里皮娜的阴谋被发觉"。他们下令立了一座金像，而阿格里皮娜的生日则受到诅咒。塔西佗惊异或恐惧地观望着对真理和标准的如此扭曲。更为令人惊异的是，他这次并不赞同特拉塞亚的行为——特拉塞亚通过公开走出元老院表示对这些行动的批判。

必须承认特拉塞亚和塔西佗或任何好人一样，对于元老院对尼禄弑母的支持感到恐惧。他的行为是一种充满激情的行为，而尽管分有这种激情，塔西佗却谴责了这种行为。特拉塞亚是一位具有崇高精神的人（参 XIV. 48. 3, acerrime increpito），他通常能够因为正义控制自己的激情，因为考虑到能够如何为了公共福祉而恰当地表达自己的激情。但是，元老院那一天已堕落到无以复加的地步。他因为满腔愤怒而没有考虑后果，公开表达了自己的不满。这种公然顶撞必然遭到尼禄的憎恨，而他有权力通过损害特拉塞亚恪守的道路来加以报复。特拉塞亚的行为并不具备任何好的动机，因为他并没有劝阻尼禄不要一意孤行，也没有让随波逐流的元老们下定决心跟随他自己的道路。他之前践行的不那么激怒众人的沉默或许更为审慎。塔西佗强调这一点,因为他严厉地批评特拉塞亚的行为。这是塔西佗纠正笔下人物行为的极少几处地方之一。笔者认为,这是塔西佗钟爱特拉塞亚,并将自己的道路和事业与之等同起来的标志。他们的分歧在于方法(means),而不在于目的(ends)。特拉塞亚的缺憾在于,他对元老院那一天的举措深恶痛绝,以至于无法控制自己。塔西佗认为这是一个过失:

> 特拉塞亚过去对于那些讨好的建议或是采取沉默态度,或是敷敷衍衍地表示同意;但是这一次他却走出了元老院。这种做法虽然给他自己造成了危险,却未能使其余的元老得到独立思考的机会。(XIV.12.1)

正因为塔西佗如此依赖特拉塞亚的事业,才对他格外严厉。我们已经看到,塔西佗赞同他小心地恢复标准的策略。但是,在那一天公开批判元老院的逢迎将令某些人永远难忘,而且他们也不会让尼禄遗忘。因为,他的高尚是对他们的卑劣的一种谴责。它增加了特拉塞亚与和他类似的其他好人不得善终的危险。塔西佗非常坚毅。他并不欣赏宣泄情感或无谓的牺牲。他希望,他的英雄们能够审慎地控制自己的每一个动作,考虑它能为罗马也因此为他们自己带来什么益处。① 公共福祉(到目前为止依然可以说它还存在)需要依靠这样的人活着并树立榜样、引导众人,同时在苦难

---

① "让那些人知道,崇敬那些不被允许的(颠覆性)事物是谁的习惯? 让那些人知道,即便在坏的元首的统治之下也会出现伟人;让那些人知道,倘若在忠诚与节制的同时表现出勤勉与充沛的精力,就能获得最高的赞誉,而许多人是通过雄心壮志的、但对共和国无益的偏激的死亡来赢得这种赞誉"(《阿古利可拉传》42.4)。这段话是塔西佗在评价阿古利可拉的审慎时说的。阿古利可拉是罗马的一位将军,他在图密善这位坏的元首统治之下扩展了罗马统治的疆域,并正义地统治不列颠。

的经历中互相勉励。此外，帝国依然由塞涅卡统治，而尼禄违反纲纪的行为依然受到限制。悲观绝望的建议并不适宜这个特殊的时期。事实上，我们可能会怀疑塔西佗认为悲观绝望的建议永远都不适宜。

在阿格里皮娜于公元59年被谋杀之后，后面年月的政治形势变得十分困难。尼禄越来越大胆，朝廷中有野心的恶棍时不时地更加迫切地要求权力。塞涅卡与布路斯大权旁落，而提盖里努斯则越来越受尼禄垂青。我们已经提到，提盖里努斯试图通过恢复僭政的叛国法来报答尼禄对自己的恩情，而在塞涅卡统治的八年时期这条法律已经失效。有个名叫安提司提乌斯（Antistius）的执政官被指控在一次宴会上吟诵了嘲讽尼禄的下流诗歌，而这个荒诞的案子作为政治犯罪呈送到元老院。这是尼禄王朝开始衰颓的重要标志。塔西佗说，提盖里努斯这样做的目的与其说是要毁掉安提司提乌斯，不如说是想提高皇帝（Imperati）①的荣誉，因为即便元老院判了罪，皇帝也能赦免他。对于那些更为深刻地洞悉这个事件的人而言，它的意义昭然若揭。皇帝的荣誉是以元老院的堕落为代价，而这样的法律能够 恐吓所有的好人，正如我们已经看到它在提贝里乌斯治下如何灾难性地实施。

塞涅卡的势微暂时将特拉塞亚推向了高贵地反抗尼禄的最前线。倘若塞涅卡继续保有影响力，他绝不会让这样的案子呈送到元老院，但是由于事实已经如此，就必然需要元老院中的某位人物取代这位伟大的朝臣。倘若某人能够向尼禄表明元老院无法容忍这种侮辱，他有助长塞涅卡地位的嫌疑；但是无论如何，元老院都可以避免遭受未来与之类似的无礼要求带来的堕落影响，至少可

---

① 这是塔西佗用这个称谓取代"第一公民"（princeps）的为数不多的几个地方之一（XIV.48.2），"第一公民"更符合对政体的共和想象。这是否是这个政体堕落的进一步证明？——它甚至要摆脱共和制有关联的伪装？

以维持一些高尚的形式。倘若尼禄这时开始杀害或放逐好人，元老院连批准的权力都被剥夺。不过，到目前为止，尼禄还没有如此行事。这是特拉塞亚冒险顶撞尼禄的重要原因。如若尼禄遭到元老院的坚决抵制，他或许会放弃这种"新"做法。因此当特拉塞亚在那天起身发言之际，整个帝国未来的政治生活的命运就系于他一人之肩。他希望自己能够维持优良的统治并阻止这个政体的腐朽。

事实上，特拉塞亚并没有发言要求废除这条法律——这种过分极端的要求不可能立刻得到应允。他只是发言反对判处安提斯提乌斯死刑，当选的执政官为了博取尼禄和提盖里乌斯的欢心提议对安提斯提乌斯施以极刑，而依据法律的处罚被弃之不顾。但是，倘若元老院能够顶住压力来增加自己的威严，这对尼禄将是一种威慑，他可能会放弃使用叛国法。特拉塞亚所追求的非常有限，但是足以向朝廷表明，它不能无限制地对元老院予取予求：①

其他人也同意当选执政官的提议，按照"古老的风俗"（而不是按照法律）判处安提司提乌斯极刑。但这时特拉塞亚却在长篇大论地颂扬了凯撒和极为猛烈地斥责了安提司提乌斯之后，提出了这样的看法：一个犯罪的囚犯所应受到的充分惩罚，在一位杰出的皇帝和完全是自由的元老院的统治之下，不一定就是人们所决定的惩罚。人们已不记得刽子手和绞索为何物了。过去许多不同的法律规定了各种惩罚办法，根据这些法律所作的判决既可以使审判官们不致蒙受残暴之名，又可以使时代不致蒙受耻辱之名。（XIV. 48.3—4）

① 这是否让我们联想到 Euryptolemus 的发言，他和苏格拉底一道试图阻止僭主式的雅典群氓审讯那些制止他们收集在 Arginusae 阵亡的将士尸骨的将军。（色诺芬，《希腊志》I. 7. 14—35）

　　注意特拉塞亚"极为猛烈地斥责"安提斯提乌斯。他为这个人的愚蠢行为感到气愤，是他给了朝廷重建僭政的机会。他努力保护的首先是法律统治（间接的是好法律统治）的原则，而不是这个蠢人。塔西佗说"特拉赛亚的独立不依使别的元老也多少改变了自己的奴性"（XIV. 49.1），除了极个别的人，大多数人都同意他的看法。这个现象本身就是塞涅卡的良好统治与特拉塞亚的带头表率鼓舞高尚人士的标志。我们只需注意，元老院在提贝利乌斯治下对于列庇都斯提出的类似建议的态度有多么不同，我们就能明白，这些人的努力并不是完全徒劳无获。①不过我们已经提到过，这样的影响并不永恒。

　　尼禄暂时遇到了抵抗，"尽管他有些羞愧，又有些愤怒"（XIV. 49.2），他最终同意了特拉塞亚提议的符合法律的更温和的处罚。元老院令尼禄感到羞愧！尽管他非常不情愿地表示同意而且写了一封满是怨气的信，元老院依然没有改变自己的决定。塔西佗说，特拉塞亚由于其"一向坚定不屈的性格，而且由于他不愿损害自己一贯的声誉"，坚守了自己的道路。塔西佗并不认为特拉塞亚仅仅出于利他的共和责任感就能表现得如此出色。特拉塞亚将他自己的荣誉等同于为了共善的具有公共精神的活动。在一个具有他这样的能力和高位的人那里，私人动机必然带有公共目的。

　　我们可以从这里看到，即便是英雄也不会对声誉无动于衷。他们不会完全弃绝对他们的好的认可，即便大环境限制了这种认可的敞开。在提贝利乌斯或尼禄的统治之下有德之人不曾胜利。塔西佗充分意识到元首制的悲剧在于缺乏对美德的公共认可，有德之人只能被迫在私下互相勉励。这种状况让塔西佗的历史内涵

---

① III. 49—51。同时参阅 Rene Waltz, *Vie de Seneque* (Paris: Perrin, 1909)，页 383。据笔者所知，这是唯一研究塞涅卡的政治的现代作品。

更为丰富复杂。他不仅告诉我们被恐惧腐化的元老院发生了什么事情，也记录罗马的公共人物在私下、在"宴会和社交的集会上"（in conviviis et circulis）发表的观点，他们在那样的场合因自己共同的公共世界里标准的丧失而相互慰藉。在一定程度上，历史本身展示了对那些邪恶年代的描述——当权者的恶行被认为是恶，而在当时未得到认可的善行获得了其应得的赞誉，并以此来纠正公共领域中的古老恶行。

不过在更深层的意义上，塔西佗试图增加好人的力量，让他们孤独但高贵地忍受残酷的时代。他的教诲十分严苛。"美德本身即是犒赏"这条格言尽管难以遵循，却千真万确。最坚毅的高贵人士总是蔑视与美德相伴而来的、但绝不足以回报美德的尘世的胜利与荣誉。① 塔西佗希望能够磨砺人的意志，让他们承受这个残酷的政体。他希望他们能够变得独立、自足。

在这样一个世界，我们不应当诧异他号召某些人不要展示自己更好的本性，在表面上接受邪恶与腐化之际依然保持一种正义感。由高尚人士组成的团体过于孱弱，无法公开和全面地践行美德。因此，塔西佗甚至谴责特拉塞亚在元老院颂扬尼禄弑母的行为之际走出了元老院。特拉塞亚不必要地添加了整个事业的危险。他不应当过于关注自身，而应当更为巧妙、不那么惹眼地践行美德。

笔者认为首先在塞涅卡的事业中，我们见到了与塔西佗的严苛教诲相伴的艰辛。因为塞涅卡比特拉塞亚更加接近尼禄，因此处在能够增进这个帝国福祉的更好位置上。但是他为自己的影响

---

① 参考亚里士多德在《尼各马可伦理学》中的言论："拥有伟大灵魂的人总是特别关注荣誉和耻辱，他会为贤人赋予他的崇高荣誉感到适度的快乐，因为他接受了是他自己或少于他自己的事物。因为荣誉并不足以匹配完满的德性。不过他依然会接受荣誉，因为其他人不能赋予他更好的东西。"（1224a6—10）

力付出的代价是不得不在看起来可耻的琐事上向尼禄让步。在尼禄家族发生的两起谋杀之后他依然恪守自己的位置。他似乎宽恕了尼禄惊世骇俗的竞技比赛和诗歌朗诵。他从尼禄那里接受了大量的金钱的馈赠，为此责备他的声音从那时起到后来就不绝于耳。我们已经解释过为何这种做法是必要的，而塞涅卡是如何不为这些礼物所动。为了良好地统治罗马，他在历代充满道德义愤但不政治的思想家中丧失了声誉。是否因为塞涅卡多少意识到所付出的沉重代价，才多次借尼禄之口宣扬这些纯粹的原则？（XIII. II. 2）即便是为了这个世界的共善的缘故，塞涅卡也不希望自己被其他好人蔑视。但是他接受了他们的严词诋毁，这正是他的伟大之处。

但是，即便具备塞涅卡和特拉塞亚同样才干的人也为在这样的环境之下践行美德感到痛苦，因此，我们能够明了为何特拉塞亚恢复公共认可标准的使命是如此重要。只要尼禄表现出软弱的姿态，从而让元老院坚定地致力于美德，或是只要元老们能够表明同，他们可以做到这一点，践行美德的道路就不会如此孤独。

特拉塞亚在元老院的干涉行为并非毫无效果。那时实际上还在进行关于叛国罪的另一场审判，但是在特拉赛亚的英勇抵抗之后，直到两年之后尼禄才敢把这件案子送到这个庄严的集会场。由于尼禄已将腐化的阴云积聚到罗马上空，这一点已是一个不小的成就。

在尼禄统治中期，特拉塞亚依然是元老院中最要的领袖人物。塔西佗用较长的篇幅记述了特拉赛亚做的一次发言，他在这次发言中试图说服元老院通过行省的臣民不应溢美从元老院派到他们那里的长官这样一条法令。因为这种做法诱导地方官偏向某些有权势的臣民镇压民众，而且在他们的任期结束之后依然能为他们赢得荣誉。塔西佗认为，用法令来终止这种实践是特拉塞亚为公共福祉所取得的成就之一（XV. 20. 2）。但是，在塞涅卡公元62年还政于尼禄和提盖里乌斯之后（XIV.56.3），特拉塞亚很快从公共生活中隐退，因为他不再希望能够阻止这种生活的衰颓。对于这位具有独立精神的反对派而言，公共生活变得不再可能。这一点赋予我们衡量塞涅卡重要性的标准。尼禄一个接一个地残杀显赫人物，因此，对于在公元 65 年暴露的一场阴谋的处理更加血腥。在尼禄的报复对象中有无辜的特拉塞亚。我们现在希望看到特拉塞亚如何在甚至死亡降临的那一刻依然保持他的影响力和英雄气概。因为尼禄决定必须让他死："在屠杀了这样多显赫人物之后，最后尼禄焚烧的激情竟然想通过杀害特拉塞亚来毁灭美德本身"（XVI.21.1）。

塔西佗让我们注意尼禄的真正动机和可在公众面前站得住脚的托词之间的差异，因为他曾两次提到指控特拉塞亚的罪状。一次由特拉塞亚的劲敌卡皮托（Capito Cossutianus）向尼禄提出，另一次则在朝廷上公开讨论。对尼禄至关重要的私人动机没有在公共场合重复。在其他元老辱骂阿格里皮娜的时候特拉塞亚走出了元老院；在观看比赛时特拉塞亚也并不这么热心，表明他并不赞同举办这些活动（尼禄对此怀恨在心）；他还不惜违反尼禄的意愿，建议一项较轻的刑罚；在尼禄的第二任妻子、女凶犯波培娅死后，当元老院对她歌功颂德的时候，他避不参加，之后也没有参加他的葬礼。塔西佗说，提盖里乌斯的女婿卡皮托"绝不允许这些事情被尼禄遗忘"，因为他自己也曾被特拉塞亚抵制和告发。另一项指控，而且被认为在公众面前站得住脚的指控是，特拉塞亚已经将近三年未曾履行公共义务。

这个邪恶的团伙把沉默与退隐解释为暗中煽动暴乱，他们甚至不允许美德有这样的避难所或对他们穷凶极恶的行为如此温和的谴责。特拉塞亚与他的一些朋友和亲戚立即在重兵把守的元老院接受审讯。尽管不少元老爱戴特拉塞亚，但是他们除了宣判他

有罪之外别无他法。在那个悲哀的日子,尼禄的僭政比以往任何时候都更为沉重地压制着他们:

> 元老们听着,内心并无悲痛之感,因为接二连三出现的危险使他们心中早已感到习以为常了。但是当他们看到近卫军士兵的手都放在武器上的时候,他们却感到了一种从未有过的、更加强烈的恐怖。同时,特拉塞亚的可尊敬的形象也出现在他们的头脑里。(XIV.29.1—2)

在这场审讯之前,特拉塞亚与他的"密友"们再三讨论是应该在元老院为自己辩护还是在家里等待结果。这是一位有德之人在那个时候必须面对的最后的也是最极端的问题:他如何才能最有成效地走向死亡? 在特拉塞亚这里,问题转化为他如何能够最为高贵和荣耀地终结自己的生命,同时如何能够为他视如生命的事业添上最绚丽的光彩。在他权衡这几件事的时候,他并不在意承认自己品德上的缺陷或对公共福祉所犯的过失。首先,是那些认为特拉塞亚应该去元老院辩护的人的论证:

> 他们确信特拉塞亚一定会很坚定。他讲的话只会增加他的光荣。只有懦弱的和胆怯的人才会死得不声不响。让全国都能看到敢于正视自己的死亡的男子汉吧。让整个元老院都能听到可能被认为是出于某位神的启发,并且是超人的言论吧。说不定甚至尼禄也会被这一真正的奇迹所感动。但是,如果他依旧坚持他的残暴行为的话,那末至少后世的人一定能分辨出一次光荣的死亡和一次沉默而卑怯的死亡之间的区别。(XIV.25.1—2)

　　从这段论证的文字中,我们能够再次发现,某些具有高贵精神的人如何沉痛地感受到公众认可标准受到破坏。尽管已经降低到如此极端的地步,他们依然渴望特拉塞亚的美德能够得到公众认可,因此美德本身也能得到认可。他们希望特拉塞亚能够公开地走向死亡,这样他的美德就会收到一定成效。且让那位僭主被公众称为僭主。尽管遇到了挫折,他们依然对美德这一巨大的现实作用印象深刻。他们都有一种高贵的单纯和乐观主义。即使出现了如此众多的相反的例证,他们依然希望尼禄能够受到触动。或许他能够理解特拉塞亚如此急迫地恢复美德的公共维度的希望与纯真。

　　那些反对特拉塞亚去元老院为自己辩护的朋友指出他目前的危险处境。如果他进入元老院,他将受到猛烈的抨击。甚至一些人会因为恐惧和根深蒂固的恶意动起武来。好人在这种场合下也可能迫于形势责备特拉塞亚。要尼禄因为自己的丑行感到羞愧只是"痴心妄想"(inrita spe)。他们担心这样做会进一步激发尼禄的残暴,伤害特拉塞亚的家人。这些人对岌岌可危的形势不抱幻想。但是,他们在讨论中并没有悲观绝望,完全屈从于压倒一切的恶。或许他们比他们的朋友更为坚强,他们认为,美德自身就是犒赏,因此并不要求添加公众的认可。或者毋宁说他们关注的"公众"已经缩小为一群漠视世俗成败的自然精英。在他们看来,特拉塞亚早就加入了哲人的永恒行列——他们的高贵得到认可,尽管不是被这个世界认可。他们依然谈到荣誉:

　　　　他的荣誉丝毫无损,清白无暇。他应当死得与那些他在生平追随其脚印并恪守其学说的人一样光荣。(XIV. 26. 3)①

---

① *Proinde intemeratus, impollutus, quorum vestigiis et studiis vita duxerit, eorum gloria peteret finem.*

这里提到的无疑是苏格拉底的生与死。他是特拉塞亚活着时光辉的榜样和死亡时坚强的慰藉。这是《编年史》令人惊异的秘密。这本书提到过哲学与哲人，但是极少在重要时刻推崇他们的高贵，却又隐晦地表示他们对英雄们的生活具有决定性影响。特拉塞亚和塞涅卡在事业中表现出来的坚毅高贵来自于他们的一种追求，而塔西佗只容许我们一瞥这种追求。他或许认为哲学并不能像政治行为那样被言说，它只能被践行。这是他在写作《编年史》时为自己设立的最深层的界限。

当然，判决特拉塞亚的结果已经预先知晓。支持特拉塞亚的人没有再为他争取一个更为温和的处罚或无罪释放。这些做也毫无效果，因为自从塞涅卡退隐之后，这个政体已经败坏到无以复加的地步。其中有一位热血沸腾的年轻人，保民官阿路列努斯（Rusticus Arulenus）因为渴望获得赞誉（XVI. 26.4），提出他将否决元老院的决议，但是特拉塞亚劝阻了他，认为这样做毫无作用。从他的发言中，我们可以感受到他静穆的高贵与极度的审慎：

> 他自己的一生已经结束了，他无论如何不能放弃他在多年间从未间断地奉行过的处世之道。但是路斯提库斯却刚刚走上自己的从政的道路，他的未来完全可以由他自己决定：因此他必须在事先好好考虑，在这样一个时代里，他应当采取怎样的政治立场。（XVI. 26.5）

特拉塞亚首先是节制的教师，塔西佗在其他地方将节制称之为"智慧中最难的一课"。①

因此他在自己的花园里等待对自己的判决。不同寻常的是，他

---

① *quod est difficillimum ex sapientia, modum*（《阿古利可拉传》4）。

不需要孤单地等待。一群声名显赫的男人和妇女冒着触怒尼禄的危险，在他生命的最后时刻伴随在他左右。他们敢于暴露自己，是因为他们仰慕特拉塞亚的德性，并宁愿牺牲自己的生命和运气也不愿让特拉塞亚这样的人孤单地承受等待死亡的痛苦。高尚人士在私下的这种团结是对于他们痛失共同的公众世界的一种慰藉。不过，特拉塞亚却在自己的最后一天远离这些怀着好意的人。他急切地走到犬儒哲人戴米特里乌斯（Demetrius）①身旁，与他严肃地探讨灵魂的本质以及精神和身体的分离。只要他能够，他就希望模仿苏格拉底的死亡，这体现在他的坚定不移和他最后沉思的对象之上。

他的一位密友向他报告了元老院的决定，于是特拉塞亚要求身边的所有人赶快离开，以免继续身处险境。他高贵的妻子愿意与他一同赴死，特拉塞亚劝阻了她：她应该为了他们的女儿继续活下去。最后，行刑官发现他的神色与其说是悲哀，毋宁说是欢乐，因为他已得到消息说，他的女婿赫尔维狄乌斯躲过了死刑，被放逐到意大利。他把维狄乌斯和戴米特里乌斯带到自己的卧室，让他们把他手臂上的血管割开，由此留下了塔西佗有意为之的、历经千载也无法磨灭的画面：

> 当血流出来、洒到地上的时候，他就把行刑官唤到近前，对他说：我们在向解放者朱庇特神行灌奠之礼呢。年轻人啊，

①　塞涅卡曾将此人与最伟大的圣哲做比较："我不会向你提起苏格拉底、克吕西波、芝诺和其他伟人，他们显得更为伟大，因为在评价古人时一般不会受嫉妒心的影响。我将会些许提到戴米特里乌斯，在我看来，他是我们这个时代产生的事物的本质——他不会被我们败坏，我们也不会被他败坏。他是一个具有绝对智慧的人，尽管他自己否认这一点；对于自己提出的主张坚定不移；具有能够教授最有力事物的真正的雄辩，不是靠着温文尔雅的姿态或雕琢的词语，而是靠着能够真正追随着主题的头脑获得这一点。出于这个原因，我毫不怀疑是上天给了我们这个人以及赋予他雄辩的能力，好让我们这个时代并不缺乏榜样或责备的声音。"（《论恩惠》，VII. 8）

> 看吧——让上天不要垂示这样的朕兆吧！——但你是生活在
> 这样一个时代里，在这个时代里，坚定的范例对于锻炼坚强性
> 格是有好处的。（XVI. 35.1）

特拉塞亚这样死去。即便在他最后的时刻，他也不忘指引和勉励正直的人在他们无法改变的阴沉的命运面前高贵地承受。他假定即便是这位尼禄命令的执行者也仅仅是执行这位僭主的命令（正如塞涅卡死亡时在他身旁的传令官那样）。因此，特拉塞亚劝勉这位官员用坚毅的范例来增强自己的意志。

《编年史》的手稿在这时不幸出现了断裂，我们无法看到特拉塞亚对戴米特里乌斯最后说的话。由于后来岁月的冷漠或是恶意，①《编年史》中失佚的还有尼禄统治的最后两年以及他的悲惨死亡。不过，可以说《编年史》目前的结尾仍然和塔西佗的伟大主题相匹配，而且并不误导人远离他认为最为重要的事物："你生活在这样一个时代。在这个时代里，坚定的范例对于锻炼坚强性格是有好处的"。

在这些年月里，一直有让人悲观绝望的因素，但是，塔西佗从不教导人悲观绝望或是屈从于统治世界的卑劣君王的恶之中，这一点让人叹服。相反，他的作品颂扬了那些能够与僭政对抗的英雄，"用受到某位神的启发，超越人类的话语"。他们的美德是坚持不懈：在危机四伏、敌意重重的世界中承负。塔西佗尽管没有教导

---

① "在那些早年岁月里，当我们的宗教开始获得法律上的权威，许多人狂热地摧毁各种异教书籍，饱学之士由此遭受了巨大的损失。我认为这种失序对文学造成的损害比野蛮人的火把更为严重，其中塔西佗是一个很好的例子。因为尽管他的同族塔西佗皇帝通过命令让世界上的所有图书馆都存放他的作品，然而任何一本完整的书都无法逃脱某些人的吹毛求疵的调查，这些人渴望通过与我们的信仰相悖的无关紧要的五、六句话来毁掉他的作品。"（W. Hazlitt 译，《蒙田作品集》[*Works of Michael de Montaigne*，Boston：Houghton Mifflin，1887]，2：425）

我们蔑视尘世的荣誉与成功,却教导我们美德让人独立于这些事物,而且尽管大众对美德抱有敌意,它却值得我们钦慕。① 在首次阅读塔西佗作品的时候,我们通常会感到,塔西佗在为这个世界不堪一击的清白纯真和经常被出卖的正义感到悲哀。我们担心在这个宇宙帝国中没有逃亡之处也没有隐匿之所。但是在掩卷沉思之际,我们会发现塔西佗的悲哀之心被崇敬之情所取代——他崇敬

---

① 塔西佗的一部小作品的主题与我们目前讨论的这一章的主题相同。它是关于塔西佗岳父阿古利可拉的传记。阿古利可拉在图密善统治后的数年内,将罗马的统治扩展到不列颠行省,并且在不列颠施行可以垂范的正义统治。阿古利可拉也是极度节制的人,他运用了一切人类可能运用的方法来贬抑自己的成就,因此在善妒的图密善和某些朝廷显贵的统治下仕途通达。《阿古利可拉传》的主要教诲是:节制让即便在僭主统治下的公共事业成为可能。阿古利可拉在返回罗马庆祝他征服不列颠的几年之后逝世。有人说他是被毒死的(《阿古利可拉传》43.2)。塔西佗对自己岳父的颂扬是他个人对美德之爱的最为热切、最为美好的表达。我们在其中可以看到塔西佗把自己的作品当做关于美德之人的完整作品的不可分割的部分:"倘若虔敬之人果真有一处栖身之地,倘若(如那些智慧之人所欣悦的那样),伟大的灵魂不会随着肉体毁灭,愿您(阿古利可拉)安宁地休憩;愿您呼召我们——您的家人,不要继续沉浸在软弱的欲望和妇人的恸哭之中,让我们沉思您的美德——它不应该为人哀悼或恸哭。相反,让我们以钦慕和不朽的赞誉来荣耀你,而且如若我们的天性适合,且让我们效仿你的生活。这是对每一位最近的亲人而言,真正的荣誉和真正的虔敬。我将这样教导你的女儿和妻子:她们应当珍藏对父亲和丈夫的记忆,在自己的头脑中复现他的言语和行动,拥抱他精神的外形和轮廓多过拥抱他的肉体。并不是我觉得应该禁止铸造大理石或青铜的塑像,但是人的面孔以及塑像的面孔都是易碎的、必朽的。唯有精神的形式才能永恒,而且尽管你不能通过异质的材料和技艺来把握和表现它,你也可以通过你在自己的品质来呈现它。我们对阿古利可拉的爱与钦慕将存在并继续存在于后人的心灵中,存在于永恒的岁月中,存在于历史的记载中;遗忘已经淹没了很多没有荣誉、不为人知的古人,阿古利可拉却是一位幸存者,因为他的生平已被(我)记录下来并为后人传诵"(《阿古利可拉传》46.1—4)。塔西佗的作品为那些表现出色的优秀人物提供了永恒的认可。唯有通过他的力量,他们才能注定幸存下来。他本人是对好人的祷告的应答,因为美德通过他获得了应得的不朽地位。塔西佗赞颂心灵的不朽作品的荣誉多过赞颂已逝之人作品的荣誉。思考下述令人印象深刻的段落:"胜利的荣誉被赋予 Poponius,不过这只是他后世声誉的一部分,而他的诗篇给他带来的荣誉远远超过他的胜利。"(XII.28.2)

那些通过自己的努力使其事业并非毫无效果之人，以及那些即便在死亡或毁灭之际，也通过自身英雄般的强力和美德成为典范之人。塔西佗教导我们热爱不受任何人工雕饰，仅仅因为其内在而显得美好的德性。倘若有必要，人们应该学会践行不要任何外在修饰的美德。

第六章　哲学与演说术腐化的原因

1.　政治参与的另一种形式

　　那些典型的政治人物——塞涅卡与特拉塞亚的经历和命运向我们昭示：在一个腐化之风蔓延、邪恶帝王统治的时代，政治行为所带有的风险和局限。他们二人都赢得了不朽的荣誉，而且在一段时间之内、尤其是在塞涅卡执政时期，帝国之人较少遭受不义。但是他们二人都未能在统治体制内部发动一场深刻、持久的变革，而他们所行的"善"，皆以与"恶"的妥协为代价。因此，我们有理由询问：在这样的环境之下，政治行为是否总是高贵并由于它本身而值得选择（choiceworthy for its own sake）？塔西佗必然也会产生同样的困惑，尽管他的《编年史》未能表明他曾提过这个问题。

　　或许他并不认为归隐田园有何高贵可言，但是，在按照自己的方式渡过漫长而荣耀的政治生涯之后，他毅然选择退隐。或许他认为，讨论这种可能性伴随着危险，因为他人皆认为退隐生活并不高贵。倘若自己的理性判断不暴露在所有人的视野中，潜在的哲人、哲人—史家和诗人们将能够最好地保护自己。他们的选择可能会暗含一种对任何社会中政治人物的生活和目标的批判,因此会更加激进和令人不安,不仅对塔西佗时代的大多数人如此、而且对所有时代的大多数人也如此——凭靠这些人的好意塔西佗得以生存并获得不朽。对政治行为的批判犹如炸药,任何审慎的作家都会极度小心地处理。

但是,我们对塔西佗作品的研究并非劳而无获,因为这个问题实际上在他的小书《关于演说家的对话》(*Dialogus de Oratoribus*)中得到了处理,尽管作者带着应有的谨慎态度。在这部作品中,塔西佗把自己呈现为一个年轻人,尽管他一直没有说话,几位主要发言人最重要的话语几乎首先都是冲着他而发。我们不禁会疑惑,这本书记述的讨论会不会是塔西佗教育过程中的一个重要事件? 由于《对话》探讨政治参与或政治退隐的问题、兼之以最好生活的问题,我们或许可以推断它是塔西佗最大胆的作品。不过由于这些主题并不是由塔西佗自己、而是由一些德高望重的人物加以讨论,而且讨论一直以周详妥帖的方式进行,因此《对话》可以恰当地称为塔西佗最不直接和最谨慎的作品。

这部作品由某个问题开场,这个问题不涉及对政治的激烈批判,对政治的激烈批判要到临近结尾(《对话》41)才出现。塔西佗曾经常被问到这个问题,提问人是加斯图斯(Fabius Justus)、显赫的政治人物、公元 102 年的执政官、军团指挥官①、行省总督—— 一个我们几乎不会指望能从他身上发现不同流俗的、从政治中退隐的渴求和欲望之人。这个问题没有暗含对政治的激烈批判,但它确实暗示一种对帝制的可能批判。加斯图斯经常问塔西佗:为何"我

---

① 根据 Syme 的观点,"法比乌斯是图拉真时期的高级指挥官之一"。他猜测加斯图斯在 Dacian 战役中获得图拉真军队的一个位置。参《塔西佗之友》(The Friend of Tacitus),载《塔西佗研究十论》(*Ten Studies in Tacitus*,Oxford:Clarendon,1970) 页 113,116。

们"的时代缺少伟大的演讲者,而此前数个世纪众多卓越演说家的天才和荣耀汇聚罗马?(《对话》1.1)他因此谈及被普遍视为最高贵的政治技艺、甚而最高贵技艺的衰退(《对话》6.3,7.2)。如果这种情况属实,它对罗马帝制将是沉重的一击！塔西佗没有给出自己对这个问题的回应,而代之以叙述他在"非常年轻"时听到的一场对话。

塔西佗非常细心地挑选全面回答加斯图斯问题的时机。他的对话以政治和道德的危机时刻为背景,危机由某个马特努斯(Curiatus Maternus)一手挑起,他在腐败的专制制度下有意触犯众怒,吟诵以刚正不阿、恪守美德的卡图为主题的悲剧。这一行为"据说冒犯了当权者的心灵"。马特努斯预见了这个后果并坦然接受。更为重要的是,"城邦各地时常谈论这件事情"(《对话》2.1)。如这位诗人所知的那样,某些圈子里的人们必须采取某种立场,要么支持要么反对他的论证。这不禁让我们联想到索尔仁尼琴的《哈佛毕业典礼致辞》(*Harvard Commencement address*)引发的躁动.或许一个更为恰当的对比是,柏林在希特勒统治期间上演以歌德为主题的戏剧——希特勒的统治全然践踏了歌德代表的人性与高贵。

在马特努斯吟诵之后的第二天,整个城邦仍然处于对马特努斯大胆行为的震惊之中,塔西佗的两位演说术老师拜访了马特努斯,同行的还有他们最富热情的学生塔西佗。这两位老师——阿佩尔(Manius Aper)和 塞孔都斯(Julius Secundus)均是德高望重之人,天赋异禀,在论辩演说和法庭演说上所向披靡——在维斯帕先统治的和平年代,这两种技艺曾是最为稳妥地通向荣誉与财富之路(《对话》17.3)。塔西佗称他们为"我们集议场上最耀眼的天才"(《对话》2.1)。在生命的这个阶段,当自己还"非常年轻"时,塔西佗崇拜他们。在这篇对话的开端部分,塔西佗似乎和众人一样认为演说家非常高贵。但是即便作为一个伟大演说家的崇拜者,他更为崇拜他们演说的技艺和力量，而非他们获得胜利的观点。

> 我以前曾热切地聆听二人（阿佩尔和塞孔都斯）的言论，不
> 仅在法庭上，也在家里和其他公众场合；我怀着奇妙的对学习
> 的渴望和年轻人的热忱，急切地加入他们。他们的对话、辩
> 论、乃至私人交谈中的秘密我都尽收入耳。（《对话》2.1）

在这篇对话的结尾，塔西佗将找到理由来修正或限制这种年
轻时代对政治演说、乃至政治生活方式毫无保留的崇拜（《对话》42.
2）。我们认为这一点是整篇对话最全面、最深刻的主题，甚至比演
说术在罗马帝制下的衰落更为重要（对勘由哲学观点而来的对政治演
说的蔑视，《对话》41）。这也是隐藏最深的观点，因为塔西佗暗示自
己有所了解并深受打动，但对自己了解到什么未置一词。在某种
意义上，塔西佗是《对话》最为重要的人物，而《对话》的隐秘意图是
展现塔西佗生命中最重要的事件、他对人类最真实状态的介绍以
及他首次考虑的问题——什么样的生活才是最高贵或最好的生
活。这篇对话与之相应地传达出对习俗的政治生活方式的最为激
烈和最为详尽的批判，尽管那样的政治生活并不乏捍卫者。

2. 阿佩尔的第一篇讲辞：为演说术一辩

当那三个人找到马特努斯的时候，他正手捧着自己前一天吟
诵的《卡图》细细研读。塞孔都斯开门见山地说明来意：他要警戒
马特努斯，他的行为风险太大，应该掂量掂量自己的作品能否生
存、甚至自己能否生存。他建议马特努斯删除作品中过于直白的
段落，尽管这样可能有损作品的价值。正如塔西佗在其他地方所
言："风衰俗恶的时代对美德充满敌意"（《阿古利可拉传》1.4）；因

此,考虑到自身的安全问题,美德的朋友不能坦率地言说。塞孔都斯认定马特努斯是只知道思考卡图而完全忘记自己(sui oblitus,《对话》2.1)的蠢蛋。这或许是青年塔西佗心中的一个问题:是否曾存在这样的环境——人们合理地失去或抑制对自我的关心,被某种更高远或更高贵的目的完完全全地吸引? 审慎能够在何种程度上限制或控制这样的热忱? 尽管塔西佗可能会有这样的疑惑,塞孔都斯首先发言:

> 马特努斯,难道那些心怀恶意者(malignorum)的谈论一点也不让你害怕? 难道你就不能稍微减少一点对自己《卡图》无耻言行的热爱? 你是否去除了导致你的题材被曲解的因素,这样你发表的《卡图》即便不会更好,但至少会更安全?(《对话》3.2)

马特努斯或他的《卡图》或他们二者都会被"心怀恶意者"的"曲解"毁掉。

在更早的段落中,我们发现塞孔都斯和阿佩尔自己也遭受"很多以恶意揣度他们之人"(Maligne,《对话》2.1)的攻击。这可能是所有成功和卓异之士的宿命(对勘《阿古利可拉传》1.1)。但他们是能够在法庭上为自己的辩护的演说家,马特努斯则不过是个诗人,因此他的处境更加艰难。塞孔都斯建议,他保护自己的惟一方法是修改他的作品,把那些对抗这个时代和当权者的言论统统删除。被塞孔都斯称之为"歪曲"的解释或许正是这部悲剧的要点,但马特努斯无意修改。在把书递给塞孔都斯的同时,他直言不讳地说:"你会读出马特努斯自己承认的东西,你也会从中认出你听过的东西"(《对话》3.3)。实际上,马特努斯根本没有被反对者吓倒,他甚至更进一步决定了自己下一步悲剧的主题:"《卡图》言之未尽的事物,《提埃斯特斯》(*Thyestes*)将在下一次吟诵中一吐为快"①(《对话》3.3)。

这时阿佩尔插话进来,从安全问题转移到一个更为庄重的主题,因此加深了对话者之间的矛盾。他不满意塞孔都斯的批评,更加严厉地斥责马特努斯。因为马特努斯在从事诗歌创作之前曾做过演说家。阿佩尔谴责他为了轻佻的嗜好而放弃了高贵的演说术。他不无恨意地提出指责:"你浪费了大好时光,之前是因为《美狄亚》,现在——瞧! 为了这本《提埃斯特斯》!"(《对话》3.4)这些东西不过是适合孩童的"寓言"。在塞孔都斯仅仅抛洒同情的地方,阿佩尔不遗余力地鞭挞嘲讽。只不过,塞孔都斯认为,马特努斯幼稚,阿佩尔则认为他不走正道。

马特努斯保持着平静,虽然他向阿佩尔承认,如果不是在此之前经常争论这个问题,"我可能会因为你的严厉而感到惴惴不安"(《对话》4.1)。尽管这个争议由来已久,马特努斯却选择回应阿佩尔的指责。因为,虽然塞孔都斯提醒他注意他已树立敌人,阿佩尔的指责却威吓他将失去朋友。人们怜惜愚人的厄运,哪怕他咎由自取;但人们谴责那些有人给他指出错误,却拒不悔改之人。

马特努斯试图利用这次机会,他提议让塞孔都斯做"法官",自己在他面前为自己所选择的生活辩护。虽然他表现得非常优雅,但是,对他和阿佩尔而言,这是讨论最严肃问题的时刻。这场辩论将集中探讨:对一个高贵的人而言,什么是最好的生活——政治或退隐、演说或诗歌。我们说政治而不说演说,因为正如阿佩尔即将论述的那样,巧言善辩的能力对于成功的政治生涯不可或缺(《对话》6.13)。考虑到政治的严肃性,以及至少在某一方面捍卫它的热

---

① 这一点说明罗马共和制并不是《卡图》的主题。马特努斯的批判比这一主题更加深刻、更加难于回答。

忧和激情(参《对话》11.1)，它不是一个审慎之人希望诉诸公众评判的问题。塞孔都斯自然不情愿担任马特努斯这样随随便便、突如其来安排给他的法官角色。实际上，成年塔西佗的谨慎不亚于塞孔都斯，因为如我们将要看到的那样，他有意不公开这次评判的结论。①

　　塞孔都斯一直保持沉默，并且在这两位争论者之间充当仲裁。阿佩尔正式地提出他的指控，犹如身处法庭。他热爱自己在其中追求光辉事业的那个世界，但他现在必须为自己职业的正当性作辩护。他必须合理地说明，他的爱好是善的，因而值得被爱。在他看来，演说术不仅最有利可图，也最为高贵。因此，有能力演说的人应该践行这一技艺。这不仅仅关乎个人的趣味或嗜好。他觉得不可理解一个有理智、有能力的人会放弃他的机会，除非——这也是马特努斯被"指控"的原因——他道德败坏。

　　　　既然我们已经找到裁决这项法律争端的法官……我将在所有人之前控告马特努斯。因为尽管他天生具有男人气概和雄辩的口才(他可以凭靠这一才干获得并守护友谊、争取同僚、成为行省长官)，他却放弃了对这项技艺的研习——在我们的城邦中没有什么能够比它带来的利益更丰厚、获得的职位更显赫、或者为城邦争得更高的声誉、更容易被整个帝国或万民注意。(《对话》5.4)

　　这项指控建立的基础是假定演说术善于谋求的事物皆是好的事物。阿佩尔是多么热爱这些事物，他是多么深情地赞扬利益、高位、城邦的声誉、个人在整个帝国甚至万国的名声！只要有可能，

————————

① 塞孔都斯暗示他倾向于支持诗歌。

个人就应该培养自己的演说能力,因为它是最确定的通向幸福的道路。在阿佩尔看来,幸福或整全在于财富、高位、荣誉和一切个体可以谋求的东西。因为他在阐述过程中悄悄漏掉了对城邦的义务。

讲辞的第一部分列举了演说术的好处(《对话》5.5—8.4)。它包括四个小节:第一节论自我辩护;第二节论高贵的快乐,其中最主要的是荣誉;第三节论名誉;第四节论世间的成功,这意味着政治影响,但首先是财富。我们将提到阿佩尔赞扬演说术的最重要观点。第一节以这条众人皆知的道理为基础:"我们所有的言论和行为都必须以对生活有用为导向"(《对话》5.5)。最为有用和必须的是自我辩护,因为阿佩尔把公民生活理解为在法律的装备之下、在法庭上进行的一场战斗;这是放之四海而皆准的真理还是适用于罗马帝国的真理,我们将留待马特努斯讨论。在道德沦丧的时代,一些人出于卑劣的动机或出于利益在法庭上作伪证控告自己的同胞。阿佩尔没有详细阐述这一主题——生活是殊死的竞争,它的主要工具是法庭演说;因为他的目的是颂扬演说术,而这样的观点必定会贬低它的价值。阿佩尔试图坚持演说术是最高贵的技艺。

在详细说明的段落中,阿佩尔首先描述了演说术是多么有用,演说家可以为朋友辩护、帮助他们抵御敌人的攻击,同时"自己安然无恙、防守谨严,尽管拥有某种永恒的权力和影响"(《对话》5.5)。或许阿佩尔的意思是出于对演说者能力的恐惧,他的敌人和嫉妒他的人不敢冒然发起攻击。但是在他结束之前,阿佩尔承认演说术最终的益处在于法庭上的自我辩护:

> 对于遭受指控、身处险境之人,雄辩立刻成为堡垒和武器,无论是在法庭还是在元老院、或是在第一公民面前,你都可以用它捍卫自己、攻击敌人。(《对话》5.6)

因此，对于一个成功的政治人物而言，当身处乱世、敌人环伺、危机四伏（即便在自己同胞间也如此）之际，演说术就成了必要的装备。他还提到"嫉妒者"，说明成功尤其可能使人身处险境。[①]

在讲辞的第二部分，阿佩尔颂扬演说术，因为它带来"高贵的快乐"。这一节列举了各种"高贵的快乐"（honestas voluptates），它们来自对诸如财富、权力、荣誉等"善"的占有和在各种演说类型中展示自己天才的体验，这种体验既在于演说自身也在于让观众如痴如醉的能力；不过这些快乐中首要的是荣誉：

> 对于一个自由和天资卓越的灵魂、生来就为了高贵快乐的灵魂，还有什么比看到自己住所总是挤满了最聪明的人更甜蜜的事情？（《对话》5.6）

阿佩尔在这里谈到罗马的习俗：朋友、依靠他的人（食客）、心怀好意之人、溜须拍马之徒、以及那些认为自己可能需要他帮助之人都对成功的演说家礼遇有加。我们发现阿佩尔的颂扬方式中最令人惊讶的一点是：他把高贵和快乐结合在一起，以此作为生活的目标。那些最优秀的灵魂"生来就为了最高贵的快乐"。阿佩尔似乎是某类"世故的贤人"（sophisticated gentelman）的代表，对他们而言，快乐而不是美德才是生活的目的。不过，他也不是庸俗的享乐主义者。他谈的是"高贵"的快乐而不是身体的快乐。毫无疑问，阿佩尔不是哲人，在他列举的"高贵快乐"中，求知或求知的过程并不包括在内。阿佩尔强调的"高贵快乐"是政治的快乐。它们首先由人们对自己的颂扬或依赖构成：

---

① Aper 关于成功政治人物遭遇危险的评判适用于他本人和塞孔都斯的情况。这一点明显可以从介绍部分看出来（《对话》2.1）。

巨额财富和强大权力带来的某种快乐是否如此强烈，能
让那些年高之人（他们受到整个世界的爱戴、几乎拥有一切）承认他
们没有拥有最好的事物？—— 看！成群结队的罗马公民尾随
着漫步的他（演说家）！（《对话》6.3—4）

在阿佩尔看来，巨额财富和强大权力是好，只要它们能获得荣
誉和影响并由此成为某种快乐。阿佩尔最爱自己的生活，因为它
能获得最大的快乐——在公众面前展示自己超越了城邦中最显赫
的人，不，超越了整个世界。

出于抵御对手和敌人的严峻必要性，阿佩尔通过把演说最大
的益处理解为高贵的快乐，试图掩盖它那丝毫不值得称道的起源。
阿佩尔难道不是用关于"自由心灵"的"高贵快乐"的各种豪言壮语
来自欺欺人吗？他现在似乎忘记他在第一节告诉我们的演说术的
效用。尾随演说家风光漫步的是那些担心在腐败的法律活动中失
去自己财富乃至生命的人。演说家因为这些人表面上的风光而倍
感愉快——受到整个世界的爱戴、几乎拥有一切，尽管他们不并是
风风光光地来到他面前，而是因为需要或面临危险。演说家陶醉
于这些人的崇拜之中，而他们在崇敬他的同时真正希望的却是利
用他。

阿佩尔被公众对演说术显赫地位的证明深深打动，因为他强
调自己是一个政治人物。如果我们严苛一些，我们会说，他在这里
没有足够清晰地区分对施惠者的谄媚和崇敬。不过这种说法确实
比较严苛。因为谁不喜欢自己被人所爱？而在阿佩尔看来，他正
被自己的追随者所爱。他几乎忘记了这种快乐内在的幻想元素①

————————————

① 在《对话》6.2 中，他试图否认需要是这种荣誉的基础。尽管他意识到了这个问题，
　　他仍然试图在对演说术的整体评价中抑制自己的这种意识。

并且从这种"荣誉"——我们称之为谄媚或自我利益的算计中寻找快乐。

在这一节结尾，阿佩尔描述了与各种类型的讲辞——深思熟虑、新近写就和即兴发挥的讲辞相伴的秘密的"快乐"（glaudia）。他认识到，打动或说服他人的快乐比不上自给自足、源自演说家对自我权力的崇拜产生的快乐。他选择仅为演说家自己所知的"秘密快乐"，而不是无演说能力的人也能构想的快乐（《对话》6.5）。但是，阿佩尔不能永远自足，因为他依赖别人的意见。而这正是他欲求之物，也是他所颂扬的快乐的评价标准。

第三节是这篇讲辞的高潮。阿佩尔在此处声称演说家的胜利几乎"超政治"并接近真正的自足。演说家获得不朽的荣誉（阿佩尔认为这完全取决于演说家自己的能力）。他否认这种荣誉是某种形式的阿谀奉承或只给与某人的施惠者。好的演说家赢得的荣誉是对内在高贵之物的认识，同时得到他的崇拜者和那些不涉及自我利益的人（只要他们正直严谨）的赞同。

　　（当我为某件案子很好地做了辩护），我似乎攀升到护民官、地方长官和执政官之上；我似乎拥有了他人不曾拥有、或不被（法律）意愿授予、或不会伴着好意而来的事物。还有什么技艺的名声和对它的颂扬能比得上演说家的荣耀？他们的声名难道不是被城邦中的政治人物（negotiosos）传扬，也被青年人和少年人传扬，只要这些人拥有正直的天性（recta indoles）和良好的愿望？（《对话》7.2—3）

在讲辞的高潮部分，阿佩尔声称，希望模仿演说家的天性纯良的青年是演说术事业严肃性的最好见证，这实际上是在偷偷恭维塔西佗。阿佩尔在这里提到天性正直、品德高尚之人的赞扬，以此作为对演说家正确生活方式的特别认可。塔西佗关于自己迷恋阿佩尔和塞孔都斯的描述似乎可以确认这一说法（《对话》3.1），不过我们会怀疑塔西佗是否赞同他们所有的理由。

无论是对荣誉的追求还是高贵政治人物对自己的崇拜都不足以让演说家完全摆脱对某些标准的依赖，这些标准取决于演说家的同胞，而他们的意见颇成问题。演说家自足的局限性在什么构成幸福的观点中最为彰显，这也是第四节的主题。这些局限性在腐败的社会中变得更加凶险，因为演说家服从的大多数人的意见在这样的社会中腐化堕落并且不能约束演说家更卑劣的欲望。

演说术是通往世俗成功的最稳定道路。在讲辞的这一节中，成功被主要理解为影响有权力之人以及与他们亲密接触。阿佩尔列举了具有惊人影响力和财富的两位演说家的例子。仅仅凭靠演说术，马塞鲁斯（Eprius Marcellus）和克里斯普斯（Vibius Crispus）就克服了他们的寒微出生，平步青云：

> 没有（有影响力的）亲戚的举荐、没有充足的资产、也没有卓越的品质……多少年以来，他们一直是这座城邦中最有影响力的人，而且只要他们愿意，就是集议场中的第一人；现在，由于他们是凯撒最亲密的朋友，他们为所欲为、在大小事情上发号施令；并且受到这位第一公民的尊重。（《对话》8.3）

与获取权力相伴的是赢得巨额财富：

> 那些自少年时代就致力法庭辩论和修辞研究的人，我们发现他们声名显赫、豪宅华屋、金玉满堂。（《对话》8.4）

我们不能否认，对某种类型的人而言，阿佩尔颂扬有加的权力和财富是最有吸引力的事物。在他们看来，他成功地完成了对自我辩护。但是，他在论证过程中说的一句话让我们疑惑他的辩护是否圆满？阿佩尔承认"这些人没有卓越的品质"。确实，读者可能会想起马塞鲁斯为导致特拉塞亚下台的原告做辩护（XVI. 22）。阿佩尔的话让我们想到在那个时代，要在腐败的法庭获得影响力，最有利和最具可行性的途径是运用修辞术把那些富有之人或德行高洁之人表现为"第一公民"的敌人，从而击垮他们。我们在第三章已经讨论过控告人的投机生涯。在阿佩尔眼中，这些演说战役的战利品如此具有吸引力，使得他可以忽略它们潜在的不义因素。① 通过选用马塞鲁斯作为成功的典范，塔西佗表达了阿佩尔这一邪恶的意图。

在这篇讲辞的第二个主要部分，阿佩尔通过对诗歌的诋毁完成了他对修辞生涯的赞誉。他认为，诗歌既不能谋求一官半职、维持生计，也不能为诗人赢得快乐和不朽的荣誉（《对话》9.1）。阿佩尔反对诗歌的核心理由是诗歌无用。这就是为何诗人尽管在广义上接近施惠他人的演说家，也仍然不能得到成功和荣誉的犒赏："就算你的阿伽门农或伊阿宋（Jason）②雄辩滔滔又对何人有甚益处？"（《对话》9.2）在阿佩尔看来，高贵和好与"有用"密不可分，而对演说术的普遍认可首先基于它在这个危险丛生的世界中的有用

---

① 关于阿佩尔行动基础的观点似乎与《在米洛的对话》（*Melian dialogue*）中雅典人的陈述没有不同。我的导师、Christopher Bruell 教授对于这一观点暗含的意蕴做了精当的陈述："这样（计算周密）的利益或善（the good）是一种必须——它可以被弃之不顾，人们可以犯错误，但是却不能摆脱它的影响。"阿佩尔的观点和这篇对话另一个地方的暗示也没有不同：在善和我们渴望拥有它的必然欲望之间存在着不可逾越的鸿沟，或者导致我们对善的欲望远离它的目标。参《修昔底德论雅典的帝国政治》（Thucydides' View of Athenian Imperialism），载 *American Political Science Review*, 68 （March 1974）:16。

② ［译注］希腊神话中夺取金羊毛的英雄，美狄亚的丈夫。

性。那些颂扬演说家、支付报酬给他们的人期望能够得到他们的保护。就"施惠于人"这点而言,演说术确实比诗歌更有效(《对话》9.2)。和其他艺术一样,诗歌要求一种闲散的兴致,而且由于它远离我们的需要,它不能成为真正的"事业":"如果有人需要(诗人),他在见了一次之后就会心满意足的离开,就像观赏了某幅画或某座雕像"(《对话》10.2)。可以假定同样的一个人则会认为必须颂扬演说家,把他争取为自己的"朋友"。

我们不得不及时补充一点:阿佩尔可能并不像他表现出来的那样世俗。他承认诗歌也是某种类型的雄辩,并且认为雄辩的所有部分都"神圣并值得尊重"(《对话》10.4)。但是,我们会觉得神圣并值得尊重的事物的主要特征——对琐细或纯粹人类目的的部分超越在阿佩尔对雄辩的赞扬中缺席。我们很容易相信,他对这些词语的使用过于宽泛,因为通达真正值得敬重的美的道路——宇宙的秩序或神性的存在在阿佩尔的讲辞中只是非常遥远地提了一下。他使用"最引人注目"(splendidissimus,《对话》6.2)一词来形容成功(富有和有影响力)之人。

在他看来,高贵或美的事物在广义上等同于有用的事物。但是,他对这种过于直白的解释仍然感到不满意。阿佩尔的特点是最关注有用和必需的事物,同时又将它修饰或神化。他希望确信,自己致力于比纯粹有用更高的事物。他对演说术的功利性赞扬和它"神圣并值得敬重"的结论之间的不对称清楚说明了这一点。这篇讲辞中没有什么内容为这一夸张的结论做了充分的准备或支持这一结论。阿佩尔这位现实主义者确信,在一个建立在幻想之上的虚假世界里,他的职业比自己所能证实的更为伟大和高贵。

完全建立在幻想之上的生活是不稳定的生活。认为这种生活高贵的信仰可能会受到某些聪明人的置疑,这些人品尝过它带来的快乐和好处,却自觉地放弃了它。这也是阿佩尔何以如此严肃地驳斥马特努斯的原因,马特努斯确实对阿佩尔确信的最好生活弃之不顾。阿佩尔的信仰和大多数人保持一致。如果马特努斯未能重返修辞生涯,他应该预期众人的恐惧与愤怒,因为阿佩尔的辩论遭受置疑,而置疑容易引起敌意。因此,马特努斯有充分理由小心谨慎地表述自己的情况。阿佩尔或许没有意识到这一点。

不过,在讲辞的结尾,阿佩尔提醒马特努斯应该更加谨慎。阿佩尔怀疑马特努斯可能会为自己的退隐找借口——他喜欢安全宁静的生活。但如若他的想法如此,他为何又会选择写作论《卡图》的戏剧?如他自己所言:"你为自己带来一个劲敌(凯撒)——他比法庭上众多的演说家更有力量!让我们把争议限制在私人领域和我们自己的时代"(《对话》10.7—8)。实际上,问题不在于没有力量,但是,阿佩尔过于极端,他不仅从公共对话也从自己内心清除了高贵、独立的美德。他将美德等同于成功,即便在腐败的政治秩序之下也如此。对美德的谈论被禁止,美德因之也成了危险话题并且无利可图(如果我们只考虑阿佩尔计算利益的方式)。美德不是阿佩尔引以为荣的标志,因此,他拒绝承认它的高贵。政治人物阿佩尔从根本上依赖的是主流意见。

选择拒绝演说术并不是所有人的宿命,而是具有某种天性的人的宿命——我们可以从马特努斯的回应中感受到这一点。我们现在转向马特努斯的理由,这些理由特别重要,因为它们暗示,天资聪颖的人对社会标准的依赖有一定限度。而这些限度会变得十分有趣,因为在阿佩尔身上我们看到的是某类人的典型——他不是以自身、诸神和自然而是以成功和有权势人士作为自己辩护的理由,不顾他们的腐化堕落。

3. 马特努斯的第一篇讲辞：为诗歌一辩

马特努斯不仅是戏剧化的诗人，也是技艺超群的演员：对于阿佩尔义正言辞提出的严肃指控，他报之以愉快地微笑（《对话》11.1）。他玩笑式地为自己从演说生涯中退隐做辩护。他的讲辞同样有所保留。马特努斯没有陈述自己的全部情况，他只暗示了自己最关心的事情，对《卡图》的主题——对那些靠邪恶手段谋求成功和影响的人的道德批判也只是一带而过。我们把这一特征当作对阿佩尔的回应。阿佩尔的讲辞非常明晰地表达了他的喜好和他的品味。马特努斯则在自己最不赞成的地方一言不发，从而避免了有可能进一步激怒阿佩尔的危险。相反，他抑制了他们分歧最深的话题并把自己在阿佩尔眼中表现为与人无害、涉世未深甚至有点呆笨的角色。①他假装按照黄金时代的标准来为自己定位，尽管他知道黄金时代早已飘然远逝。阿佩尔可能认为，马特努斯的表现非常愚蠢，但是，或许这种做法减轻了他的愤怒，因为谁也不会认为一个明显幼稚的人会对自己构成威胁。

在一开始，马特努斯暗示自己原本打算指控演说家。但是出于阿佩尔放弃了对诗歌的批判而代之以对演说术长篇大论的颂

---

① 马基雅维利在他的《李维史论》中探讨马特努斯这类人的困境。马基雅维利认为，不希望武力推翻统治者的人应该不遗余力地逢迎他。中间路线太危险，因而不可行。（对于卓异之士）这样说还不够："我什么都不放在心上。我既不欲求荣誉也不欲求任何利益，我仅仅希望安静、不介入任何争斗的生活！"因为统治者听到这些借口也不会接受；卓异之士也不会选择过这样的生活。因为就算他们真正选择这样的生活，不再怀有任何抱负，其他人也不会相信他们愿意过这样的生活，因而也不允许他们过这样的生活。因此我们有必要扮演布鲁图斯这样的疯人角色，而通过赞扬君主以及违心地说、看和做一些事情来恭维君主，我们可以恰到好处地扮演疯人角色。（《李维史论》III. 2）

扬,他"通过某种技艺让马特努斯变得温和"(《对话》11.1)。因此我们怀疑马特努斯是够会效仿阿佩尔,使用"某种技艺"让指控自己的人变得温和。

马特努斯经历过演说成功的喜悦,却声称背诵悲剧让他一举成名。当他"破坏"瓦提尼乌斯(Vatinius)的权力时,他暗指尼禄统治时期的一段重要插曲——"一个不名誉的权力甚至想亵渎(自由)技艺的神圣"(《对话》11.2)。他提及的唯一政治行为和他吟诵的《卡图》极为相似,这一点并非无足轻重。这是在之前的朝代自由技艺对抗腐败法庭的成功辩护。由他的讲辞联想到的事物与他在吟诵《卡图》时对自己动机的显白解释和捍卫毫不相关。我们不禁会疑惑他的动机是什么,在他坚定捍卫的对退隐生活的追求之中这些动机是否明智。

在回应阿佩尔指控的过程当中,马特努斯暗示他也能以自己的方式变得坚强好斗——使用诗歌而不是法庭演说作为自己的武器。摧毁的瓦提尼乌斯是一场悲剧!马特努斯并不像他自己后来试图表现的那样不谙世事。他勇敢,甚至近乎莽撞。他承认自己更多地通过戏剧化的诗歌而不是通过演说术获得"名声"。这部分否定了阿佩尔的观点——演说术赢得的名誉和颂扬"无与伦比"(《对话》17.2)。

不过,马特努斯又急忙补充说,他并不"热切地渴望"(concupisco,《对话》12.3)成功演说家身后成群结队的追随者。尽管他没有冒昧地表达这个观点,我们也能感觉马特努斯对这些表示成功的证明无动于衷,因为他意识到,那些前来尾随演说家的人并不是出于自发的仰慕之情,而是出于对自我利益的算计。在任何情况之下,他都不需要他们。马特努斯类似亚里士多德笔下不为荣誉所动、具有伟大灵魂(great-souled)之人:"因为即便是荣誉也配不上完满的美德。"①

马特努斯在接下来的一节中顺带提到的一点暗示，法庭上战无不胜所需要的道德败坏和人格堕落是他决意从政治生活中退隐的一个重要考虑因素：

> 至于你希望我效仿的典范——克里斯普斯和马赛鲁斯，他们的好运有什么可羡慕的？他们不是被人害怕同时又害怕别人？……尽管他们善于阿谀逢迎，在统治者眼中他们不够顺从，在我们眼中他们又不够自由？（《对话》13.4）

马特努斯对尊严的认识让他不能屈尊去行阿谀逢迎之举。他也没有要去恐吓或危害他人的念头。他不需要这些手段，因为他对其他人渴求的尘世荣誉、财富和影响没有欲望。

基于同样的理由，马特努斯声称自己不需要为对手对自己的攻击辩护。既然他无意伤害别人，他也就假定别人不会伤害自己：

> 因为对任何人来说，靠清白来守护自己的官职和财产都比靠雄辩来得容易；我不会惧怕自己有一天将在元老院发言，除非是出于别的原因。（《对话》11.4）

马特努斯的原则在普遍情况下比他的具体情况更有意义。毕竟，他现在必须为自己辩护，而他"清白"的前提是我们忘记他暗中对政治生活的诋毁——悲剧《卡图》以及诸如摧毁瓦提尼乌斯这样的活动。马特努斯希望通过揭示自己也在参与某种类型的政治活动获得胜利，这种政治活动只有在超越"党派利益"的情况下才能

---

① 亚里士多德，《尼各马可伦理学》，1124a9—10。

被称之为"清白"。由于他嘲弄甚至摧毁那些美德和教化的敌人，
这些人的敌意可能危及到他的程度比他愿意承认的要严重得多。
他在这里降低诗歌的政治影响以表现自己的勇敢。他对位高权重
之人和卑劣之人的攻击给人留下深刻印象，不过，我们依然觉得塞
孔都斯告诫他不要发表这部作品或许并不错。

　　接下来的一节由对一些政治原则的陈述构成，正是这些原则
促使马特努斯远离演说生涯。为了将阿佩尔抛离这一轨道，同时
掩盖自己在退隐时对演说术和"成功"的隐晦批判，马特努斯用华
彩乃至"诗意"的描述来表达诗歌和"清白"之间牢不可破的联盟关
系。他将自己对话者的注意力从对官职、财富和荣誉的关注中移
开，竭力（哪怕只在一段时间内）让他们变得温和。他谈到生活在黄
金时代的人们的清白以及仁慈诸神的清白：

　　　　使用这种有利可图和嗜血的雄辩是晚近的事情，它从邪
　　恶的道德中产生，并且正如阿佩尔你所说，被人们当作武器。
　　但是真正幸福的时代——用我们的行话说"黄金时代"并不存
　　在演说家和罪恶，而是随处可见诗人和先知，他们颂扬美好的
　　行为，不为罪行恶迹辩护。（《对话》12.2—3）

　　这类诗人—先知接近诸神，"据说他们传递诸神的消息并参加
诸神的宴饮"（《对话》12.4）。既然现在的时代风衰俗恶，只有从政
治世界中退隐的人们才能重新体验古老诗歌的清白、纯洁和神圣。
马特努斯的观点中有对超验（但还能被理解）之物的推崇。但是，这
还不足以解释马特努斯何以写作这类明显政治化的诗歌。他提出
的诗歌与黄金时代的联盟是否可以看作某种修辞尝试——为自己
所追求的事业赢得尊重；这项事业不易在阿佩尔这样的人面前解
释清楚或得到辩护。

我们想到阿佩尔的生活以某种根本的幻觉为基础。他主要从某种狭隘的观点出发寻求有用之物,同时又希望自己的生活看起来高贵、光彩、庄重。同样,由于阿佩尔并不曾努力追求真正高贵之物,他只能从自己社会的流俗意见中获得指导。阿佩尔自然不愿意听到这一点,所以,马特努斯提及清白和纯洁的原则却没有真正表明它们如何运用于帝国生活。我们从他的《卡图》和他催毁瓦提尼乌斯的努力中发现这些原则在帝国生活中的具体运用。

现在马特努斯以一种恰当的低调姿态暗示自己为何要退隐。他在对维吉尔的赞扬中谈到这一点,而维吉尔的光辉至少足以和任何伟大的政治演说家媲美(《对话》12.6;13.1—2)奇怪的是,他顺便引用了《农事诗》第二卷的一句话。这句话是维吉尔最完整地论述诗歌生活对他的意义的开端。我们相信,以这句话开头的维吉尔的论述段落提供了对于诗歌退隐目的的解释,这一解释在马特努斯的言论中不曾出现,而且也无法呈现在阿佩尔这样有成见的人面前。这时,我们想起青年塔西佗也参与了这场对话。或许正是由于他的关系,马特努斯不惜冒险暗示自己毕生追求的违禁事业。

维吉尔提到"甜美"的缪斯,他对她们"一见倾心"。缪斯掌管的事业庄严神圣,高于人事,因而热爱它是很自然的事情,它带来的愉悦得以证实也是很自然的事情:

> 首先,希望甜美(dulces)的缪斯接纳我。我怀有她们的神圣之物,对她们一见倾心。①

---

① 维吉尔,《农事诗》,II. 475—46。

这些甜美的缪斯还掌管哲学，因为她们指出自然现象的"原因"①。对理性的宇宙论的追问是一种超人的或神性的追求，在维吉尔眼中它自然愉悦。他从政治生活的追求和野心中抽身而出，致力于回答被自己"强烈的爱"——对真理的热爱引领的问题——关于整全的问题，人不过是其中的一部分。

> 愿她们（缪斯）指引我通往天国的路径、还有那灿烂的繁星和月球上阡陌纵横的小径；是什么引起大地的颤抖，是什么力量让深海咆哮，涨潮落潮？为何只有冬日之阳匆忙没入海中，又是什么阻碍冬日之夜的离去？②

维吉尔"首先"急迫地想要了解自然现象的成因。从他提问的方式来看，他似乎认为这些原因近乎人为：例如"是什么力量"（*qua vi*）？这些问题让我们联想到卢克莱修的不朽诗篇，它将宇宙的秩序归因于原子在冷漠空间中的偶然运动。

但是，他的诗篇没有提供答案。③如果说提供了什么的话，那就是维吉尔的绝望感——人类理性无法回答这些问题，而且首先是关于人类最重要时刻的问题：宇宙是否由一个智慧仁慈的存在赋予秩序？维吉尔怀疑哲学的力量是否能为这个问题找到一个满意的答案，因此不得不从这些关于宇宙的问题回溯到人类的首要问题。他重新寻找出发点，建议人们享受来自大自然的快乐，因为，只要人们不用追寻政治荣誉的过度欲望来毁坏自己的愉悦，大自然就不会对人类怀有敌意：

---

① 维吉尔，前揭书，II. 490。

② 同上，II. 477—82。

③ 参 Pierre Boyancé，《维吉尔的宇宙观》（Le Sens Cosmique de Virgile），载 *Revue des études Latines* 32（1954）：235。

> 如果我内心的冷血阻止我靠近自然的这些部分,希望这乡间景致以及流过山谷的小溪让我怡情悦性;倘若没有荣誉,我将爱上这河流与森林。①

现在最理智的行动路线是尽可能地接近自然并与它和谐共处。对这种替代的行为方式的仔细审查揭示,如果人们需要的指导不来自理性,它必然来自传统的诸神。要么是中立的自然必然性、要么是永生并关爱人类的诸神统治自然。在维吉尔看来,为人类生活提供指导的近似于人(subhuman)的来源只有两种:自然或诸神。二者都教导人类克服对死亡的恐惧同时避免对政治生活和政治野心做出过高评价:

> 有能力知晓事物原因的人、把所有恐惧和无情的命运以及贪婪的阿克戎之音踩在脚下的人是幸福的人。知道国家的诸神——潘神、老 Silvanus② 和宁芙姐妹的人是幸福的人。人民手中的权杖或国王身上的紫色长袍……罗马政治和必朽的王国都不能让他动心。他不哀怜那些贫贱的人,也不嫉妒那些有产者。③

因此,真正幸福的人是那些能够解释所有事物并且运用充分的知识平息自己对死亡或不朽政治荣誉的关注之人。但是,维吉尔暗示,事实上,对他自己以及或许其他所有人而言,这都是不可能的使命。如果确实如此,虔敬并靠近邦国诸神的农人的简单生活是唯一值得考虑的可行选择。维吉尔在《农事诗》中贬损政治,

---

① 维吉尔,前揭书,II. 483—85。
② [译注]罗马的森林田野之神。
③ 维吉尔,前揭书,II. 490—99。

尽管他或许处于对危险的考虑没有论证这一点。像阿佩尔那样崇拜纯粹属人的事物是一种幻想，对这一事实的体认是"强烈地爱上"真理的人放弃政治生活、为虔敬生活所吸引的首要原因。倘若恰切地运用哲学语汇描述"整全"超乎人的能力之外，用简洁的仪式表达对诸神的崇拜似乎是对超验之物保持一种高贵姿态的唯一方式。但政治人物却遗忘了这一点，因为他的全部精力都集中在对于自身发展或人类制度（例如罗马帝制）发展的思考之上。和聪明人一样，虔敬的人对财富无动于衷："他不哀怜那些贫贱的人，也不嫉妒那些有产者"。维吉尔认为，单纯的虔敬生活和追问的生活（life of inquiry）一样，是真正快乐的生活。他选择乡村生活是由于自己部分认同伊壁鸠鲁对荣誉之爱的批判，这种热爱构成城邦和政治生活的特色。

　　为了更好地理解这一点，我们必须把《农事诗》作为一个整体和作为整体的《埃涅阿斯》对勘。在我们描述维吉尔更为深切的关注之时，我们发现，哲学和虔敬之间有一种根本的替代关系（alternative），这不禁让我们联想到柏拉图。① 有趣的是，维吉尔的传记作家多纳图斯（Donatus）在谈到涉及这方面的古典传统时，认为维

---

① 我们时代最深刻的柏拉图阐释者关于柏拉图对理性局限的理解作了下述评论："无论赋予各种社会以活力的综合视角是多么不同，它们都关乎同一事物——整全。因此，它们不仅各不相同，还互相矛盾。这一事实迫使人们意识到，所有这些视角如果单从它们自身来看不过是关于整全的某种意见或是对于整全基本认识的某种不恰切表达。我们不能确保对恰切表达的寻求会让我们超越对根本替代物（fundamental alternative）的理解或者哲学能够合法地超越讨论或争辩、达到决断。但是寻求恰切表达的不可完成（unfinishable）特征并没有赋予我们权力将哲学局限在对部分（尽管是重要部分）的理解之上。因为部分的意义取决于整全的意义。特别是，如果对于部分的阐释仅以根本性体验为基础，而不求助于关于整全的假定性猜想，这样的阐释最终不会高于建立在假想基础上的对这个部分的其他阐释。"（施特劳斯，《自然权利与历史》[*Natural Right and History*，Chicago：University of Chicago Press，1953]，页125—26）

吉尔喜爱柏拉图哲学远胜过其他哲学流派。① 他还告诉我们，维吉尔在完成《埃涅阿斯》之后计划前往雅典，并在那里研习哲学度过余生。②

正如刚才引用的维吉尔那段话清楚表明的那样，体验和追问是一种更高的维度，而马特努斯能够获得这一维度。只有考虑自然和诸神以及对诸神"强烈的热爱"，阿佩尔赞扬的政治生活才变得不可取并成为纯粹的人事。马特努斯获得了阿佩尔缺乏的自足。以一种非常低调的姿态，塔西佗讲述了或许是他生命中最重要的事件：他介绍了卓越超群之人的品位以及自己开始对这类人的宽广视野有所认识。在这样的视野之下，政治人物更为流俗的追求虽然值得羡慕，却变得有些苍白。

揭示仅仅关注纯粹政治目标的效果类似于西塞罗《论共和国》结尾处著名的"西庇阿之梦"，不过塔西佗在讨论哲学主题时更加小心翼翼，以免自己的作品受到质疑。正如我们从这部作品所见，他对终极宇宙问题的关注从不曾简单地取代他对人间问题的关注，也不曾取代他引领人走向高贵的教诲——拥抱政治同时又能对它最终的根基保持开放。我们没有忘记马特努斯对这些问题的关注并不妨碍他写作《卡图》。维吉尔对哲学的热爱与他对于广阔人事和政治主题的精彩把握之间不无联系。③

---

① 尽管他将各个哲学家的意见、尤其是关于灵魂的意见在他的作品呈现出来，他自己仍然是学园派，因为他把柏拉图的思想（sententias）置于其他所有人之上。（Tiberius Claudius Donatus，《维吉尔传》[Vita P. Virgilli Maronis]，载 Vergil, *Opera* , Christpher Heyne 编[Leipzig: Hahn, 1830; reprint ed., Hildesheim: Georg Olms, 1968]）

② Tiberius Claudius Donatus，前揭书，XIII。

③ 我们从《埃涅阿斯纪》中首先感受到的就是这一点，从本质上它被构想为一种神义论："请告诉我，缪斯，神圣之物遭凌辱的原因。为何天后心生恨意，让无比虔敬的人（埃涅阿斯）遭受众多的苦难、承负如此的艰辛。难道神的心中也藏着愤怒？"（维吉尔，《埃涅阿斯纪》，1.8—1.1）

4. 阿佩尔的第二篇讲辞及梅萨拉的回应：
新风格与演说术的衰落

在塞孔都斯对于从政治生活中抽身而出从事诗歌创作的合法性进行"宣判"之前，梅萨拉（Vipstanus Messalla），一位雄辩的演说家和卓越的将领，闯入这个团体。他在后续的对话中引入一个新主题供他人探讨。梅萨拉推崇古代的演说家、蔑视自己时代流行的某种类型的雄辩。至少马特努斯和塞孔都斯二人赞成他的品味。我们记起在《对话》的开篇，塔西佗答应友人加斯图斯通过重述自己年轻时代一场难忘的对话来探讨这个问题。加斯图斯和成年塔西佗都认为演说术处于衰落状态，在这场对话中演说术的衰落几乎未受质疑。但是，阿佩尔（尽管梅萨拉相信他秘密地赞同他们，《对话》24.2）充满爱国激情地拒斥："我不能容忍我们的时代被你们这伙人责难而充耳不闻，不为之辩护"（《对话》16.4）。通过让阿佩尔首先发言，塔西佗再次掩饰了自己的批判，而身居高位者和其他心满意足、受人敬重的同时代人不大可能会赞同这种批判。

梅萨拉提出的核心问题是：在上个世纪罗马共和国繁荣的雄强刚健的演说术是否优于帝制时期更为雕琢但同时也更为狭隘的演说术。我们可以发现（尽管对此未曾明言），这个问题的提出暗示着对新政体不利的思考。因为说这话的人至少事先假定演说术的优越是人性的优越。演说术不能在其中得到繁荣的政体本身是有缺陷的政体。阿佩尔站在现代修辞术一边，在捍卫政体的同时间接支持自己讲辞中的主题。他首先试图混淆"古代"和"我们自己时代"的区别。"古代"还不是特别遥远，因为这场对话发生的时间是维斯帕先统治的第六年，距西塞罗之死（公元前43年）不过一百二十年（《对话》18.2）。阿佩尔对于西塞罗之后的王朝更迭保持沉

默,其他谈话人将在后来指出这一点非常重要。与对西塞罗之后
王朝更迭的沉默相反,他发展出一条普遍原则:"演说的形式和类
型随着时代的变化而变化"(《对话》18.2)。他暗示,演说术随着时
间的推移变得更加精妙(《对话》18.2;对勘 19.1)。他自然声称自己
赞同最晚近时代的欣赏标准。

阿佩尔用几个段落归纳帝国时期出现的欣赏标准变化的特
征,这种变化在塔西多生活的时代达到顶峰(《对话》20.4—6;22.4—
5)。阿佩尔同时代人欣赏的风格特征是:凝练、庄重、与奥古斯都
时期的诗歌有密切联系、精心选词择句、高度技艺化、句子结构多
样。最娴熟地掌握这一风格的罗马大师正是成年塔西佗自己。尽
管我们必定会补充指出,塔西佗作品中最耀眼的光芒是卓越人性
(human excellence)的光辉(对勘第一章),这种卓越在这一风格中未能
得到体现。无论在何种情况下,他的情感最终都会落在共和式演
说术和帝国式演说术的争议之间。塔西佗至少从阿佩尔那里学
到:能够愉悦人的演说形式随着欣赏标准的变化而变化。要在这
个时代存活下来,就必须要迎合罗马人精雕细琢的、高度技艺化的
风格,在这一过程中,塔西佗将要树立丰碑,这一丰碑的范围和内
容不局限于任何时代的欣赏标准和关注重点。他的凝练和庄重是
不朽的,因为它们植根于对永恒问题的沉思,只要人性存在,这些
问题就将继续打动我们。他文辞中的修饰、变化和诗意确实漂亮,
这或许是不少读者喜爱他的原因;但是最终它们不过是一些装饰
品,其魅力让位于一种更深层的愉悦。

让我们再回到《对话》,阿佩尔故意减少古人和当代人的差异,
并颂扬文辞华丽的新风格。我们怀疑他的言论是否给青年塔西佗
留下了深刻印象。但是,在那天的谈话人当中,他未能使人信服。
马特努斯称赞他的天才和勇气以及他用来捍卫自己时代的学识
(《对话》24.1),不过,他仍然未能阻止梅萨拉讲述演说术衰落的原

因。在梅萨拉看来，阿佩尔并未能证实演说术不曾衰落。

马特努斯曾声言，没有人真正怀疑古代演说术的优越性。阿佩尔不过是在模仿哲人，为了辩论的缘故支持他实际上不赞成的部分观点。他并没有补充说明，但是我们猜测塔西佗的政治审慎与他把这篇讲辞放在对随意或暗含敌意的读者而言最醒目的位置有关。所有人可能都会认为，古典共和时期的演说术优于当代的演说术，但审慎的人不会说明（对勘《对话》27.3）。梅萨拉认为"古代"的优越性不证自明并且"被所有人认同"。他举例说道，阿提卡演说家首推狄摩西尼，而与他同时代的演说家也被认为是紧随他之后最好的演说家；在罗马情况也如此，西塞罗位列雄辩者之首，而与他同时代的论坛群雄——卡尔乌斯（Calvus）、阿斯尼乌斯（Asinius）、凯撒、凯利乌斯（Caelius）和布鲁图斯则被普遍认为优于之前和之后时代的其他人物。梅萨拉认为这些演说家各有特色，但又补充说"他们的判断力和性情之间存在着相似性和亲缘关系"（《对话》25.4）。他提到与现代的纯粹修饰相比，他更推崇"活力"（impetum）和"成熟的理智"（maturitatem）等品质。古老演说术的欣赏标准首先认为率直（directness）、判断力、和热情优于修饰。当梅萨拉提出逐个审视现代演说家的缺陷时，马特努斯提醒他说，曾答应探讨演说术衰落的原因（《对话》27.1）并说："在你谈论古代的时候，注意阐述古典自由，自由的衰落比雄辩术的衰落更为严重"。（《对话》27.3）我们在后面将会看到，马特努斯自己是最有勇气和最有能力阐述古典自由之人。

5. 梅萨拉的第二篇讲辞：古典教养与通识教育的优越性

梅萨拉从一个众所周知的事实谈起：演说术和其他技艺已经失去了它们旧日的辉煌。帝国时代是衰落的时代，重新返回野蛮

状态。梅萨拉将试图解释衰落的原因,它们源自构成帝国特征的一种普遍的懈怠和道德的败坏:

> 雄辩术和其他技艺失去了昔日的光彩,不是由于没有人,而是由于青年人的懒散、家长的疏忽、教师的无知以及对古典道德的遗忘,难道这不是人尽皆知吗?(《对话》28.2)

梅萨拉把自己限定在对雄辩术衰落原因的探讨之上。他讲辞的剩余篇幅分为三个部分,分别讨论养育幼童的新、旧两种模式、培养未来演说家的教育的区别以及青年演说家在实践中的差异。

梅萨拉的解释很有价值,因为他阐明了我们所研究时代通行的教育与教养趋势。我们从他那里得知,现在成为显学的罗马衰落原因问题在帝国早期就已成为有识之士关注的焦点,而我们可以从中管窥他们对于罗马的日益衰落心存何感。

为了解释雄辩术衰落的原因,梅萨拉首先用古代罗马人在教养子女方面的严厉来对比帝国时代家庭生活的散漫。在过去,良好家庭出生的孩子都由他们的母亲抚养,同时还挑选一位品行端方的女亲戚负责照料,自幼就培养他们的羞恶感与荣誉感。首先,古人认为有必要区分何为"正确"或"高贵"(honestum)与何为"低劣"(turpe),在嬉戏时如此,在学习时也如此。这种关怀从而形成某种特质或习性,并良好地转化为掌握高贵技艺所需的严肃持久的热爱之情。梅萨拉认为,庇护孩子与让他适应某种严格的生活密不可分。这种生活方式为他成为一个高贵的人所必须的训练做准备。在梅萨拉看来,贤人品格(gentlemanship)通过掌握某种高贵技艺的知识得以完成。

> 这种训练和(古人)的严格关注:天性纯洁、健全、没有被

不正当激情扭曲的人应当求知若渴地研习高贵的技艺（*artes honestas*），而且无论他的爱好是军事学、法学还是雄辩术，他都能坚持不懈地学习，完全充分地掌握。（《对话》28.6）

只有在庇护关系或由早期亲密关系产生的根本影响的基础之上，才有可能成就高贵。因为正如梅萨拉相信的那样，柔弱的少年天性很容易扭曲或逆反。

而在梅萨拉批判的现代家庭的宽松氛围中，扭曲或逆反却得到认可。这些孩子不容易受到高贵的影响，他们的母亲喜好自由，把孩子交托给无知又迷信的奴隶照料（对勘 fabulas，《对话》29.1）。高贵与低劣的区别不再得以坚持。相反，孩子们首先暴露在完全属人甚至低于人事的环境中。在道德被邪恶淫荡或犬儒主义取代的地方，孩子不可能产生对高贵的崇敬之情。① 这种培养方式产生的结果是，孩子变得没有羞恶心，即不尊重自己也不尊重别人，让他们头脑着迷的不是高贵的技艺，而是对演员、角斗士和赛马的喜好（《对话》29.1-4）。掌握高贵技艺的贤人消失得无影无踪，取而代之的是没有灵魂的酒色之徒。

在讲辞的第二部分，梅萨拉进而讨论适宜演说家的教育。普通教育已经受到帝国松散风气的不利影响："充裕的时间既不用来研习古代作家、也不用来阅读史书或评论事件、人物或时代"（《对话》30.1）。狭隘的职业训练取代了广博的对自由技艺（liberal arts）的培养，古典演说家认为这些技艺对于恰当的言辞不可或缺。由于现代演说家并不了解演说术的真正含义才导致它的衰落。他们对于人事和政治犹如他们对自然一样无知。

---

① "在对美德的培养中很难有羞恶的容身之地，正如在邪恶的竞争中难以保持贞节、谦逊或任何道德上纯净的事物。"（XIV. 15. 2）

梅萨拉描述西塞罗的教育经历以说明西塞罗为了培养自己的天赋曾接受了多么广泛的训练。他提到七门知识：民法、哲学的各个分支（包括辩证法）、道德哲学、自然哲学、几何、音乐和文法（grammaticae）。"他令人惊羡的雄辩能力正是从深邃的学识中、从多种艺术和对所有事物的知识中汇聚产生"（《对话》30.5）。

在过去对演说家的教育中，首先考虑的是，道德哲学或政治哲学探究的属人问题："他们（古典演说术的研习者）用讨论什么是好与坏、高贵与低劣、正义与非正义的技艺来充实他们的心灵"（《对话》31.1）。这样的研习非常关键，因为演说术的主要关注点是正义（在法庭上）与高贵（在审议时）。①这些都是极富争议的困难问题，如若不小心细致地审视它们很难恰当地处理它们。梅萨拉坚持有可能获得关于高贵和正义的知识。

> 除非雄辩家对人性有深刻的认识、除非他懂得美德的力量和恶行的堕落以及除此之外既不属于美德也不属于恶行的其他事物（例如快乐?），他就不可能就这些问题发表鞭辟入里、变化多样和词采焕然的演说。（《对话》31.2）

了解人性极为必要，这不仅是为了知道何者为好——演说术的本质，而且劝说要取得成功，演说家还必须知道听众的天性。"顺着每个人的天性，（演说家）能够充分利用他人的情绪并掌控他的演说"（《对话》31.4）。这是研习哲学何以对优秀的演说至关重要

---

① 我在这里依据的是从手稿中读出来的内容而不是 Ursinus 未经证实的猜测，Koestermann 在 Teubner 版本中采用的是 Ursinus 的猜想。根据他的猜测，"有利可图"被作为审议性演说的目标，高贵则作为"颂扬性演说"的目标。未经改动的文本"我们谈论议事性演说中的高贵"，似乎较少带有非道德（amoral）的色彩，而带有与梅萨拉的品质相一致的色彩。

的又一大原因：哲人不仅极度细致地审视人类的天性和它的需要，他们表达自己学说的方式也是各种类型修辞的典型模式。

最好的演说家向最伟大的哲人学习适用于不同类型的人的修辞类型，因为哲人最为得心应手地运用这一技艺：

> 有些人笃信精准、凝练的演说风格，这就是分别讨论个体论证并得出结论。在这种情况下，研习逻辑学显然大有裨益。另一些人更为喜欢舒展、平稳的风格，运用从日常观察中得来的典型事例说明问题；要说服这些听众，逍遥学派的作品会提供某些帮助。学园派能够激发他们的斗志，柏拉图让他们感受崇高，色诺芬带有迷人的魅力。在某些情况下，演说家甚至也能从伊壁鸠鲁和梅特罗多鲁斯（Metrodorus）那里借用某些高贵的表达。（《对话》31.5—6）

到此为止，希望成为演说家的人为何如此热切地钻研哲学的原因十分明显。哲学让人了解事物，也教导人如何劝说。如果需要事实来证明这一点，梅萨拉列举了两位他所知的伟大演说家的例子：

> 据说狄摩西尼是柏拉图最热切的听众。西塞罗说……他在雄辩能力上的取得的任何进步都不应归功于演说家的课堂，而应归功于学园派的廊柱。（《对话》32.5—6）

梅萨拉认为，雄辩术在帝国"衰落"的首要原因是放弃了古老的哲学教育，这种教育孕育并训导了西塞罗这样的天才以及与他同时代的其他伟大的演说家。以哲学教育为目标，他反对构成帝国时期修辞学校特征的对于雄辩可笑、狭隘的关注。在这些学校里面,男孩们在并不真正知道何为政治、何为道德的情况下学习演说。这种新的训练方式刺激想象力,但并不教化头脑和心灵。它以对夸大主题(extravagant subjects)的练习为基础,这些主题据说能培养男孩的创造力。梅萨拉轻蔑地列举了一些让男孩们演讲的"不可信的"主题:应该怎样犒赏刺杀暴君者;失去童贞的少女应该请求处死诱拐她们的人还是嫁给他;在瘟疫期间应该举行什么样的庆典;什么样的论证最能阻止某位母亲乱伦的企图(《对话》35.5)。

在这篇讲辞的第三部分,梅萨拉对比了男孩们的课程与法庭上的真实生活、共和国的集议场与新的修辞学家在演说厅所做的练习。在过去,男孩们总是成天追随着城邦中的伟大演说家,听他对城邦中真正重要的问题发表经常性的演说,而在这样的城邦中,演说对审议和判断发挥着至关重要的作用。梅萨拉讲辞的这一部分自然会引出帝国与共和时期各自不同的政治法律状况的对比。不幸的是,我们不知道这篇讲辞的结论,因为现存手稿这一部分遗失了六页。

6. 马特努斯的第二篇讲辞:
演说术衰落的政治原因——雄辩与智慧

在手稿重新开始的地方,梅萨拉明显已经作了结论,马特努斯似乎再次发言。① 这篇讲辞保留下来的部分是塔西佗所有讲辞中最大胆也是最富魅力的部分。他站在智慧的立场上对实践政治所做的极度轻蔑的评价有一种柏拉图式的不妥协态度,尽管它又由柏拉图式的中庸或仁慈得以调和。我们记得,在第一篇讲辞中,他

---

① 参《对话》42.1,马特努斯被认为是构成第36—41章的后续演说的发言人。

明确表示对哲学的爱是他从政治生活中退隐的部分原因。

第二篇讲辞无疑是对梅萨拉的回应，论证的焦点依然集中在罗马雄辩术衰落的原因上，这也是马特努斯曾迫切希望探讨的主题（《对话》27.1.3；对勘16.3）。在手稿重新开始的地方，我们立刻感受到巨大的变化。根据《对话》的开端部分和加斯图斯提出的问题，我们曾假定雄辩是可欲的事物，不仅如此，在演说术上表现出的卓越等同于人性的卓越，因此，演说术是一项高贵的技艺（《对话》1.1；5.4；6.3；28.6）。第一篇讲辞已经非常合理地表明，马特努斯并不赞同这种观点。当我们转向第二篇讲辞时，理由甚至变得更加明显。

马特努斯的论点是，伟大的演说术由政治局势的混乱所激发和鼓励。帝国时期不再出现伟大演说家的原因是它的相对稳定。在罗马共和制晚期的混乱局势中，演说术得以繁荣。这篇大胆的讲辞补充了梅萨拉的解释，但不必然与它相矛盾。不过在同时，它又暗示了梅萨拉解释的局限。梅萨拉认为，帝王统治下的道德沦丧导致演说术的衰落。马特努斯则认为，演说术的衰落还应归因于政治秩序的重新建立。和梅萨拉一样，马特努斯否认共和时期的演说术纯净、高贵，同时还否认它是判断道德衰落程度的一个值得信赖的标准。他本人会建议一个更为恰当的标准。在我们看到马特努斯论证的时候，他正在阐述政治条件对于技艺的状态至关重要：

> 伟大的演说术犹如火焰，它由燃料滋养、被运动唤醒，在燃烧中发光。这一基本原理既适用于古人，也适用于我们城邦中的演说术。因为，尽管这些（帝国）时代的演说家已经获得对于何为正确的认识，并且在和平、宁静、繁荣的共同体中将它们公之于众，但是在动荡和宽松（衰落的共和制）的环境

中,当一切都混乱不堪并缺乏调和者的时候,演说家能够收获更多。(《对话》36.1—2)

在那些时日,罗马一直处在内战边缘(参第二章),罗马公民被征召进互相敌对的小团体,因此有许多机会发表语惊四座的演说。以最高时刻(the highest moment)和城邦生活为关注对象的公众审议总是处在危险当中。应该处死有影响力的党派领袖还是与之和解?军队如何从一个指挥官手中篡夺到另一个手中?——这些人背信弃义,要在城邦中挑起战争。人民对抗元老院的造反需要得以解决。一个家族对另一个家族所犯的政治罪行导致复仇。重大的审判有必要持续下去,因为总是出现伟大的叛逆者。"这些事情逐个将城邦分裂,但是他们(演说家)练习这些时期的雄辩术,并因之获得巨大的犒赏"(《对话》36.4)。能最好地为自己党派辩护的人荣誉加身、擢官进爵。为了出人头地或战胜自己对手所必需的事物被认为是高贵、荣耀的事物(《对话》36.8)。

马特努斯同意,他称之为"天赋力量"的某种类型的卓越(excellence)确实在这些条件下得到激发和训练:"随着事件的日益繁多,天赋力量得以增长。没有人能够发表光彩、荣耀的演讲,除非他能发现某个与之相称的原因"(《对话》37.5)。马特努斯以西塞罗为例来阐明自己的观点,梅萨拉也曾把西塞罗奉为典范。与西塞罗成为雄辩术之王密不可分的是他的祖国正陷于可怕的危机当中。他最著名的演说辞是谴责那些最后成功摧毁罗马自由的魔怪般的叛国者:喀提林、维勒斯(verres)和安东尼(《对话》37.6)。

西塞罗是他的时代试图运用自己的雄辩为国效劳的为数不多的演说家之一。但是,马特努斯知道得很清楚,雄辩术通常是为党派目的或私人建立僭政服务。雄辩术在大多数情况下妖言惑众。他认为,晚期罗马共和国一个最不利的因素在于,未能阻止邪恶的演说家和煽动民意者制造动乱。一个秩序优良的好城邦不允许这类演说家的存在：

> 我们谈论的并非一个不受激情驱使的安静事物，一个对诚实和节制感到欣喜的事物；相反，这种伟大的、声名卓著的雄辩不过是宽松纵容（愚人将其称为自由）的产物；它是煽动性言论的同伙，刺激一群不受统治的庸众。它毫不庄严，但顽劣、莽撞、自大，在秩序优良的城邦中不会出现这样的事物。我们风闻斯巴达和克里特有什么样的演说家？据说这些城邦曾拥有最严格的纪律和最严厉的法律。（《对话》40.2—3）

在马特努斯看来，伟大的演说术和煽动性言论尤其在雅典、罗德岛以及衰落的罗马共和国这样的民主制度中备受推崇。他自己则更倾向于秩序优良的贵族共和制，乃至稳定的君主制（《对话》40.3）。不过，相对于他认为最可欲的事物，这些只是略有提及。

在他的结论中，马特努斯对演说术以及利用它的普通政治（ordinary politics）的深刻批判尤为明显。他在这里坚持当以一个受理性统治的政体的标准来衡量尘世所有的政体时，这些政体都有缺陷。尽管这样一个受理性统治的政体永远不会存在，它为现存的政治秩序提出了可供评判的标准。他的这番辩论的意图在于，让他的听众变得温和、不会对他们处身其中的政治秩序——高贵演说术未曾繁盛之地更到过分沮丧。因为在马特努斯看来，当与真正高贵的智慧比照之时，演说术的荣光变得黯然失色。马特努斯的前一篇讲辞已提醒我们注意，智慧的人对整全以及人类在其中正确位置的关注。现在，让我们转向马特努斯对政治的深刻批判。

无论是在帝制还是在共和制之下，罗马都不曾"摆脱所有错误或完全按照祷告行事（《对话》41.1）。因为人类持续地展示出善妒和野心勃勃的性情,持续地相互侵犯、相互伤害,演说术就成为一种必需。倘若所有人都明智、良善,就不再有劝说的必要。"那些请求我们为他在法庭上辩护之人难道不是要么损害了他人、要么被他人压迫?"演说术是一种因为人长久的残酷和非人性(inhumanity)而变得必须的一种政治工具。"倘若我们可以找到一个无人犯错的城邦,演说家在清白的人群中将如医生在健康的人群中那样显得多余"(《对话》41.3)。不仅个体在所有政体中持续作恶,城邦也持续被善妒、自私、狂妄的愚人统治。下面一段话从近乎超人的、智慧之人统治的视角对君主制也提出批评(而不是像某些学者那样荒谬地将二者等同)。毕竟,这是马特努斯,《卡图》(君主制批判者)作者在说话:

> 倘若最好的人能够很快达成一致,元老院何需长篇累牍的演说?倘若由最好的个人、而不是由毫无经验的大多数人商议城邦事务,何须向大众一遍又一遍地致辞?倘若恶行极为罕见,何须主动谴责?倘若明智的某人将仁慈地评判被告,何须充满敌意的、激情四溢的辩护?(《对话》41.4)

马特努斯毫不指望所有政治的不完美状态能得以改善。他高贵的退隐以及置身派系斗争之外的超然态度是一种政治结果——他过人地洞察到人事领域自然而然、不可避免的无序状态的原因。①与塔西佗一样,他既不愤怒也不褊狭(sine ira et studio)地作判断。我们不禁回想起他在第一篇讲辞中提到自己对于宇宙秩序这一问题的哲人式开放态度,这和他的政治姿态有何联

---

① 有一篇精彩的研究文章讨论塔西佗将人性作为政治不可改变的基础的认识。参 Nicola Barbu,《塔西佗对人性认识到了什么?》(Quid Tacitus de natura humana cogitaverit),载 *Studi filologici e storici in onore di Vittorio de Falco*(Naples: Librera Scientifica Editrice,1971),页 449—61。

系？最高问题是,何为理性统治的界限或何为宇宙中的善。现在,我们更清楚地认识到政治中的中道(moderation)是从一个更高角度理解的政治结果——所有必须由不完美的人来统治的政体都必然有缺陷。不过,正如我们从他的《卡图》读到的那样,马特努斯将容忍某种局限。他自己在这里以充分理由阐释他发表这部作品的智慧。

在他最后的发言中,马特努斯竭力让自己的对话者多些温和、少些严苛,对于他们的宿命和他们时代的缺陷不要过分沮丧。所有时代都有各自的缺陷,而演说术的衰落并不是最大的灾难。他甚至向他们表示,演说术的衰落经由某种公共秩序的建立获得了一定补偿:

> 噢,倘若最好的人需要成为雄辩的人。请相信我:倘若你们生在更早的世纪,或那些我们钦慕之人生于其中的世纪;或者某位神明突然改变你的生活和你的时代,你不会缺乏由雄辩带来的最高的称赞与荣誉,而那些时代也不缺乏制度与中道。现在,由于没有人能够同时获得伟大的声誉和伟大的灵魂宁静,让每个人竭力利用他自己世纪的善,忽视来自其他世纪的诋毁。(《对话》41.5)

无论马特努斯关于演说家的推理具有何种效果,我们至少可以猜测,塔西佗被他的光辉人性深深打动。因为他被带到这样一个人面前:尽管这个人对政治绝非无动于衷,却能从一个最高贵、最深刻的视角来评判它。马特努斯和成年塔西佗拥有同样高贵的品质:对人类秩序的深刻理解、对高于人的事物的开放态度、掌握多种技艺、接受不可改变的事物、同时关注打动和教化能够被教化的少数人。就这一点而言,我们可以感受他的《卡图》并不是毫无改良希望的过于激进的冒险。

从下述场景中，我们可以推断年轻的塔西佗被马特努斯深深打动。在结束他的讲辞之后，马特努斯以一种戏谑的态度提起他和阿佩尔与梅萨拉的不同：

起身拥抱阿佩尔之后，他说道：

> 我将在诗人面前谴责你，梅萨拉也会在古物收集者（anti-quarians）面前做同样的事情。而我将在修辞学家和学校教师面前谴责你们两个。

塔西佗在结束这篇对话时提醒我们注意："在他们放声大笑的当儿，我们起身告辞"。他将自己从大伙儿的笑声中隔离开。塔西佗是否在暗示自己陷入沉思，并钦慕他从马特努斯那里听到的话语——马特努斯无疑是那时最有天赋、最富魅力的人？

伴随着对《对话》的研习，我们将结束论塔西佗政治思想的这部作品。在我们看来，塔西佗在这部短小、非历史的作品中已经对自由在帝制之下的衰落给出了另一种高贵的回应。对于生活在僭政时期，天赋异秉、方正贤良而且对政治有所关注的人士，他们面前展开了另一条生活之路。塞涅卡与特拉塞亚的生活方式无疑值得称羡，但他们并不是绝对的高贵之士。政治参与在那个时候并非如此值得欲求，尽管我们崇敬那些试图改良这个体制的人，其他人会觉得他们的道路危险重重而且并不恰当。如若没有对马特努斯——这个从堕落的政治秩序中退隐、并致力于哲学研究的完整政治人物所呈现生活道路的关注，塔西佗对于美德在帝制中的选择（option）和表现的分析就不完整。

不过，我们会怀疑塔西佗是否觉得马特努斯明智，后者公然谴责统治的僭主和他的产物。马特努斯自己向我们提供了诸多理由,说明在阻止当权者的腐败方面可做的很少。他认为现时政治必然达不到最好政体的标准,而且似乎接受使帝制成为一种非常有缺陷的政体的必然性。在这些情况之下,对抗当权者和腐败的危险是否大过益处? 一些学者推测,马特努斯被迫英年早逝,而塔西佗则向自己的一部分读者预示这一常识。①

无论少年塔西佗多么钦慕马特努斯高贵的独立,成年的作家不再效仿他莽撞地批判自己的时代。塔西佗知道在图密善的迫害下写作没有益处(《阿古利可拉传》2－3)。他是幸运的,在涅尔瓦(Nerva)继位之后以及漫长的图拉真统治时期更为有利的氛围中,他的耐心得到回报。在那时,塔西佗为了后代的福祉书写过去时代关于奴役和僭政的历史。在此之前,他无疑以他敬重的列庇都斯(lepidus)的方式(Ⅳ.20.2－5)活跃在公共生活中。为了装备自己踏上这样的征程,他必须继续寻求与阿佩尔和塞孔都斯结盟,但这与对马特努斯的倾慕有所不同,在后者那里他发现了自己能力的真实水平。撰写塞涅卡与特拉塞亚的未来史家在自己的青年时代遇到了与他们才略相当、极富魅力的一个人。可能受这次聚谈的影响,塔西佗的公共生涯总是有所保留。在时机成熟的时候,塔西佗从直接的政治参与中抽身而出,致力于学习并撰写他的煌煌史书。他的历史著作能够拆穿人的种种伪装,直视人心的秘密,并流溢着他从人生所得的智慧。在高贵的马特努斯身上,我们能够模糊地感受到天才塔西佗在一个广阔的范围内揭示自身。这位善于探测人类灵魂幽蔽之所的天才,正是他的历史作品历久而魅力犹存、取用不竭的原因。

----

① A. Cameron,《塔西佗与马特努斯之死》(Tacitus and the Death of Curiatus Maternus),载 *The Classical Review* 17 (December 1967):258。Arlene Saxonhouse,《塔西佗关于演说术的对话:僭主统治下的政治活动》(Tacitus's Dialogue on Oratory:Political Activity under a Tyrant),载 *Political Theory* 3(February 1975):59。

第七章　结　语

　　在初步探讨塔西佗的写作方式之后，我们开始讨论塔西佗四部"罗马"作品的公开言论。他激起读者对罗马共和制及其自由原则的倾慕之情。我们继而又尝试性地考察他关于共和制的显白言论，以期发现他评判所有高贵或卑劣政体的标准。我们发现，不能将塔西佗等同于共和制的信徒。实际上，他曾批判构成罗马共和制显著特征的政策与组织形式。他所觉察到的共和制的主要缺陷是内部骚乱（internal sedition）和无限制的帝国扩张。无限制的帝国扩张从两个方面摧毁了共和"自治"（self-government）的基础：从行省劫掠来的财富损害了让城邦在早年得以繁盛的勤俭、质朴的爱国主义风气。长年在外驻兵扎营的需要使军事首领获得机会贿赂自己的士兵，并率领他们推翻城邦。在公元1世纪期间，这些因素导致内战，并最终导致罗马共和国的倾覆。

　　城邦易受腐化的性质意味着曾一度备受推崇的共和制美德依然拥有自己的局限。它是由优良的制度和有利的环境产生的习惯的结果。当这些条件衰落时，它也随之消亡。塔西佗区分了这种政治美德和另一种更为稀有的"伟大美德"（magna virtus），或者并不由制度或环境形成，而是天生的或自然的（第五章对这种美德有更为详尽的论述）。在塔西佗看来，为了美德自身而不是为了犒赏而热爱美德的贤人是最高的类型。这样的人不像那些由于害怕耻辱、追求财富或荣誉而实践美德的人那样容易被腐化。在一个腐化的政体中，品性低劣的人反而容易受到公众赞誉。因此，即便是荣誉，真正的贤人也必须愿意放弃。

德性的共和国积极寻求支持有别于伟大美德的政治美德。塔西佗将克里特与斯巴达等同于德性的共和国，并赞誉它们高于罗马共和国。它们以严律酷法以及禁止无限制的扩张而著称。尽管塔西佗赞誉了这些城邦，他对政治美德的批判让他的赞誉有所保留。他唯一的毫无保留的赞誉赋予有美德的个体，不过，即便如此，他依然明确地意识到他们惠及他人的机会极受局限。这种对于罗马共和制的局部针砭将引导我们通往关于政治的独具特色的塔西佗式"清醒"。他在对个人的能力和廉洁赋予最高希望的同时，又默许通常在任何地方都存在的、政治中四处蔓延的不义与非理性。人们不能只见独木（哪怕是最高的树），不见森林；尽管塔西佗曾暗示这些共和国的致命缺陷，他依然认为它们好过帝制。不过，对于它们在自己所处的腐化时代能否光复，塔西佗并不抱幻想。

塔西佗的清醒与波利比乌斯关于混合政体略显乐观的学说形成对比。塔西佗的"中道"再次引领他考察品质超群的个体，同时又不受欺骗，期待政治问题的"最终解决"。

塔西佗认为，提贝里乌斯的统治十分关键。他的《编年史》以提贝里乌斯王朝开篇，并详尽探究这个朝代。在提贝里乌斯统治期间，帝制吸收了某些重要元素，使其在后面的朝代中得以维系。塔西佗将帝制兴起的原因归结为罗马人的腐化。他同时也解释了军事专制何以成为可能与必须。罗马人的腐化先于《编年史》的开篇。奥古斯都战胜所有军事阻力登上帝位，并将残存的政治群体收编进新的政治秩序。在提贝里乌斯治下，他颁布了界限模糊的叛国法,元老院又极力推行,奄奄一息的自由火星由此几乎被消灭殆尽。

是否可以公开做一些事情来阻止罗马人的堕落?因为,在奴颜婢膝和阿谀奉承之外,同时伴随着他们政治权力的丧失,是奢靡淫逸之风的滋长。这个问题不是经由帝制产生,在晚期帝国化的共和国中,它已在豪奢的氛围中初见雏型。奥古斯都已经通过制定有关婚姻和通奸的规章来处理由享乐主义产生的某些最为棘手的问题。塔西佗这位审慎的人则认为,这些法令导致灾难与僭政,因为为了执行它们,奥古斯都鼓励一套监视与告密的体系,严重干扰罗马精英的生活。

提贝里乌斯则恰当地抵制了来自一些人的压力,没有照他们请求的那样发起一场关于道德限制与严禁奢侈的法令的更为严厉的运动。在一篇重要讲辞中,他解释自己为何怀疑道德衰落可以用上述方法得到控制。这篇讲辞论证的核心是:人心的贪欲一旦被激活就不会再受律法抑制。抑制贪欲的律法要求在执行时采取专制手段。在这方面体现出古代僭政与现代僭政的重要差异,罗伯斯庇尔与列宁可以分别作为这两种僭政的例子。这种差异的根源在于“中道”(moderation),或者对于立法和公共权威局限性的认识。古代“中道”(即便像提贝里乌斯这样的僭主也分有这种中道)的核心在于意识到政治衰退的恶植根于人的内心,并不像现代思想家认为的那样易受强力或变革的影响。提贝里乌斯将衰落时代的道德革新视作个人的使命,并且容忍它永远不会完成的事实。这样的“中道”是对我们之前章节探讨共和制衰落问题的合理回应。

塔西佗并不是完全赞同提贝里乌斯宽宏的容忍。他通过超越其前提,修正了提贝里乌斯的观点。他提到第一公民维斯帕先进行的局部改革,维斯帕先因其勤俭成为众人效仿的对象。塔西佗指出为了树立一个社会的风纪,领袖以身作则的重要性。施行统治的人,无论他或好或坏,都受万众仰慕、被众人效仿。塔西佗极具神秘色彩地暗示道:可能有某种道德轮回在支配着社会。最后,他激励自己的同时代人:尽管他们的处境艰险,但仍有可能成就高贵的事功。而且他认为,自己的部分天赋正是在战胜残酷的必然性期间得以发展。不过,总体而言,他依然赞同提贝里乌斯的观点:"中道"是理解政治至关重要的美德。他并不抱过多的期待。

这时产生了一个重要问题:美德是否具有神性或自然的支持?由于塔西佗希望激励自己的同时代人,不让他们陷入绝望,他提出了这个问题。帝制,以及它对美德的敌意,不会永远存在。对于寻求高风亮德所需的贤良方正人士的渴望,塔西佗表明自己极为敏感,而且在这一章探讨了这个问题。何以证明诸神或自然支持德性的生活?塔西佗转向古代重要哲学家们给出的各种答案。他认为,伊壁鸠鲁与亚历十多德的观点都极其重要,并加以区分:伊壁鸠鲁认为诸神对众生漠然视之;亚里士多德则认为,对政治人物而言,培养美德的教育是最大的善。他还提到一些研究天象的人的看法,这些人贴近大众观点,认为决定我们成功与否的是命运而不是个人的努力。

只有在考察塔西佗呈现的基本生活方式及其后果之后,我们才能发掘塔西佗自己的思想。首先,提贝里乌斯是否幸福?他选择了最大范围的不义,因为作为僭主,他为了大权不致旁落处决了最优秀的人。他曾在没有提防的时刻吐露他的生活是充满恐惧、残酷与欲望的痛苦的生活。塔西佗认为这种缺乏节制的生活自然导向不幸,因为它与灵魂寻求美德的自然倾向不一致。它基于将幸福错误地等同于谋求尘世的善好,并对谋求它们的手段漠不关心。塔西佗笔下的"亚里士多德分子"说道:"那些家产万贯的人有可能是最可怜的人,如果他们肆意挥霍自己的财产。"塔西佗似乎支持类似于柏拉图在《王制》与《高尔吉亚》中阐述的、某种古典自然权利学说：忍受不义好过行不义。而僭政——这一最极端的不义形式，基于一种错误的观念：正义无关紧要，尘世的成功与荣誉是最高的善。

这时出现了另一个问题：特伦提乌斯（Manius Terentius）的自我认识，特伦提乌斯是在僭主般的凯撒们统治期间，被腐化的不计其数的"小人"之一。他与塞加努斯——提贝里乌斯恶魔般的执政官结成联盟，不顾塞加努斯所犯或煽动的罄竹难书的罪行。他被塞加努斯的荣耀与能够给予追随者的财富所打动。在塞加努斯倒台之后，特伦提乌斯又勇敢地进行自我辩护，解释自己之所以盲目地追求成功，是因为他认为成功由统治者（提贝里乌斯）的选择与政策决定："诸神赋予你决定最高事物的权利；赋予我们遵从你的荣耀"。这就是这位拍马溜须者在新政体的懦弱态度。尽管他比其他人勇敢，腐化这个人的各种诱惑与机会对帝制时期罗马的整个政治共同体造成严重影响。塔西佗举这个例证来说明，绝大多数人的品质是如何有赖于优良的政治秩序。只要在缺乏优良政治秩序的地方，就可以想见大多数人的腐化。这种依赖性是塔西佗教给我们的、我们也必须坚固自己来接受的可怕的真实。我们没有理由相信，这类人能比那些更为"成功"的、他们逢迎的僭主好多少；而我们在前面已经看到，那些僭主承认自己是最可怜的人。

这时，考察塔西佗思考的作为可悲僭主生活对立面的虔敬刚直的正义生活就显得合理。阿伦提乌斯（Lucius Arruntius）是一个虔敬的人。他由此成为提贝里乌斯统治下处境最悲惨的人。他的朴实在某种程度上让他身陷不幸。他是良善的，但是过于夸耀自己的良善。这不禁让人疑惑，塔西佗是否认为简单的虔敬就足够。这种想法暗示出下述判断：诸神并不会按照犒赏或护佑自己虔敬的崇拜者的方式来统治宇宙。这里又引出一个问题：自然在诸神沉默的情况下是否会允诺有德之人幸福。塔西佗考察的另一种类型是那些将良善正直与政治经验结合在一起的人。

塔西佗探究高贵的塞涅卡的生活，后者在那些残酷血腥的时代尽可能庄严地生活。塞涅卡希望利用自己的机会，在自己的圈子里做些事情，这样他的影响可能会惠及那个庞大帝国的所有公民。公共精神决定了他所选择的生活道路。由于机遇以及阿格里皮娜精巧的计谋，孩童尼禄成为第一公民。塞涅卡与布路斯联手，和阿格里披娜争夺对尼禄的影响权。他试图利用这种影响为帝国造福，并竭尽所能地阻止阿格里披娜的阴谋诡计以及她那些邪恶的臣子。塞涅卡不是第一公民，但是第一公民对政治的冷淡让塞涅卡得以统治帝国达八年之久。在那些年代，没有人受到可怕的叛国罪的指控。元老院获得高贵的独立的时机（它并不是总是拥有这种机会）。贤良方正且富有才干之人被任命为行省长官或军队首领。法律与正义在罗马得以维系，而且在地方长官效仿罗马风气的地方也得以维系。

塞涅卡的功绩彪炳史册，但是远没有完成。从下叙事实可以明显感受到这一点：塞涅卡并不认为有可能推翻帝制、重建高一级的自治（self-government）形式。一两个掌权的贤良之人可以树立良好的风气，但是他们无法消除近一个世纪的专制对政治人物的道德产生的影响。导致共和国倾覆的原因无法被摧毁，因为它们植根于历时百年的政策与发展之中。因此，尽管我们倾慕塞涅卡，认为他具备最高的才干，我们依然看到在一个堕落的世界，变革的可能性受到严重局限。人类事物是如此复杂难测，在我们考察它们的时候"中道"总是最为适宜。而且，为了维持自己的权势，塞涅卡必须忽视尼禄所犯的罪行，这是尼禄的品质缺陷导致的无可避免的罪行。我们认为，在这种可悲的处境下，塞涅卡已经尽人力全部之可能。他掌控尼禄的方式堪称政治家技艺的登峰造极。掌握这种记忆不仅需要知道何为人的良善，同时需要了解如何处理使这种良善受到阻碍的人的缺陷。与虔敬的英雄阿伦提乌斯相比,塞涅卡具有更高的才干、取得了更大的胜利。但是,我们无法说他取得了完完全全的胜利。他无法果敢地变革政体或尼禄,而最后尼禄命他自戕。通过揭示即便是塞涅卡这样良善强干之人成功的局限,塔西佗引领我们进一步认识到这个世界的残酷。

　　塞涅卡的权势是那位杰出的元老——特拉塞亚职业生涯的必要条件。他的职业在某种意义上也是塞涅卡政策的实现。在尼禄统治中期,特拉塞亚率领元老院呈现出前所未有的廉洁清明。他小心翼翼地抵制尼禄容许的对帝国的某些腐化。我们认为,最重要的是在那些年代,有人再次公开地支持美德。而帝制最大的厄运之一就在于,在之前的几个朝代,贤良方正之人不参与公共生活、不提倡美德,而是弃官归隐。特拉塞亚英勇地成为代表元老院独立与正义原因的发言人。但是,特拉塞亚与元老院并非而且远远不是无所不能。在塞涅卡的权势旁落之后,提盖里努斯(Tigellinus)重新引入"叛国"的迫害法令,尽管特拉塞亚继续领导元老院进行抵制,他们的抵制仅维持了很短一段时间。到了最后,尼禄无法忍受特拉塞亚的独立与超然,而特拉塞亚奉命自戕,他在最后时刻也保持了一贯的高贵。这种顽强抵抗的美德是如此重要,它说明一个事实:良善并没有简单地在这个世界上占统治地位。我们相信,塔西佗首先把这种美德视为一种品质,一种天生的蔑视卑下道路的倾向,它让寥若晨星的极少数人在没有荣誉或犒赏的情况下依然矢志不渝地行善。

　　人们对于在元首统治的残酷时日之下践行美德的高贵政治人物或许唯有心怀敬慕。不过,我们意识到,塔西佗自己的生活既包括政治活动也包括写作,这不禁让我们疑惑他怎样看待放弃政治、追求沉思生活的行为?《编年史》中最伟大的英雄——塞涅卡与特拉塞亚,也都将政治活动与哲学思考结合起来。《编年史》中并没有真正提出哲学问题。但哲学一直是塔西佗思考的重心，他在提出何为最好生活的《关于演说家的对话》中探讨哲学。

在这部作品中，他引入了令人钦慕的马特努斯——一个拥有崇高美德，从政治生活中退隐，创作诗歌或研习哲学的人。在对整全（the whole）的原因——自然与诸神的探索中，他对美德的爱得以增强。但马特努斯也不是全然归隐。他发表了一部题为《卡图》的悲剧，毫不客气地谴责自己时代的那些卑劣之人，引发了广泛的讨论。我们有理由相信，塔西佗认为马特努斯的这个举措是对元首统治的严重问题的莽撞、徒劳的回应。这个问题过于严重，无法被一首诗歌（无论它有多么雄辩）克服。这一评论让我们考虑塔西佗自身相当复杂的品格，他在邪恶的第一公民图密善的统治之下高贵地参与政治。我们推测，塔西佗的事业建立在与他笔下的英雄（塞涅卡、特拉塞亚、列庇都斯）相同的基础之上。除此之外，我们无法得出更多，因为《历史》记录的关于图密善统治的部分现已失佚。但塔西佗不仅仅是一个高贵的政治人物。他广泛、深入地观察人性，并且在政治气候得到改善的涅尔瓦和图拉真时期发表关于过去的奴役以及稀有但坚毅的抗争的记录。在某种意义上，他似乎在说，阿佩尔在《关于演说家的对话》中认为的积极高贵的政治生活与退隐的沉思生活的截然两分是错误的或是不完整的。所有那些天资卓绝之人都倾向于将这两种生活方式结合起来：阿古利可拉、特拉塞亚、塞涅卡与塔西佗既是政治家又是思想家。由于他们天生的伟大心灵之光——塔西佗有时将其称之为"伟大的美德"，他们有可能抵抗他们同时代的大多数人实践的卑劣道路。天生具有这种美德的人极容易被哲学吸引，同时关注正义与共善，这并不是偶然。因为塔西佗把这些事物看作人的最高贵之爱的目标。如果没有对真理持久的爱，人不可能成为真正的政治家；如果没有践行真理的热望，人也不可能真正地热爱真理。但是，我们只能非常有限

地控制我们践行美德的环境。塔西佗教导我们接受这些局限同时
在它们内部灵活地作为；在认识到正义与智慧高于一切时保持批
判与自由。

图书在版编目(CIP)数据

　塔西佗的教诲 /(美)里克著；肖涧译. --上海：
华东师范大学出版社，2011.7
　(经典与解释.西方传统)
　ISBN 978-7-5617-8592-8

　I.①塔… II.①里…②肖… III.①古罗马—历史著作—研究 IV.①K126

中国版本图书馆 CIP 数据核字(2011)第 088032 号

华东师范大学出版社六点分社

企划人　倪为国

本书著作权、版式和装帧设计受世界版权公约和中华人民共和国著作权法保护

经典与解释　西方传统

塔西佗的教诲

(美)里克　著

肖　涧　译

责任编辑　万　骏
封面设计　吴正亚
责任制作　肖梅兰

出版发行　华东师范大学出版社
社　　址　上海市中山北路 3663 号　邮编　200062
网　　址　www.ecnupress.com.cn
电　　话　021－62450163 转各部门　行政传真　021－62572105
客服电话　021－62865537(兼传真)
门市(邮购)电话　021－62869887　地址　上海市中山北路 3663 号华东师范大学
校内先锋路口
网　　店　http://ecnup.taobao.com
印 刷 者　上海印刷十厂有限公司
开　　本　890×1240　1/32
插　　页　2
印　　张　7.75
字　　数　170 千字
版　　次　2011 年 7 月第 1 版
印　　次　2011 年 7 月第 1 次
书　　号　ISBN 978-7-5617-8592-8/K・347
定　　价　29.80 元

出 版 人　朱杰人

(如发现本版图书有印订质量问题,请寄回本社客服中心调换或电话 021-62865537 联系)